D1674914

Ahlbrecht/Bengsohn

Familienrecht I
Eltern und Kinder

Studienbücher Rechtspflege

Familienrecht I
Eltern und Kinder

von

Dr. jur. Alfred Ahlbrecht
Richter am Amtsgericht Kassel

und

Dr. jur. Jochen Bengsohn
Richter am Amtsgericht Kassel
und z. Zt. Dozent an der
Verwaltungsfachhochschule
Rotenburg a. d. F.

Verlag W. Kohlhammer
Stuttgart Berlin Köln Mainz

CIP-Kurztitelaufnahme der Deutschen Bibliothek

Ahlbrecht, Alfred:
Familienrecht / von Alfred Ahlbrecht u. Jochen
Bengsohn. − Stuttgart ; Berlin ; Köln ; Mainz :
Kohlhammer
  (Studienbücher Rechtspflege)

NE: Bengsohn, Jochen:

1. Eltern und Kinder. − 1983.
  ISBN 3-17-007580-2

Verlagsort: Stuttgart
Gesamtherstellung:
W. Kohlhammer Druckerei GmbH + Co. Stuttgart
Printed in Germany

Vorwort

Wegen der aktuellen Bedeutung beschäftigt sich der Band I des Studienbuchs Familienrecht mit den Rechtsverhältnissen zwischen Eltern und Kind. Der Gesetzgeber hat diesen Teil des Familienrechts 1980 vollständig novelliert.
Aber auch gesellschaftspolitisch rücken die Beziehungen zwischen Eltern und Kind in den Vordergrund, nachdem einige Jahre lang die Ehe als Institution und Rechtsverhältnis alleiniger Schwerpunkt der Diskussion war.
Das Studienbuch wendet sich sowohl an den Studierenden als auch an den Praktiker. Wir haben versucht, das gesamte Kindschaftsrecht von der Gesetzessystematik her aufzuzeigen. Dabei stand das Bemühen im Vordergrund, bei pädagogisch und praktisch wichtigen Bereichen, den Einzelheiten nachzugehen sowie die einschlägige Rechtsprechung und Literatur exemplarisch einzuarbeiten.

Kassel   Die Verfasser

Inhalt

		RNr.	Seite
Abkürzungen			12
Literaturverzeichnis			15
Einleitung			17

1	**Einführung in das Kindschaftsrecht**		
1.1	Regelungsgegenstand	1	19
1.2	Organe der staatlichen Kindersorge	3	21
1.2.1	Vormundschaftsgericht	4	22
1.2.2	Familiengericht	5	23
1.2.3	Das Amtsgericht als Prozeßgericht	6	24
1.2.4	Funktionelle Zuständigkeiten	7	25
1.2.5	Das Jugendamt	8	26
1.3	Zuständigkeiten der Gerichte im Kindschaftsrecht . .	9	27

2	**Die eheliche bzw. nichteheliche Abstammung und allgemeine Rechtsstellung der Kinder**		
2.1	Die Abstammung	10	28
2.1.1	Verfassungsrechtslage	10	28
2.1.2	Die eheliche Abstammung	11	29
2.1.2.1	Voraussetzungen	11	29
2.1.2.2	Die Vermutung des § 1593 BGB	12	30
2.1.2.3	Die Anfechtung	13	30
2.1.2.3.1	Grundprinzipien	13	30
2.1.2.3.2	Anfechtung durch den Ehemann	14	31
2.1.2.3.3	Das Anfechtungsrecht des Kindes	15	32
2.1.2.3.4	Anfechtung durch die Eltern des Mannes	16	34
2.1.2.3.5	Anfechtung durch die Mutter	17	34
2.1.2.3.6	Nachweis der Nichtehelichkeit	18	35
2.1.2.3.7	Anfechtungsverfahren	19	36
2.1.2.3.8	Abstammungsklage	21	37
2.1.3	Die nichteheliche Abstammung	23	39
2.1.3.1	Vaterschaftsanerkennung	24	39
2.1.3.1.1	Zustimmung	25	40
2.1.3.1.2	Pränatale Anerkennung	26	40

Inhalt

2.1.3.1.3 Formvorschriften 27   40
2.1.3.1.4 Wirksamwerden der Anerkennung 29   41
2.1.3.1.5 Anfechtung der Anerkennung. 30   42
2.1.3.2   Gerichtliche Vaterschaftsfeststellung 34   43
2.1.3.3   Die Legitimation von nichtehelichen Kindern 35   44
2.1.3.3.1 Legitimation durch nachfolgende Ehe. 35   44
2.1.3.3.2 Legitimation durch Ehelichkeitserklärung 36   45
2.2   Die allgemeine Rechtstellung der Kinder 39   47
2.2.1   Der Name des Kindes 39   47
2.2.1.1   Die Namensbildung 39   47
2.2.1.2   Namensänderungen 40   47
2.2.1.3   Vorname 41   49
2.2.2   Staatsbürgerschaft. 42   49
2.2.3   Der Wohnsitz des Kindes 43   50
2.2.4   Hausgemeinschaft. 44   50
2.2.5   Ausstattung 46   52

3   **Unterhalt**

3.1   Unterhalt ehelicher Kinder 47   53
3.1.1   Allgemeine Regeln 47   53
3.1.1.1   Systematik der Regelungen 47   53
3.1.1.2   Bedürftigkeit und Leistungsfähigkeit 48   53
3.1.1.3   Privilegien minderjähriger, unverheirateter Kinder . . 50   55
3.1.1.4   Rangordnung der Verpflichteten 51   55
3.1.1.4.1 Teilschuld 52   56
3.1.1.4.2 Halbfamilien 53   56
3.1.1.4.3 Anrechnung von Sozialleistungen 54   57
3.1.1.5   Rangfolge der Berechtigten 55   57
3.1.1.6   Verjährung und Pfändbarkeit 56   58
3.1.2   Art und Maß des Kindesunterhaltes 57   58
3.1.2.1   Art und Weise der Unterhaltsleistungen 57   58
3.1.2.1.1 Art des Unterhalts 58   58
3.1.2.1.2 Beispielbeschluß und Begleitverfügung 59   59
3.1.2.2   Höhe des Unterhalts 60   60
3.1.2.2.1 Die Angemessenheit 60   60
3.1.2.2.2 Ausbildungskosten 61   61
3.1.2.2.3 Regelbedarf bei Halbfamilien 62   61
3.1.2.2.4 Billigkeitskontrolle 63   61
3.1.2.3   Vereinfachtes Verfahren zur Anpassung von
          Unterhaltstiteln 64   62
3.1.2.3.1 Abänderungsklage gem. § 323 ZPO 64   62
3.1.2.3.2 Das Verfahren 65   63
3.1.2.3.3 Musterbeispiel für Beschluß 66   65
3.1.2.3.4 Änderungsklage nach §§ 641q ZPO, 1612a I 2 BGB . . 67   65
3.2   Unterhalt des nichtehelichen Kindes 68   66

3.2.1   Vorbemerkung   68   66
3.2.2   Höhe des Unterhalts   69   66
3.2.2.1 Allgemeine Regeln   69   66
3.2.2.2 Regelunterhalt   70   67
3.2.2.2.1 Wesen des Regelunterhalts   70   67
3.2.2.2.2 Anrechnung von Sozialleistungen   71   68
3.2.2.2.3 Sonderbedarf   72   69
3.2.2.2.4 Abschläge   73   69
3.2.2.2.5 Verfahrensrecht   74   70
3.2.2.2.6 Titulierungsverfahren   75   70
3.2.2.2.7 Festsetzungsverfahren   77   73
3.2.2.2.8 Beschlußmuster   78   74
3.2.2.2.9 Stundung und Erlaß   80   75
3.3   Unterhaltsansprüche der Eltern gegen das Kind   81   76
3.4   Unterhaltsverträge   82   77

4   **Elterliche Sorge**

4.1   Grundkonzeption   83   79
4.1.1   Sorgerecht im Wandel   83   79
4.1.1.1 Väterliche Gewalt   83   79
4.1.1.2 Gleichberechtigung bei der elterlichen Sorge   84   79
4.1.1.3 Sorgerechtsform von 1980   85   79
4.1.2   Inhalt des Sorgerechts   86   82
4.1.3   Elterneinigung   87   82
4.1.4   Ausübung durch Dritte   88   83
4.1.5   Haftung   89   84
4.1.6   Aufwendungen   90   84
4.1.7   Zwangsmaßnahmen   91   85
4.1.8   Staatliche Unterstützung nach § 1631 III BGB   92   86
4.1.9   Dauer der elterlichen Sorge   93   87
4.1.9.1 Beginn und Ende der elterlichen Sorge   93   87
4.1.9.2 Konkurs der Eltern   94   88
4.1.9.3 Beispielbeschluß gem. § 1670 II BGB   95   89
4.2   Personensorge   96   89
4.2.1   Allgemeine Einführung   96   89
4.2.2   Fürsorge   97   90
4.2.3   Erziehung   98   91
4.2.4   Aufsicht   100   92
4.2.5   Bestimmung des Aufenthalts   101   93
4.2.6   Umgangsbestimmungsrecht   103   96
4.2.7   Antrag auf Erlaß einer einstweiligen Anordnung zu
         Protokoll des Rechtspflegers   104   98
4.3   Vermögenssorge   105   99
4.3.1   Allgemeine Grundsätze   105   99
4.3.1.1 Verwaltungsbeschränkung gem. § 1638 BGB   106   99
4.3.1.2 Verwendungsanordnungen gem. § 1639 BGB   107   99

Inhalt

4.3.1.3	Musterbeschluß gem. § 1639 BGB	108	100
4.3.1.4	Kapitalanlage	109	101
4.3.1.5	Rechenschafts- und Herausgabepflicht	110	101
4.3.1.6	Inventarisierungspflichten	111	102
4.3.1.7	Surrogation gem. § 1646 BGB	113	105
4.3.2	Vertretungsrecht	114	105
4.3.2.1	Gesamtvertretung	114	105
4.3.2.2	Ausschluß von der Vertretungsmacht	115	106
4.3.2.2.1	§ 1795 I Ziff. 1−3 BGB	116	107
4.3.2.2.2	Elternschenkungen	117	107
4.3.2.2.3	Familiengesellschaften	118	109
4.3.2.2.4	Erbauseinandersetzungen	119	113
4.3.2.2.5	Entzug der Vertretungsmacht	120	114
4.3.3	Die vormundschaftsgerichtliche Genehmigung	121	115
4.3.3.1	Wesen der Genehmigung	122	115
4.3.3.2	Genehmigungsverfahren	123	115
4.3.3.2.1	Genehmigung von gegenseitigen Verträgen	123	115
4.3.3.2.2	Einseitige Rechtsgeschäfte	124	116
4.3.3.3	Kindeswohl	125	117
4.3.3.4	Umfang der Prüfungspflicht	126	117
4.3.3.5	Negativattest	127	119
4.3.3.6	Genehmigungsfälle	128	119
4.3.3.6.1	Genehmigungsfälle des § 1821 Ziff. 1−5 BGB	129	119
4.3.3.6.2	Genehmigungsfälle nach §§ 1822 und 112 BGB	130	121
4.3.3.6.3	Neues Erwerbsgeschäft	136	126
4.3.3.6.4	Ausschlagung einer Erbschaft	137	126
4.4	Elterliche Sorge bei Ausfall der Eltern oder eines Elternteiles	138	127
4.4.1	Ausfall beider Eltern	138	127
4.4.2	Tatsächliche Verhinderung eines Elternteils	139	127
4.4.3	Ruhen der elterlichen Sorge eines Elternteils	140	128
4.4.4	Beschlußmuster zu § 1674 BGB mit Begleitverfügung	141	128
4.4.5	Tod oder Todeserklärung, § 1681 BGB	142	129
4.5	Elterliche Sorge bei Eheauflösung oder Getrenntleben	143	129
4.5.1	Konfliktlage	143	129
4.5.2	Sorgerechtsverfahren	144	130
4.5.3	Entscheidungsmaßstab	145	131
4.5.3.1	Kindeswohl	146	131
4.5.3.2	Der Elternvorschlag	147	132
4.5.3.3	Kindeswunsch	148	132
4.5.4	Gestalt der Entscheidung des Familiengerichts	149	133
4.5.4.1	Grundformen	149	133
4.5.4.2	Vormundschaft und Pflegschaft	150	133
4.5.4.3	Unterhaltspfleger	151	134
4.5.4.4	Aufteilung nach Zeitabschnitten	152	134
4.5.5	Ausfall eines Elternteils nach Eheauflösung	153	134
4.5.6	Änderung der Entscheidung	154	136

4.5.7	Übersicht zu den gerichtlichen Zuständigkeiten bei Sorgerechtsentscheidungen nach Ausfall eines Elternteils	155	136
4.5.8	Getrenntleben nach § 1672 BGB	156	137
4.6	Sorgerecht bei nichtehelichen Kindern	157	138
4.6.1	Verfassungsrecht	157	138
4.6.2	Vormundschaft	158	138
4.6.3	Pflegeschaft	159	139
4.7	Staatliche Erziehungseingriffe	160	141
4.7.1	Aufsicht über private Erziehung	160	141
4.7.2	Eingriffsbestände	161	141
4.7.2.1	§ 1666 BGB	161	141
4.7.2.2	Eingriffe in die Vermögenssorge, § 1667 BGB	162	143
4.7.3	Folge des Totalentzuges	163	145
4.7.4	Fürsorgerische Erziehungshilfen	164	145
Stichwortverzeichnis			148

Abkürzungen

a.A.	Andere Ansicht
a. a. O.	am angegebenen Ort
a. F.	Alter Fassung
AG	Amtsgericht
AktG	Aktiengesetz
allg.	Allgemein
Altern.	Alternative
Art.	Artikel
Anm.	Anmerkung
AO	Anordnung
Ausn.	Ausnahme
AV	Amtsvormundschaft
AZ	Aktenzeichen
BAFÖG	Bundesausbildungsförderungsgesetz
BayOblG	Bayerisches Oberstes Landgericht
Bd.	Band
begl.	beglaubigt
BeurkG	Beurkundungsgesetz
ber.	berichtigt
Berlinert.	Berlinertabelle
bzw.	beziehungsweise
BFH	Bundesfinanzhof
BGB	Bürgerliches Gesetzbuch
BGBl	Bundesgesetzblatt
BGH	Bundesgerichtshof
BGHSt	Entscheidungen des Bundesgerichtshofes in Strafsachen
BGHZ	Entscheidungen des Bundesgerichtshofes in Zivilsachen
BKKG	Bundeskindergeldgesetz
BNotO	Bundesnotarordnung
Bundestagsdrucks.	Bundestagsdrucksache
BVerfGer.	Bundesverfassungsgericht
BVerfGerE	Entscheidungen des Bundesverfassungsgerichts
DA	Der Amtsvormund (Zeitschrift)
DDR Verf.	Verfassung der Deutschen Demokratischen Republik
d.h.	das heißt
DNotz	Deutsche Notarzeitung
Düsseld.	Düsseldorf
EG-BGB	Einführungsgesetz zum Bürgerlichen Gesetzbuch
EheG	Ehegesetz

12

EheRG	Eherechtsreformgesetz
entspr.	entsprechend
ff.	folgende
FG	Familiengericht
FGG	Gesetz über die Angelegenheiten der freiwilligen Gerichtsbarkeit
FfM	Frankfurt/Main
Fn.	Fußnote
Frankf.	Frankfurt
FZ	Zeitschrift für das gesamte Familienrecht
GBO	Grundbuchordnung
gem.	gemäß
GenG.	Gesetz, betr. die Erwerbs- und Wirtschaftsgenossenschaften
GG	Grundgesetz
GKG	Gerichtskostengesetz
GmbH	Gesellschaft mit beschränkter Haftung
GmbHG	Gesetz, betr. die Gesellschaft mit beschränkter Haftung
GVG	Gerichtsverfassungsgesetz
Hbg.	Hamburg
HGB	Handelsgesetzbuch
h.M.	herrschende Meinung
Hrsg.	Herausgeber
i.E.	im Einzelnen
i.S.	im Sinne
i.S.v.	im Sinne von
JA	Jugendamt
JuS	Juristische Schulung (Zeitschrift)
JW	Juristische Wochenschrift (Zeitschrift)
JWG	Jugendwohlfahrtsgesetz
JZ	Juristische Zeitung (Zeitschrift)
Karlsr.	Karlsruhe
KG	Kammergericht
KGJ	Jahrbuch für Entscheidungen des Kammergerichts
KostO.	Kostenordnung
LG	Landgericht
MDR	Monatsschrift für Deutsches Recht (Zeitschrift)
MünchnerK	Münchner Kommentar
NAmÄndG	Namensänderungsgesetz
NEhelG.	Nichtehelichengesetz
NJW	Neue Juristische Wochenschrift (Zeitschrift)
Nr.	Nummer
OHG	Offene Handelsgesellschaft
OLG	Oberlandesgericht
PStG	Personenstandsgesetz
RGZ	Entscheidungen des Reichsgerichts in Zivilsachen
RNr.	Randnummer
Rpfl.	Der Deutsche Rechtspfleger (Zeitschrift)
RpflG.	Rechtspflegergesetz
Rspr.	Rechtsprechung

Abkürzungen

RUStAG	Reichs- und Staatsangehörigkeitsgesetz
RVO	Reichsversicherungsordnung
S.	Seite
s.	siehe
Saarbr.	Saarbrücken
Sp.	Spalte
StA.	Staatsanwaltschaft
stdg.	ständig
StGB	Strafgesetzbuch
StPO	Strafprozeßordnung
u.U.	unter Umständen
Verb.	Verbindung
vgl.	Vergleiche
VerwVerfG	Verwaltungsverfahrensgesetz
VG	Vormundschaftsgericht
vollj.	volljährig
vollstr.	vollstreckbar
WeimRV	Weimarer Reichsverfassung
v.u.g.	vorgelesen und genehmigt
W.	Woche
WPM	Wertpapierrechtliche Mitteilungen (Zeitschrift)
WV	Wiedervorlage
z.B.	zum Beispiel
ZBlJR	Zentralblatt für Jugendrecht
Ziff.	Ziffer
ZPO	Zivilprozeßordnung
ZRP	Zeitschrift für Rechtspolitik
z.d.A.	zu den Akten
z.H.	zu Händen
ZBlR	Zentralblatt für Jugendrecht (Zeitschrift)
z.T.	zum Teil
ZU	Zustellungsurkunde

Literaturverzeichnis

Arnold/Meyer/Stolte: Kommentar zum Rechtspflegergesetz, 4. Aufl., 1978; zitiert: Arnold

Baumbach, versch. Bearbeiter: Kommentar zur ZPO, 40. Aufl, 1980; zit: Baumbach

Baumbach/Duden: Kommentar zum HGB, 24. Aufl., 1980; zit.: Baumbach/D.

Brühl/Göppinger/Mutschler: Unterhaltsrecht, 3. Aufl., 1973

Beitzke: Familienrecht, 21. Aufl., 1980

Bosch: Einführung in das neue Nichtehelichenrecht in: FZ 69, 510

Böhmer: Fragen der Ehelichkeitsanfechtung in: FZ 60, 214

Brüggemann: Gesetz über die vereinfachte Abänderung von Unterhaltstiteln, Kommentar, 1976

Erman, verschiedene Bearbeiter: Kommentar zum BGB, 6. Aufl.; 1975; zit: Erman

Firsching: Gesetz über die rechtliche Stellung der nichtehelichen Kinder in: Rpfl. 70, S. 8 ff.

Firsching: Familienrecht, 4. Auflage, 1979

Fischer: In: Festschrift für Hauß 1978, S. 61

Flume: Allgemeiner Teil des Bürgerlichen Rechts, 1. Band, 1. Teil: Die Personengesellschaft, 1977

Geiger: Das Recht des Staates und Elternrecht in: FZ 59, 457 ff.

Gernhuber: Familienrecht, 3. Aufl. 1980

Göppinger: Die Neuregelung der rechtlichen Stellung der nichtehelichen Kinder in: DRiZ 70, 145

Habscheid: Freiwillige Gerichtsbarkeit, 5. Aufl., 1971

Harder: Die Erfüllungsannahme durch den Minderjährigen – lediglich ein rechtlicher Vorteil. In: Jus 1977, 149 ff.

Henrich: Familienrecht, 2. Aufl. 1977

Keidel/Kuntze/Winkler: Kommentar zum FGG, 11. Auflage, 1978

Kissel:Das Verhältnis des FG zu anderen Abteilungen des AG in: NJW 1977, 1034 ff

Kissel: Versch. Autoren: Hrsg., Familienrecht, 1977; zit.: Kissel

Kissel:Kommentar zum GVG, 1981, zitiert: Kissel GVG

Krüger: Das Ehelichkeitsanfechtungsrecht der Mutter, in: NJW 1954, 1510

Lange: Das neue Nichtehelichkeitsrecht, in: NJW 1970, 297

Lüdritz: Die Rechtsstellung ehelicher Kinder nach Trennung ihrer Eltern im künftigen Recht der BRD, in: FZ 1975, 613

Maunz: Deutsches Staatsrecht, 16. Aufl., 1968

Maunz/Dürig/Herzog/Scholz: Kommentar zum Grundgesetz, 5. Aufl., 1978, zit.: Maunz/Dürig

Münchner Kommentar, verschiedene Bearbeiter: Kommentar zum BGB, 1978, zit.: MünchnerK

Literaturverzeichnis

Nack/Wagner: »Rom«, Heidelberg 1962
Odersky: Nichtehelich. Gesetz, 4. Aufl. 1978
Oepen: Bewertungsskalen in anthropologischen erbbiologischen Vaterschaftsgutachten, in: NJW 1970, 499
Palandt, versch. Bearbeiter: Kommentar zum BGB, 41 Aufl., 1982, zit.: Palandt
Paulick: Das Eltern-Kind-Verhältnis gem. den Bestimmungen des Gleichberechtigungsgesetzes vom 18. 6. 57, in: FZ 58, 1 ff.
Petermann: Vereinfachtes Verfahren zur Abänderung von Unterhaltstiteln, in: Rpfl. 76, 413
Ponsold: Gerichtliche Medizin, 3. Aufl., 1967
Potrykus: Kommentar zum JWG, 2. Aufl., 1972 ff.
Pürner/Fronhöfer: Praktische Einzelfragen zur Umstellung alter Unterhaltstitel auf Regelunterhalt, in: Rpfl. 71, 241 ff.
RGRK, verschiedene Bearbeiter: Kommentar zum BGB, 11. Aufl., 1964 ff., zit.: RGRK
Ritter/Maier: Der Stand der humangenetischen Paternitätsbegutachtung, in: FZ 73, 121
Soergel, versch. Bearbeiter: Kommentar zum BGB, 10. Aufl., 1967, zit.: Soergel
Staudinger, versch. Bearbeiter: BGB-Kommentar, 11. Aufl. 1957, zit.: Staudinger
Sudhoff: Der Gesellschaftsvertrag der GmbH u. Co. KG, 3. Aufl., 1975
Schwarzhaupt: Das Familienrechtsänderungsgesetz von 1961, in: FZ 61, 329
Weirich: Freiwillige Gerichtsbarkeit, 1981
Wiedemann: Gesellschaftsrecht, 1980
Zimmerer, versch. Autoren: Hrsg., Handbuch der Vermögensanlage, 4. Aufl., 1967, zit.: Zimmerer
Zöllner: Die Verwendung der Einkünfte von Kindesvermögen, in: FZ 59, 393 ff.

Einleitung

Für den Studierenden, den Berufsanfänger oder sogar den Spezialisten haben Orientierungsprobleme im Kindschaftsrecht bisweilen größere Schwierigkeiten gebracht, als die theoretische oder praktische Rechtsanwendung selbst. Das liegt in der Unübersichtlichkeit der einschlägigen Verfahrens- und Zuständigkeitsvorschriften begründet. Zudem bietet die vorhandene Literatur wenig Klärung, zumal sie sich unmittelbar den Sachfragen zuwendet und nur am Rande Abgrenzungs- und Verfahrensfragen aufgreift. Die systematische Aufarbeitung der Materie wird vernachlässigt. Da vermag auch der Hinweis auf eine funktionierende Gerichtsbarkeit nur wenig befriedigen. Sie kann zwar im praktischen Einzelfall zu gerechten Ergebnissen führen, eine tiefgreifende Durchdringung des Stoffes bietet sie nicht.

Größtenteils wird es Abgrenzungs- oder Einordnungsschwierigkeiten nicht geben. Die fehlende Systematik und theoretische Analyse führt aber in komplizierten Fällen bei der praktischen Rechtsanwendung wie beim Studium gleichermaßen zu Schäden. Richtige Ergebnisse können auch dann noch aufgrund falscher Wege gewonnen werden. Es handelt sich insoweit aber um Zufallsergebnisse, die im gleichgelagerten Fall kaum wiederholbar und nur wenig vorhersehbar sind. Eine solche Rechtsanwendung ist rechtsstaatlich nicht vertretbar. Um den Problemen bei der Handhabung des schwierigen Falles sicher entgegenzutreten, ist zunächst die wenig lohnend erscheinende Einordnungs- und Abgrenzungsarbeit zu leisten.

Damit beginnt auch die folgende Darstellung. Sie stellt zunächst die Frage nach dem Regelungsgegenstand und den gesetzlichen Vorschriften voran. Danach werden Zuständigkeitsprobleme erörtert, ehe der Einstieg in die eigentlichen Sachfragen erfolgt.

1 Einführung in das Kindschaftsrecht

1.1 Regelungsgegenstand

Das Interesse an einer intakten Erziehung der Kinder und deren Wohlergehen ist **1** wichtiges Anliegen aller Gemeinwesen unabhängig von der weltanschaulichen Strukturierung oder staatsrechtlichen Verfaßtheit.[1] Das Engagement für die Jugend liegt in der Sorge um eine funktionierende Zukunft des Gemeinwesens begründet, denn ohne intensive Förderung der Jugend ist eine Existenzsicherung der Gemeinschaft auf Dauer schwer vorstellbar. Dem Bestreben um Jugendförderung und Kindeswohl liegt somit ein Stück Selbsterhaltungsinteresse zugrunde, woraus sich letztlich auch die Intensität der Bemühungen rechtfertigt.

Die Notwendigkeit einer intensiven Sorge um die Jugend wird bisweilen nicht gesehen. Das kann zu irreparabelen Schäden führen.[2]

Das Interesse am Wohle der Kinder und ihrer Erziehung ist vor allem zwei besonderen Gemeinwesen eigentümlich: der Familie und dem Staat.[3] Regelmäßig werden beide Institutionen auf die Entwicklung der Kinder in ausgewogenem Verhältnis Einfluß nehmen. Es kommt dabei zu einer Aufgabenteilung, ohne daß Überschneidungen auszuschließen sind. Der pathologische Fall ist von einer einseitigen Beeinflussung gekennzeichnet. Entweder ist ausschließlich der Staat aus seinen Interessen heraus an den Kindern interessiert, zum Beispiel weil eine Familie nicht vorhanden ist oder es fehlt das staatliche Interesse ganz. Die letztere Konstellation ist jedoch rein theoretischer Natur, denn sie setzt ihrerseits entweder das Fehlen eines Staates oder jeglichen staatlichen Interesses am Wohlergehen der Kinder voraus.

Die Einflußnahmen des Staates oder der Familie können unterschiedlicher Natur und Stärke sein. Es sind Wechselbeziehungen denkbar mit weitgehender Zurückhaltung des Staates bei gleichzeitiger Dominanz der Familie bis hin zur staatlichen Kindererziehung bei lediglich untergeordneter Familienfunktion. Die Ausgestaltung hängt im einzelnen von der staatlichen Verfassungs- und Rechtslage ab. Ihr vorgegeben ist die weltanschauliche Grundhaltung des Staates. So findet man in totalitär verfaßten Gemeinwesen eine sehr weitreichende Loslösung der Kindererziehung aus dem Familienverbund. Der Staat übernimmt Funktionen, die kraft Sachzusammenhangs familiärer Natur sind.[4] Das sichert ihm ein großes Maß an Kontroll- und Einflußmöglichkeiten. Repräsentativ ist der Freizeitbereich. Der vorwiegend »private« Charakter von Freizeit und Spiel scheint der Familie diesen Bereich gleichsam natürlich zuzuordnen. Totalitäre Staaten übernehmen auch hier weitgehende Zuständigkei-

---

1 Beachtenswert sind gleichermaßen die Bemühungen um die Jugend der totalitären Staaten einerseits wie das Anliegen liberaler Gesellschaften an Kinder- und Familienpflege andererseits
2 Vgl. Geiger FZ 79, S. 457
3 Im Einzelnen dazu Geiger a.a.O.
4 Vgl. zur »Verstaatlichung« natürlichen Elternrechts Art. 33 in der Verfassung der DDR

ten.[5] Ist ein Staatswesen dagegen demokratisch angelegt, so überwiegt die Einflußnahme der Familie bei der Kindererziehung bei weitem. Der Staat ist um größtmögliche Zurückhaltung bemüht und hat sich lediglich elementare Bereiche vorbehalten.[6] Im Idealfall ist staatliche Abstinenz zugunsten der Familie zu fordern. Das
hängt mit der besonderen Ergiebigkeit privaten Engagements in persönlichen Dingen
zusammen. In Konfliktsituationen wird sich diese Form der Jugendsorge stärker
bewähren.[7]
Der Ausgangspunkt ist jedoch nur selten ideal. Das privatautonome Gemeinwesen
Familie ist in der Regel überlastet oder defizitär. Materielle Gesichtspunkte veranlassen sorgeverantwortliche Erwachsene zu Lasten der Kinder Beschäftigungen nachzugehen, die einer intensiven Jugendpflege keine Freiräume mehr lassen. Der Staat soll
diese Erziehungslücken schließen. Das kommunale Gemeinwesen muß Ersatzfunk-
tionen ausüben, für die es nicht konstruiert und konzipiert ist.

2   Vordringliche Aufgabe jeder Verfassungs- und Rechtsordnung ist es, das oben
beschriebene komplizierte Wechselspiel zu ordnen und festzuschreiben. Konfliktsituationen müssen vorhersehbar geregelt sein.[8] Die staatliche Beeinflussung des
insoweit naturgemäß[9] privat orientierten Rechts darf den notwendigen Rahmen nicht
überschreiten. Allerdings muß der Staat neben einer dafür geschaffenen Rechtsordnung Institutionen zur Verfügung stellen, die im Ausnahmefall eingreifen und
Mißstände ohne großen Schaden beseitigen können.
Zentraler Ausgangspunkt für diese Rechtsordnung der Bundesrepublik sind Art. 6
und 7 GG. In diesen Vorschriften ist der Vorrang der Familie vor dem Staat
verfassungsrechtlich verankert.[10] Der Staat überläßt das Interesse an der Erziehung
primär den Eltern. Er beansprucht lediglich, die Schranken zu regeln und durch
besondere Organe zu überwachen. Das »Wächteramt« des Staates über die elterliche
Jugendsorge erstreckt sich vorwiegend auf die **Gewährleistung der Menschenwürde**
und der **freien Entfaltung der Persönlichkeit**.[11]
Wegen der Dominanz der privaten Komponente ist das Kindschaftsrecht Bestandteil
des Bürgerlichen Rechts mit bisweilen öffentlich-rechtlichen Elementen. In jüngerer
Zeit ist allerdings der staatliche Einfluß auf diesem Teil des Privatrechts im Vordrin-
gen begriffen. So hat das Sorgerecht 1980 mit § 1631aII BGB[12] ein erhebliches
Mitspracherecht des Staates bei Entscheidungen über berufliche Erziehung und

---

5 Z. B. Hitlerjugend, obligatorische Jugendorganisationen der kommunistischen Staaten,
    staatlich organisierte Ferienaufenthalte, Vorschulerziehung
6 So lag beispielsweise das Schulwesen in der römischen Republik in privater Hand. Vgl.
    Nack-Wagner S. 162 f.
7 Vgl. dazu die These von Geiger a.a.O. »Der Staat schwächt die Familie durch übergroße
    Eingriffsmöglichkeiten der öffentlichen Gewalt in Belange der Jugendsorge.«
8 BverfG E 9, 137
9 Das Elternrecht wird in diesem Zusammenhang als privates Naturrecht bezeichnet, vgl.
    Maunz § 17 I 2
10 Vgl. Wortlaut des Art. 6 GG, BverfG NJW 73, 133
11 BVerfG. NJW 68, 2235
12 Nach § 1631a Abs. II BGB kann das Vormundschaftsgericht, wenn die Eltern offensichtlich
    keine Rücksicht auf die Eignung und Neigung des Kindes nehmen und dadurch die Gefahr
    besteht, daß die Entwicklung des Kindes schwer beeinträchtigt wird, an Stelle der Eltern
    entscheiden. *Siehe RNr. 92*

Ausbildung gebracht, was eindeutig über die bisherige bloße Aufsicht in Mißbrauchsfällen hinausgeht. Diese Tendenz hängt mit einer gewandelten Familienstruktur zusammen. Öffentliche Interessen und Einflüße können eher in die moderne Kleinfamilie eindringen als in die herkömmliche Großfamilie der Jahrhundertwende. Nur ausnahmsweise tritt die staatliche Jugendsorge in den Vordergrund. Das ist vor allem bei der Schulerziehung und der Fürsorge für Verwahrloste[13] der Fall.[14] Insoweit ist das private Element auf die Ebene der Mitsprache oder auch völlig zurückgedrängt. Es handelt sich dann um öffentliches Jugendhilfe- oder Schulrecht und nicht um privates Kindschaftsrecht.

Als Programm und Auslegungsregeln beeinflussen die eingangs zitierten Verfassungsnormen auch das positive Kindschaftsrecht, das im Rang unter dem Grundgesetz steht. Einen eigenständigen Abschnitt »Kindschaftsrecht« kennt unser Zivilgesetzbuch allerdings nicht. Der Begriff selbst ist vielmehr der familienrechtlichen Literatur entnommen.[15] Im BGB findet man die einschlägige Materie unter dem Abschnitt Verwandtschaften im 5. Buch geregelt. Untertitel sind Abstammung, Unterhaltspflichten, Eltern und Kinder, nichteheliche Kinder, Legitimation von nichtehelichen Kindern und die Adoption.[16, 17, 18]

Zusammengefaßt läßt sich also sagen, Kindschaftsrecht ist die Privatrechtsmaterie, die sich mit den Rechtsbeziehungen ehelicher und nichtehelicher Kinder zu ihren Eltern beschäftigt.[19]

1.2 Organe der staatlichen Kindersorge

Vor dem Hintergrund dieser theoretischen Erörterungen beantwortet sich nicht nur **3** die Frage, ob es im Einzelfall um öffentliches Jugendhilferecht oder privates Kindschaftsrecht geht, sondern es löst sich auch die scheinbar undurchdringliche Zuständigkeitsproblematik. Der mit Fragen der Jugendsorge befaßte Rechtsanwender ist in Grenzfällen bisweilen nicht in der Lage, die Zuständigkeiten sicher abzugrenzen. Der erfahrene Praktiker wird die Zuständigkeitsfrage oftmals aufgrund einer langjährigen Übung beantworten, ohne sich immer der systematischen Zusammenhänge bewußt zu sein. Eine zufallsfreie und sichere Orientierung ist jedoch nur mit dem oben dargelegtem verfassungsrechtlichen Vorverständnis zu erreichen.

---

13 Einschlägig ist insoweit das Gesetz für die Jugendwohlfahrt (JWG) in der Fassung der Bekanntmachung vom 25. April 1977 (BGBl I, S. 633 ber. S. 795). Danach kann Erziehungsbeistandschaft angeordnet werden, wenn die leibliche, geistige oder seelische Entwicklung eines Minderjährigen gefährdet oder geschädigt ist oder auch Fürsorgeerziehung, wenn ein noch nicht 17jähriger Minderjähriger zu verwahrlosen droht oder bereits verwahrlost ist. *Siehe dazu im einzelnen RNr. 161 ff.*
14 BVerfG E 41, 88
15 Vgl. Beitzke, § 21
16 §§ 1591 ff.
17 Teilweise sind an dieser Stelle auch die Verhältnisse zu anderen Verwandten geregelt. Das Kindschaftsrecht ist deshalb nur ein Unterabschnitt des allgemeinen Verwandtschaftsrechts
18 Das Adoptionsrecht bleibt als eigenständige Materie einer gesonderten Darstellung vorbehalten
19 §§ 640 ZPO sprechen von Kindschaftssachen. Allerdings fallen darunter nur die dort aufgeführten besonderen Zivilprozesse (z. B. Vaterschaftsanfechtung)

1.2.1 Das Vormundschaftsgericht

4 Wichtigstes Organ bei der privatrechtlich orientierten Jugendsorge ist das Vormundschaftsgericht.[20]
Die Entscheidungen des Vormundschaftsgerichts sind keine Verwaltung, sondern Gerichtsbarkeit. Sie dienen der Feststellung, der Fortbildung und dem Schutz von privaten Rechtsverhältnissen. Daß dabei vielfach kein Recht gesprochen wird, ist unerheblich, denn Verwaltung und Gerichtsbarkeit unterscheiden sich nicht am Begriff der Rechtsprechung.[21] Freiwillige Gerichtsbarkeit zeichnet sich vielmehr dadurch aus, daß neben der eigentlichen richterlichen Rechtsprechung selbständige Rechtspflegeakte im Vorfeld der Rechtsprechung vorgenommen werden. Auch deren richterliche Nachprüfung ist Ausübung von **freiwilliger Gerichtsbarkeit**.[22, 23]
Auf dem Gebiet des Kindschaftsrechts ist die Tätigkeit des Vormundschaftsgerichts inhaltlich gesehen koordinierender, überwachender und letztlich auch entscheidender Natur.[24] Die Entscheidungen sind rechtsfeststellend und häufig auch rechtsgestaltend.[25, 26] Das Vormundschaftsgericht ist eine zentrale Organisationsstelle, mit Hilfe derer sich der Staat der notwendigen Einflüße auf die private Kinderbetreuung und Erziehung sichert.
Das Vormundschaftsgericht selbst ist kein eigenständiges Gericht, sondern das **Amtsgericht**, soweit es Vormundschaftssachen erledigt. Daß das Amtsgericht für die Erledigung der Vormundschaftssachen sachlich zuständig ist, ergibt sich aus § 35 des Gesetzes über die Angelegenheiten der freiwilligen Gerichtsbarkeit (FGG).
Nach unserer Gerichtsverfassung erledigt beim Amtsgericht jeder Richter die ihm obliegenden Geschäfte grundsätzlich als Einzelrichter, § 22 IV des Gerichtsverfassungsgesetzes (GVG). Jeder Richter beim Amtsgericht repräsentiert als Einzelrichter für die ihm durch Geschäftsverteilung zugewiesenen Aufgaben, also mit seiner Abteilung,»Das Amtsgericht«, vgl. § 22 I GVG. Gehören zu den einem Richter am Amtsgericht zugewiesenen Aufgaben Vormundschaftssachen, so wird er bei Erledigung dieser Vormundschaftssachen als »Vormundschaftsgericht« tätig. In der Regel werden – soweit das tatsächlich möglich ist – alle Vormundschaftssachen einer

---

20 Die Funktionen des Vormundschaftsgerichts sind keineswegs auf das Kindschaftsrecht beschränkt. Beispiele für andere Zuständigkeiten: Ausschluß der Vertretungsbefugnis bei den sog. Schlüsselgeschäften, § 1357 II BGB; Befreiung vom Eheverbot der Schwägerschaft, § 4 EheG. Die nicht kindesbezogenen Aufgaben sind jedoch nur von untergeordneter Bedeutung
21 Vgl. Gernhuber, S. 639
22 Vgl. Habscheid, S. 27 f.
23 Ein fester Begriff existiert nicht. Angelegenheiten der freiwilligen Gerichtsbarkeit sind solche, die der Gesetzgeber durch Zuweisung an die Organe der freiwilligen Gerichtsbarkeit so bezeichnet hat oder für die der Gesetzgeber die Anwendung des FGG vorgesehen hat. Vgl. Firsching, S. 154; zum Begriff i. E. Habscheid, S. 16 ff., Weirich, S. 35 ff.
24 Gernhuber, S. 639
25 Beitzke, § 35 II; Gernhuber, S. 639 f.
26 Die rechtsgestaltenden Aufgaben rücken das Vormundschaftsgericht in das Licht einer verwaltenden Stelle der Gerichtsbarkeit. In anderem Zusammenhang ähnlich das Grundbuchamt (vgl. i. E. Firsching, S. 154). Art. 147 EGBGB hat an der Stelle der Vormundschaftgerichte auch die Betrauung anderer Stellen mit entspr. Aufgaben zugelassen. (Z. B. die Bezirksnotariate in Baden-Württ.)

Abteilung, also einem Richter zugewiesen. Die Vormundschaftssachen können aber auch auf verschiedene Abteilungen verteilt werden.
Die sachliche Zuständigkeit des Amtsgerichts als Vormundschaftsgericht ergibt sich also aus § 35 FGG. Für welche konkreten Angelegenheiten das Vormundschaftsgericht zuständig ist, ergibt sich aus einer Reihe von einzelnen Gesetzesbestimmungen, die nicht zu einem Zuständigkeitskatalog zusammengefaßt sondern an den verschiedensten Stellen des BGB (vgl. z. B. §§ 1628 Abs. I, 1666 Abs. I) und anderen Gesetzen (vgl. z. B. §§ 57, 64 JWG) zu finden sind.
Gemäß § 36 FGG ist örtlich zuständig das Gericht am Wohnsitz oder Aufenthalt des Kindes, hilfsweise das Gericht, an dessen Ort ein Fürsorgebedürfnis auftritt, §§ 42 ff. FGG.
Das Vormundschaftsgericht handelt und entscheidet als Organ der freiwilligen Gerichtsbarkeit nach den Regeln des Gesetzes über die freiwillige Gerichtsbarkeit. Es hat im Verfahren alle Ermittlungen anzustellen, die nach pflichtgemäßem Ermessen erforderlich sind, § 12 FGG.[27] Fehlerhafte Entscheidungen haben nur selten Nichtigkeit zur Folge. Regelmäßig sind sie wirksam bis zu ihrer Aufhebung.[28] Nach FGG richtet sich auch das Rechtsmittelsystem.[29, 30]
Die Beteiligungsrechte der »Parteien« sind anders gelagert als im normalen Zivilprozeß. Ein äußerst differenziertes Anhörungssystem sichert verfahrensrechtlich den Verfassungsgrundsatz des **rechtlichen Gehörs** ab.[31, 32]

1.2.2 Das Familiengericht

Das I. EheRG vom 1. 7. 77 (Bundestagsdrcks. 7/650 S. 75) hat auf dem Gebiet des   **5**
Vormundschaftswesens im Kindschaftsrecht durch die Einführung der Familiengerichte als Abteilung der Amtsgerichte einen Dualismus in die Gerichtsbarkeit gebracht. Das Familiengericht ist also ebenso wie das Vormundschaftsgericht kein besonderes Gericht, sondern eine »Abteilung«[33] des Amtsgerichts, vgl. § 23b I1 GVG. Diese »Abteilung« des Amtsgerichts weist gegenüber den anderen Abteilungen einige gerichtsverfassungsrechtliche Besonderheiten auf.[34] Eine Neuerung ist, daß die Abteilung für Familiensachen durch Gesetz begründet wird und für

---

27 Bei Bedarf kann förmliche Beweisaufnahme betrieben werden, § 15 FGG
28 Parallele zu den Verwaltungsakten (vgl. §§ 34, 35 VerwVerfG)
29 Auf die Darstellung von verfahrensrechtlichen Einzelfragen wird an dieser Stelle verzichtet. Den Fragen wird im jeweiligen Sachzusammenhang nachgegangen. Die Abhandlung stellt deshalb auch bei den eigentlichen Sachkomplexen (z. B. im Sorgerecht) keinen verfahrensrechtlichen Teil allgemein voran, sondern klärt die Verfahrensfragen im speziellen Sachzusammenhang. Dieses Vorgehen wurden insbesondere deshalb gewählt, weil die Verfahrensfragen unmittelbar von den eigentlich im Vordergrund stehenden materiell-rechtl. Problemen gefärbt und dadurch atypisch werden. Anderseits ist die Verfahrensfrage oft unproblematisch. Dann erscheint es auch nicht notwendig, sie eigens anzusprechen
30 Vgl. die eingehenden Darstellungen zum Rechtsmittelsystem bei Weirich, S. 81 ff.; Habscheid, S. 177 ff.
31 *Vgl. zu den Einzelheiten der Anhörung RNr. 85*
32 Siehe dazu auch weiterführend Weirich S. 7
33 Der Begriff »Abteilung« wurde hier durch das I. EheRG erstmals in das GVG aufgenommen
34 Vgl. dazu Kissel, NJW 1977, 1034 ff.

alle Familiensachen zuständig ist, vgl. auch § 23b II GVG. Die Aufteilung der Familiensachen auf verschiedene Abteilungen – was beispielsweise bei den Vormundschaftssachen denkbar wäre – ist kraft Gesetzes also ausgeschlossen. Das Gerichtsverfassungsrecht normiert in § 23b I Nr. 2–5 die Zuständigkeiten des Familiengerichts in zahlreichen Kindschaftssachen, wenn sie in Zusammenhang mit anderen Zuständigkeiten des Familiengerichts stehen. Das liegt in der bezweckten Verbindung aller mit einer Scheidung zusammenhängenden Fragen in einem Verfahren und vor einem Gericht begründet.[35] Die Aufgaben des Familiengerichts erstrecken sich aber in diesem Bereich nur auf Angelegenheiten der ehelichen Familie. Das Nichtehelichenrecht wird an keiner Stelle berührt.[36, 37]

Das Familiengericht ist allgemein ausgedrückt sachlich zuständig für alle Kindschaftssachen, die obligatorisch mit einer Scheidungssache verbunden sind (z. B. Sorgerechtsverfahren nach § 1671 BGB), die von amtswegen in den Entscheidungsverbund mit aufgenommen werden können (z. B. Umgangsregelungen) oder die von einer Partei in den Verbund einzuführen sind (z. B. Geltendmachung des Herausgabeanspruchs nach § 1632 BGB) einschließlich der Änderungsentscheidungen. Ferner ist die Zuständigkeit des Gerichts gegeben für Elternstreitigkeiten, die sich aus einer Trennung i. S. von § 1672 BGB ergeben. Die örtliche Zuständigkeit ergibt sich für die Ehesachen aus § 606 ZPO und für die anderen Familiensachen aus §§ 621II ZPO, 45 FGG.

Gemäß § 621a ZPO entscheidet das Familiengericht nach den Regeln des FGG, soweit es an die Stelle des Vormundschaftsgericht getreten ist. Im übrigen gilt die ZPO. Wegen der Einzelheiten des Verfahrensablaufs wird auf das zum Vormundschaftsgericht Ausgeführte verwiesen.[38]

Die Zweispurigkeit der Gerichte ist der Kritik ausgesetzt.[39] Das folgt aus der Unübersichtlichkeit der gefundenen Regelung.[40] Die Verwirklichung der Idee eines umfassenden Verfahrensverbund erfordert die vorgenommene Aufspaltung.

1.2.3 Das Amtsgericht als Prozeßgericht

6   Zur Klärung von Statusfragen des Kindes ist das AG als Prozeßgericht in Kindschaftssachen berufen, §§ 23a Ziff. 1 GVG, 640 II ZPO.[41, 42]

Dieselbe sachliche Zuständigkeit ist gegeben, wenn es um die Rechtsstreitigkeit des ehelichen oder nichtehelichen Kindes mit seinen Eltern um eine durch Verwandt-

---

35 Es soll hier wegen des Sachzusammenhangs nur auf die Zuständigkeiten im Kindschaftsrecht eingegangen werden. Herkömmlich unterscheidet man im Zuständigkeitsbereich des Familiengerichts Ehesache i. S. § 606 ZPO und andere Familiensachen nach § 621 ZPO. Diese Differenzierung gibt jedoch für die hier anstehende Erörterung der sachlichen Zuständigkeiten des Familiengerichts im Kindschaftsrecht keine weiteren Orientierungshilfen

36 Gernhuber, S. 640 f.

37 Eingehend zur Familiengerichtsbarkeit vgl. Kissel, Bd. II, S. 1 ff.

38 *Siehe RNr. 4*

39 Siehe Gernhuber, S. 640

40 *Siehe RNr. 155*

41 Ausnahmsweise auch einmal das VG, vgl. § 1599 II BGB; *siehe RNr. 19*

42 *Siehe RNr. 11 ff.*

schaft begründete Unterhaltspflicht geht, sofern es sich nicht um eine Familiensache handelt, §§ 23a GVG Ziff. 2, 641 l ff. ZPO.[43]
Die Parteien stehen sich in einem kontradiktorischen Verfahren gegenüber. Die Zuständigkeit des AG ist unabhängig vom Streitwert gegeben. Unter diese Ziffer fallen z. B. Klagen des nichtehelichen Kindes gegen seinen Vater auf Zahlung des Regelunterhalts gem. § 642 ZPO.[44]
Nennenswert ist in diesem Zusammenhang auch noch das vereinfachte Verfahren zur Abänderung von Unterhaltstiteln gem. den §§ 641 l ff. ZPO.[45] Bei diesem Verfahren handelt es sich nie um eine Familiensache, § 641 l I 2 ZPO.
Bei den Amtsgerichten gibt es zumeist eigene Abteilungen die nach der internen Geschäftsverteilung für diese Fragen zuständig sind. Für das Verfahren als solches gilt die ZPO mit zahlreichen Besonderheiten, auf die an gegebener Stelle noch ausführlich einzugehen sein wird.[46]

1.2.4 Funktionelle Zuständigkeit

Nunmehr bleiben noch die funktionellen Zuständigkeiten zu klären. Es geht dabei um die Frage, ob der Richter oder der Rechtspfleger zuständig ist. Die Frage beantwortet sich unabhängig von der Zuständigkeit des Vormundschafts- oder Familiengerichts.[47]
Durch die REntlV (Reichsentlastungsverfügung vom 3. 7. 43, abgedruckt in Die Justiz 43, S. 339) wurden schon einzeln aufgezählte Sachen dem Rechtspfleger übertragen. Das Rechtspflegergesetz von 1957 übertrug die Vormundschaftssachen allgemein und damit auch die Vormundschaftssachen im Kindschaftsrecht.[48] Das RpflG von 1970 hat dieses Prinzip beibehalten. Diese generelle Zuständigkeit ist um die im BGB dem Familiengericht zugewiesenen Aufgaben ergänzt worden, § 3 Nr. 2a RpflG. Es handelt sich insoweit um eine sog. Vollübertragung, d. h. dem Rechtspfleger werden zwar ganze Sachgebiete übertragen, jedoch bleiben dabei einzelne Geschäfte dem Richter vorbehalten, die in dem Katalog des § 14 RpflG bis § 19 RpflG aufgeführt sind.[49]
Für den Richter verbleiben daher auf dem Gebiet des Kindschaftsrecht die im Gesetz vorbehaltenen Vormundschafts- und Familiensachen.[50] Ferner ist seine Zuständigkeit

7

---

43 *Siehe RNr. 47 ff.*
44 *Siehe RNr. 74*
45 *Siehe RNr. 64*
46 Die Sondervorschriften der ZPO beziehen sich ausdrücklich nur auf die Minderjährigen oder nichtehelichen Kinder, sonst gelten die allgemeinen Bestimmungen der ZPO; *siehe RNr. 11 ff. u. 47 ff.*
47 Vgl. § 3 Nr. 2a RpflG
48 Arnold § 14 RpflG, Anm. 1
49 Zur Abgrenzung zwischen Voll- und Vorbehaltsübertragung Arnold § 3 RpflG Anm. 3, 4
50 Die amtliche Überschrift zu § 14 RpflG ist zu eng. Vgl. Arnold § 14 RpflG Anm. 1

generell gegeben bei einer Zuständigkeitszuweisung an das Prozeßgericht aus GVG[51] oder aus ZPO.[52] Ausnahmen von dieser grundsätzlichen Zuständigkeit des Richters können sich aus der Übertragung **einzelner** Geschäfte ergeben.[53]

1.2.5 Das Jugendamt

8 Organe der öffentlichen Jugendwohlfahrt sind die Jugendwohlfahrtsbehörden. Gemäß dem Instanzenzug gibt es die Jugendämter (§§ 4 ff. JWG), die Landesjugendämter (§§ 19 f JWG) und die oberste Landesjugendbehörde.
Öffentliche Jugendhilfe ist Fürsorgeverwaltung auf Gemeindeebene.[54] Die Jugendämter als unterste Stufe der öffentlichen Jugendverwaltung werden von den kreisfreien Gemeinden und den Landkreisen getragen. Ihre Aufgabe erstreckt sich auf das gesamte Gebiet der öffentlichen Jugendhilfe, soweit nicht Spezialbehörden vorhanden sind. Die Tätigkeit umfaßt z. B. Beratung in Erziehungsfragen, politische Bildung, Jugendgerichtshilfe pp.
Das Jugendamt besteht aus dem Jugendwohlfahrtsausschuß als Entschließungsorgan und der Amtsverwaltung.
Dem Jugendamt übergeordnet sind die Landesjugendämter und die oberste Jugendbehörde des Landes.
Jugendhilferecht ist in erster Linie **öffentliches Verwaltungsrecht.** Es steht an zahlreichen Stellen dem privaten Familienrecht sehr nahe oder ist sogar mit ihm verflochten.[55] Entscheidungsmittel der Jugendbehörden ist der **Verwaltungsakt.** Es gelten die Regeln des allgemeinen Verwaltungsrechts.
Das Jugendamt übernimmt also neben seiner eigentlichen öffentlich-rechtlichen Funktion auch Hilfestellung für die Gerichtsbarkeit im privaten Kindschaftsrecht.[56]

---

51 §§ 23 f. GVG
52 §§ 621, 622 ZPO; 610 ZPO
53 Vgl. § 20 Ziff. 10/11 RpflG
54 Vgl. Beitzke § 35 IV; Potrykus zu § 2 JWG
55 Z. B. §§ 1631 III BGB, 48 ff. JWG; vgl. dazu die Übersicht bei Beitzke § 35 IV
56 Umgekehrt gibt es aber auch ein Tätigwerden des VG im öffentl. Jugendhilferecht, Beispiel: § 57 JWG. Zur Ergänzungsfunktion des öffentl. Jugendhilferechts für private Erziehungsschwierigkeiten vgl. i. E. Palandt Einleitung vor § 55 JWG

1.3 Zuständigkeiten der Gerichte im Kindschaftrecht

AG als Vormundschafts-gericht, § 35 FGG	AG als Familiengericht, § 23 b GVG	AG als Prozeßgericht, § 23a Ziff. 1 und 2 GVG
Vormundschaftssachen sind solche, die das Gesetz (z. B. BGB) ausdrücklich dem VG zuweist.	Zuständig für Kindschafts-sachen, die in §§ 23b GVG u. im BGB dem Familiengericht ausdrücklich zugewiesen sind.	Zuständig für Kindschafts-sachen i.S. der §§ 23a Ziff. 1 GVG, 640 II ZPO und Un-terhaltssachen gem. §§ 23a Ziff. 2 GVG, 641l, 642a IV ZPO, soweit nicht das VG oder das Familiengericht zu-ständig sind.
Verfahren richtet sich nach FGG; das Jugendamt ist in vielen Fällen zu beteiligen, vergl. z. B. § 48a JWG.	Verfahren richtet sich entwe-der nach ZPO oder nach FGG, § 621a ZPO. Falls nach FGG verfahren wird, gilt das gleiche wie beim Ver-fahren vor dem VG.	Verfahren richtet sich mit Besonderheiten immer nach ZPO.
Funktionelle Zuständigkeit: Rechtspfleger oder Richter, §§ 3 Ziff. 2a, 14 RPflG.	Funktionelle Zuständigkeit: Richter oder Rpfl, §§ 3 Ziff. 2a, 14 RPFlG.	Funktionelle Zuständigkeit: Richter

2 Die eheliche bzw. nichteheliche Abstammung und allgemeine Rechtsstellung der Kinder

2.1 Die Abstammung

2.1.1 Verfassungsrechtslage

10 Das positive Recht des BGB unterscheidet zwischen ehelichen und nichtehelichen Kindern. Diese Differenzierung ist vorgegeben, denn die Situationen, in denen eheliche Kinder aufwachsen, unterscheiden sich erheblich von den Lebensumständen nichtehelicher Kinder.

Art. 6 GG fordert für nichteheliche Kinder hinsichtlich der leiblichen, seelischen und gesellschaftlichen Entwicklung gleiche Bedingungen, wie für eheliche Kinder. Damit können allerdings nur **gleichwertige** Bedingungen gemeint sein, denn eine totale Gleichstellung ist wegen der unterschiedlichen sozialen Situationen undurchführbar.[1, 2]

Zunächst war der sachliche Gehalt von Art. 6 GG nur ein programmatischer Satz, denn der Verfassung untergeordnetes Familienrecht war häufig dieser Forderung nicht angepaßt.[3] So galt insbesondere das nichteheliche Kind mit seinem Vater als nicht verwandt.[4] Die verspätete Reformgesetzgebung trat am 1. 7. 1970 mit dem neuen Nichtehelichenrecht des BGB in Kraft.[5] Als wesentliche Neuerung der Reform ist bemerkenswert, daß das Gesetz die volle elterliche Gewalt der Mutter allein übertrug und nunmehr ein Pfleger nur ausnahmsweise heranzuziehen ist.[6] Weiterhin ist neu, daß das Kind gegenüber dem Vater und seinen anderen Verwandten ein Erbrecht erhalten hat, §§ 1934 ff. BGB.

Die gesetzliche Unterhaltregelung wurde dem Anspruch des ehelichen Kindes gegen seine Eltern angepaßt. Gesetzessystematisch ist zu beachten, daß das Recht des nichtehelichen Kindes dem Recht des ehelichen Kindes unmittelbar angeschlossen ist. Das Recht des ehelichen Kindes gilt somit subsidiär, wenn das Nichtehelichenrecht keine Spezialregelung vorgesehen hat.[7] Mit der Novellierung des materiellen Rechts ging eine umfangreiche Neufassung des Verfahrensrechts einher. Die Ehelichkeitsanfechtung und die Vaterschaftsfeststellung erhielten neben einer umfassenden

---

1 Beitzke § 21 III; Maunz/Dürig, Art. 6 RdN. 49 BVerfGE 17, 280
2 Entspr. Art. 121 WeimRV; vgl. auch Art. 33 der DDR Verf.
3 BVerfG NJW 61, 691
4 § 1589 II BGB a. F.
5 Zuvor hatte das BVerfG angedroht, Art. 6 GG im bürgerlichen Recht wegen Säumnis des Gesetzgebers durch Richterspruch zu aktualisieren, vgl. BVerfG NJW 69, 597
6 *Siehe RNr. 159*
7 Vgl. Bosch FZ 69, 510; Palandt Einf. vor § 1705

Normierung im materiellen Recht eigene verfahrensrechtliche Sonderregelungen.[8]
Das gleiche gilt für das Unterhaltsrecht.[9]
Äußerlich erkennbar ist die Reform durch die berühmt gewordene Ersetzung des
Begriffs »unehelich« durch das Wort »nichtehelich«.[10]

2.1.2 Die eheliche Abstammung

2.1.2.1 Voraussetzungen

Trotz weitgehender verfassungsrechtlicher Gleichstellung haben die naturvorgegebe- **11**
nen Unterschiedlichkeiten jeweils eigene Gesetze für das eheliche und nichteheliche
Kind erfordert. Die Regelungen weichen teilweise erheblich voneinander ab.[1] Des-
halb wenden sowohl das materielle Recht als auch das Verfahrensrecht größte
Sorgfalt für die Abklärung der Ehelichkeit oder Nichtehelichkeit auf. Von dieser
Statusfrage hängt eine völlig unterschiedliche Rechtslage ab, die jahrzehntelange
Rechtswirkungen entfaltet und die sozialpsychologische Entwicklung des Kindes
erheblich beeinflußt. Aus diesem Grunde ist es auch nicht verwunderlich, wenn sich
die Praxis der Frage ebenso gründlich annimmt.[2]
Der Gesetzgeber hat klare und eindeutige Regelungen aufgestellt, unter welchen
Voraussetzungen ein Kind unabhängig von den tatsächlichen Verhältnissen als ehelich angesehen werden soll. Er ist dabei vom Normalfall und der allgemeinen
Lebenserfahrung ausgegangen und hat bestimmt, daß das Kind einer Mutter, die in
einer wirksamen Ehe lebt[3], grundsätzlich ehelich ist.[4] Im einzelnen sind Voraussetzung für die Ehelichkeit:
1. Das Kind muß nach Eingehung der Ehe geboren sein, § 1591 BGB.
2. Das Kind muß während oder vor der Ehe empfangen worden sein.[5]
3. Der Mann muß der Frau während der Empfängniszeit (181–302 Tage vor der
   Geburt)[6] beigewohnt[7] haben, §§ 1591, 1592 BGB. Da die tatsächliche Zeugung
   durch den Mann schwer zu beweisen ist, wird vermutet, daß der Mann während

---

1 Vgl. im Sorgerecht §§ 1626, 1705 BGB
2 Vgl. dazu Beitzke § 22
3 Nicht dagegen bei der Geburt in Nichtehen, vgl. BayOblG. FZ 66, 639; MünchnerK § 1591
   BGB Anm. 3
4 Die Ehe der Mutter ist wohl deshalb gewählt, weil die Mutter der stets bekannte Elternteil
   ist. Das Gesetz versucht schon zu einem sehr frühen Zeitpunkt, das Kindeswohl zu fördern.
5 Nach kanonischem Recht waren nur während der Ehe empfangene Kinder ehelich, vgl.
   Firsching, S. 132; Beitzke § 22 I
6 Die Berechnung erfolgt nach §§ 187 I, 188 BGB, vgl. den Überblick bei Palandt zu § 1592
   BGB
7 Der Begriff der Beiwohnung wirft für die künstliche Befruchtung Probleme auf. Man wird
   das Gesetz teleologisch auslegen müssen. Beiwohnung bedeutet deshalb auch die künstliche
   Befruchtung mit dem Samen des Ehemannes, da nur so die Statussicherheit des Kindes
   gewährleistet bleibt.
8 §§ 640-640h; 641-641k; 643 ZPO
9 §§ 642-642f; 643, 643a ZPO
10 Vgl. dazu kritisch Gernhuber, S. 873

der Ehe[8] und innerhalb der Empfängniszeit der Frau beigewohnt hat und das Kind aus dieser Beiwohnung stammt, § 1591 II BGB.

4. Es darf keine offenbare Unmöglichkeit der Vaterschaft des Mannes vorliegen, § 1591 I 2 BGB.[9]

2.1.2.2 Die Vermutung des § 1593 BGB

12 Gleichgültig ist also zunächst, ob der Ehemann der Mutter auch tatsächlich der Vater ist. Denn nach § 1593 BGB kann die Nichtehelichkeit eines Kindes, das während der Ehe oder 302 Tage nach ihrer Auflösung oder Nichtigkeitserklärung geboren ist, nur geltend gemacht werden, wenn die Ehelichkeit angefochten und die Nichtehelichkeit rechtskräftig festgestellt ist. Fehlt die Anfechtung, so kann die Nichtehelichkeit, egal in welchem Zusammenhang, nicht mehr eingewendet werden. Andere Zusammenhänge können z. B. Unterhalts- und Regreßstreitigkeiten sein.
Allerdings steht nach neuerer Rspr. des BGH die Sperrwirkung des § 1593 BGB einer Schadensersatzklage des Mannes gegen den Rechtsanwalt wegen Versäumung der Anfechtungsfrist nicht entgegen.[10]
Zweck des § 1593 BGB ist die Sicherung des Familienfriedens zur Förderung des Kindeswohls.[11] Es wird ein Stück Einzelfallgerechtigkeit zugunsten der Rechtssicherheit geopfert. § 1593 BGB garantiert unabhängig von den Blutsbeziehungen die Position eines ehelichen Kindes. Die Rechtsstellung des Kindes vor der Anfechtung ist der Stellung eines vom Ehemann abstammenden Kindes gleich. Es besteht ein Anspruch auf Unterhalt gegen den Scheinvater. Dieser hat vor der Anfechtung keine Regreßansprüche gegen den Erzeuger, § 1615b BGB. Es besteht sogar Prozeßkostenvorschußpflicht.[12] Die elterliche Sorge steht auch dem Ehemann zu.

2.1.2.3 Die Anfechtung

2.1.2.3.1 Grundprinzipien

13 Durch die Möglichkeit der Ehelichkeitsanfechtung können Berechtigte die Rechtslage mit den wahren biologischen Verhältnissen in Einklang bringen. Allerdings ist der Kreis der Anfechtungsberechtigten abschließend geregelt. Anfechtungsberechtigt sind der Ehemann, §§ 1594f BGB, unter besonderen Voraussetzungen dessen Eltern, § 1595a BGB, und das Kind selbst, §§ 1596–1598 BGB. Zu dem Kreis der Anfech-

---

8 Beiwohnung vor der Ehe wird mit Ausnahme des § 1591 II S2 BGB nicht vermutet. Zwar wird auch ein so gezeugtes Kind als ehelich behandelt. Im Anfechtungsverfahren muß jedoch die Beiwohnung vor der Ehe vom Anfechtungsgegner bewiesen werden
9 Offenbare Unmöglichkeit bedeutet nach der Rspr., daß ein Tatbestand feststeht, der die Annahme der Ehelichkeit als mit dem gesunden Menschenverstand unvereinbar erscheinen läßt. Ein Ausschluß der Vaterschaft muß für den verständigen Beurteiler als sicher erscheinen. Vgl. BGHZ 7, 116; *siehe zu den Beweismethoden auch RNr. 18*
10 BGHZ 72, 299; a. A. noch BGHZ 45, 356
11 BGHZ 45, 357; Beitzke § 22 II; Gernhuber S. 647 f.
12 BGH NJW 71, 1262; Firsching S. 135

tungsberechtigten gehören weder die Mutter noch der tatsächliche Erzeuger. Die Beschränkung der Anfechtungsberechtigten hat ihren Grund in den Bestrebungen, die Familie als eine von staatlichen Einflüssen weitgehend unberührte Intimgruppe anzuerkennen.[13] Die vorgegebene Rechtsordnung akzeptiert zugunsten des Familienfriedens ein nicht vom Ehemann der Mutter stammendes Kind als ehelich.[14]

Das positive Recht hat daher den Kreis der Anfechtungsberechtigten schon immer begrenzt. Ursprünglich konnte nur der Ehemann die Ehelichkeit anfechten. Erst ein Änderungsgesetz von 1938 gab u. a. auch dem Staatsanwalt das Recht zur Anfechtung.[15] Das Familienänderungsrecht von 1961 brachte dann die umfassende Neuregelung des Anfechtungsrechts in §§ 1593–1600 BGB.

2.1.2.3.2 Anfechtung durch den Ehemann

In der Praxis die häufigste Form der Anfechtung ist die Anfechtung durch den **14** Ehemann, § 1594 BGB.

Der Ehemann soll durch seine Anfechtung der Verfälschung von Blutsbeziehungen im eigenen Interesse entgegentreten können.[16] Die **Anfechtungsfrist** beträgt **2 Jahre**, § 1594 BGB.[17] Sie beginnt in dem Zeitpunkt, in dem der Mann Kenntnis von den Umständen erlangt, die für eine Nichtehelichkeit sprechen, § 1594 II BGB. Werden schon Zweifel während der Schwangerschaft bekannt, so läuft die Frist mit der Geburt des Kindes.[18]

Fraglich ist, wie ein eventueller Rechtsirrtum behandelt werden muß. Gerade bei weniger gebildeten Ehemännern wird die Vorstellung vorherrschen, daß ein nicht von ihnen abstammendes Kind auch ohne weitere Schritte als nichtehelich gilt. Dennoch entscheidet die Rspr. in diesen Fällen gegen den irrenden Laien.[19] Ein Rechtsirrtum soll unbeachtlich sein. Auch die überwiegende Meinung im Schrifttum steht auf diesem Standpunkt.[20] Zum Meinungsstreit abschließend Stellung zu nehmen, hieße den Rahmen der vorliegenden Abhandlung sprengen. Aus Gründen der Rechtssicherheit erscheint die h. M. jedoch vom Ergebnis her gesehen vertretbar.

Der Fristablauf kann durch höhere Gewalt gehemmt sein. Dann gelten die §§ 203, 206 BGB. Der Begriff der höheren Gewalt ist eng auszulegen, um den oben beschriebenen Zweck der Vaterschaftsfiktion zu gewährleisten (Familienfriede). Die Rspr. faßt deshalb auch nicht das Verschulden des Bevollmächtigten unter den Begriff der höheren Gewalt.[21] Das steht allerdings im Gegensatz zur obergerichtlichen Judikatur zur Wiedereinsetzung in den vorigen Stand bei Fristversäumung in Strafsachen.[22] Das Anfechtungsrecht des Mannes ist höchstpersönlich, § 1595 BGB.

---

13 Auch die zwingende Natur der Anfechtungsfristen trägt zum abschließenden Charakter der Anfechtungstatbestände bei. Selbst sie dient letztlich der Rechtssicherheit
14 Vgl. Gernhuber S. 650
15 § 1595a BGB a. F.
16 Das Anfechtungsrecht ist unverzichtbar. Vgl. Gernhuber S. 652
17 Vgl. zur Frist eingehend; BVerfG FZ 75, 84 f.
18 BGHZ 10, 111
19 BGHZ 9, 338; BGHZ 24, 134; OLG Hamm NJW 60, 2244
20 Böhmer FZ 60, 214 f.; Staud § 1594 BGB, Anm. 10; Palandt § 1594 BGB Anm. 2; Erman § 1594 BGB Anm. 3; Beitzke § 22 II a; a. A. Gernhuber S. 653
21 BGH FZ 72, 498
22 BGH St. 25, 89; NJW 73, 1138

Der nur beschränkt Geschäftsfähige kann es allein ausüben, §§ 1595 BGB, 640 ZPO. Der Geschäftsunfähige braucht für das Verfahren seinen gesetzlichen Vertreter und dieser wiederum die Genehmigung des Vormundschaftsgerichts, § 1595 II BGB. Für den Fristablauf kommt es in diesen Fällen auf die Kenntnis des Vertreters an. Bei Wegfall der Geschäftsunfähigkeit erlangt der Mann das den Eltern u. U. durch Fristablauf verlorengegangene Anfechtungsrecht zurück, § 1595 II 2 BGB. Die Genehmigung ist vorher einzuholen, § 1831 BGB. Fehlt die Genehmigung, so wird während des Anfechtungsverfahrens das Nachreichen bis zum Fristablauf zugelassen.[23] Nach Fristablauf wird die Anfechtungsklage mangels Genehmigung abgewiesen. Die Fristeinhaltung ist dagegen nicht notwendig, wenn die Klage noch vor Eintritt der Geschäftsunfähigkeit erhoben worden ist.[24] Das Erteilen der vormundschaftsgerichtlichen Genehmigung obliegt dem Rpfl. gleich ob das Anfechtungsverfahren nach ZPO oder FGG abläuft, wie der Umkehrschluß aus § 14 Ziff. 3a RpflG ergibt.[25]

Das Genehmigungsverfahren unterliegt den allgemeinen Grundsätzen über das Erteilen von vormundschaftsgerichtlichen Genehmigungen, §§ 1828 ff. BGB. Das Gericht prüft nicht nur die Zulässigkeit der Anfechtung, sondern auch deren Zweckmäßigkeit. Maßgebend für die Entscheidung des Rpfl. ist das Interesse des geschäftsunfähigen Mannes. Sittenwidrigen Anfechtungsklagen ist die Zustimmung zu versagen. § 138 BGB gilt insofern analog. Die Sicherung des Familienfriedens kann im Einzelfall aus Billigkeitsgründen das Anfechtungsinteresse des geschäftsunfähigen Vaters überragen.[26] Darüber hinaus wird bei höchst zweifelhaften Prozeßaussichten die Genehmigung zu verweigern sein. Allerdings dürfen normale Zweifel nicht schon von vornherein zur Versagung der Genehmigung führen, da innerhalb einer Ehelichkeitsanfechtung aufgrund der Beweissituation der Prozeßausgang häufig offen ist.

Ist das Kind als Anfechtungsgegner durch Tod weggefallen, so übt das Anfechtungsrecht der Ehemann durch Antrag beim Vormundschaftsgericht aus, § 1599 II BGB.[27]

2.1.2.3.3 Das Anfechtungsrecht des Kindes

15   Anders als der Mann kann das Kind nur anfechten, wenn besondere Umstände vorliegen, die in § 1596 BGB abschließend genannt sind.

Zunächst ist das Kind in Fällen, in denen es ein gesteigertes Interesse an der Feststellung seines wahren Status hat, anfechtungsberechtigt:[28] Wenn der Ehemann der Mutter vor Verlust des Anfechtungsrechts[29] gestorben oder für tot erklärt worden ist, wenn die Ehe der Eltern geschieden, aufgelöst oder für nichtig erklärt worden ist oder die Eltern ohne Aussicht auf Wiederaufnahme der ehelichen Gemeinschaft seit

---

23 BGH MDR 66, 745; Beitzke § 22 II a
24 Vgl. RGRK § 1595 BGB Anm. 4 mit w. Nachw.
25 Vgl. Palandt § 1595 BGB Anm. 2; *zum Verfahren siehe RNr. 19*
27 *Siehe dazu RNr. 19*
28 Das Anfechtungsrecht des Kindes ist stark eingeschränkt aus Scheu vor indiskretem Eindringen in den Intimbereich der Ehegatten. Vgl. Gernhuber S. 658
29 *Siehe RNr. 14*

mehr als drei Jahren getrennt leben[30], wenn die Mutter den Erzeuger geheiratet hat, §§ 1596 I Nr. 1–3 BGB.[31, 32]
Die **Anfechtungsfrist** beträgt **2 Jahre** ab Kenntnis von den Umständen. Rechtsunkenntnis wird auch hier für unbeachtlich gehalten.[33]
Des weiteren ist unbefristet ein Anfechtungsgrund gegeben, wenn die Anfechtung wegen ehrlosen oder unsittlichen Lebenswandels oder wegen einer schweren Verfehlung des Mannes gegen das Kind oder wegen einer schweren Erbkrankheit sittlich gerechtfertigt ist, § 1596 I Nr. 4 u. 5 BGB.[34]
Das Kind wird im Zeitpunkt der Anfechtung in der Regel minderjährig sein. Es muß dann vom gesetzlichen Vertreter vertreten werden, § 1597 I BGB.
Eine Prozeßvertretung durch den Scheinvater ist ausgeschlossen, denn gegen ihn richtet sich die Klage des Kindes.[35] Aber auch eine Vertretung durch die Mutter wird häufig am Vorliegen einer Interessenkollision scheitern.[36] Die Mutter darf das Kind vertreten, wenn ihr bei Getrenntleben nach § 1672 BGB, nach Nichtigkeitserklärung, nach Scheidung oder Aufhebung der Ehe das Vertretungsrecht zugewiesen oder der Ehemann gestorben ist, weil dann keine Gefahr der ehelichen Befangenheit mehr gegeben ist.[37] Es bedarf daher in der Praxis vielfach der Bestellung eines Ergänzungspflegers.[38] Zuständig für dessen Bestellung ist der Rpfl., § 3, Ziff. 2a RpflG.
Für den Lauf der Anfechtungsfrist kommt es in diesen Fällen auf die Kenntnis des gesetzlichen Vertreters oder gegebenenfalls auf die Kenntnis des Pflegers an, § 166 BGB.
Bei minderjährigen Kindern ist darüber hinaus für die Anfechtung die Genehmigung des Vormundschaftsgericht erforderlich, § 1597 I BGB. Zuständig für die Erteilung der Genehmigung ist der Richter, § 14 Ziff. 3a RpflG. Seine Entscheidung hat der Vormundschaftsrichter an den Mündelinteressen zu orientieren. Das Interesse zwischen Zugehörigkeit zur Scheinvaterfamilie und der Klärung der wirklichen Abstammungsverhältnisse ist sorgfältig abzuwägen. Der im Schrifttum vertretene Vorrang von der Zugehörigkeit zur Scheinvaterfamilie verdient Ablehnung,[39] da eine derartige Schematisierung weder durch den Gesetzeswortlaut noch durch den übergeordneten Zweck der einschlägigen Gesetzesmaterie gerechtfertigt ist.
Wenn das Kind bei der Anfechtung durch einen Vormund oder Pfleger vertreten wird, richtet sich das Genehmigungsverfahren nach § 1597 III BGB. Die Genehmigung soll dann nur erteilt werden, wenn die Mutter zustimmt. Die Einwilligung der Mutter ist entbehrlich, wenn die Kindesinteressen das Interesse der Mutter bei weitem überwiegen oder wenn die Mutter geschäftsunfähig ist, der Aufenthalt

---

30 Zum Begriff der Trennung vgl. § 1567 BGB
31 Feststellung der Vaterschaft kann in diesem Verfahren inzidenter erfolgen, ist aber nicht entbehrlich
32 Diese Tatbestände können auch nacheinander jeweils mit neuem Fristablauf eintreten
33 BayOblG FZ 68, 257; *siehe auch RNr. 14*
34 Vgl. dazu BayOblG a. a. O.
35 §§ 1599, 1629 II 3, 1795 BGB; *siehe dazu ausführlich RNr. 115 f.*
36 Entweder liegen dann die Voraussetzungen nach §§ 1795, 1629 II 3 BGB vor, oder es ist § 1796 BGB gegeben mit der Folge, daß der Scheinvater bez. die Mutter von der Vertretung ausgeschlossen ist. *Siehe RNr. 115 f., 120*
37 Gernhuber S. 660
38 Vgl. dazu ausführlich BGH NJW 75, 345 ff.
39 Palandt § 1597 BGB Anm. 2a

unbekannt ist oder ihr das Sorgerecht gem. § 1666 BGB entzogen worden ist. Der RPfl. nimmt die Einwilligung der Mutter entgegen und trifft darüber hinaus die erforderlichen Entscheidungen. Seine Zuständigkeit ergibt sich aus dem Umkehrschluß aus § 14 Ziff. 3a RpflG., der mit seinem Vorbehalt nur auf § 1597 I BGB Bezug nimmt. Entscheidungskriterium ist wie bei der richterlichen Entscheidung nach Abs. I das Kindeswohl. In beiden Genehmigungsverfahren ist die vorherige Anhörung des Jugendamtes obligatorisch, § 48a I Ziff. 1 JWG. Die Genehmigung ist für die Anfechtung prozeßual gesehen Klagevorraussetzung.

2.1.2.3.4 Anfechtung durch die Eltern des Mannes

16 Nach dem Tod des Mannes steht an dessen Stelle das Anfechtungsrecht seinen Eltern zu, § 1595a BGB. Sie sind die Sachwalter seiner Angelegenheiten.[40] Die Anfechtung der Eltern setzt voraus, daß der Mann bis zu seinem Tode keine Kenntnis hatte oder vor Ablauf der Zweijahresfrist gestorben ist, ohne angefochten zu haben. Andernfalls hätte er die volle Anfechtungsmöglichkeit verstreichen lassen. Die **Anfechtungsfrist** beträgt bei diesem Tatbestand **1 Jahr** ab Kenntnis vom Tod des Mannes **und** der Geburt des Kindes. Entscheidend ist also der Zeitpunkt, an dem auch das zweite Ereignis zur Kenntnis gelangt ist. Auf die für die Nichtehelichkeit sprechenden Umstände kommt es bei diesem Anfechtungstatbestand nicht an.[41] Die Eltern entscheiden frei über ein vom Sohn begonnenes oder nicht begonnenes Verfahren. Sie sind an seinen Willen gebunden, wenn er die Geburt des Kindes erlebte und den Willen äußerte nicht anzufechten, § 1595a II BGB.[42]

Das Anfechtungsrecht ist auch für die Eltern höchstpersönlich. Die geschäftsunfähigen Eltern werden durch den gesetzlichen Vertreter vertreten. Das Genehmigungsverfahren ist auch hier Rechtspflegerangelegenheit. Es kann voll inhaltlich auf die Ausführungen zur Anfechtung des geschäftsunfähigen Mannes verwiesen werden.[43] Die beschränkt geschäftsfähigen Eltern sind dagegen selbst zur Anfechtung in der Lage.[44]

Im Gegensatz zu der Gesetzeslage bei Anfechtung durch den geschäftsunfähigen Mann, wird bei einer Anfechtung durch die geschäftsunfähigen Eltern die durch Fristversäumung des gesetzlichen Vertreters verlorengegangene Anfechtungsmöglichkeit nach Wegfall der Geschäftsunfähigkeit nicht wieder hergestellt.[45]

2.1.2.3.5 Anfechtung durch die Mutter

17 Eine Anfechtung durch die Mutter kennt das Recht der Bundesrepublik Deutschland nicht.[46] Dagegen sind verfassungsrechtliche Bedenken laut geworden.[47] Da aber die

---

40 Gernhuber S. 656; Beitzke § 22 II 1b
41 Vgl. § 1595a BGB. Ein schwer verständlicher Gegensatz zu § 1594 II BGB
42 Diese Vorschrift ist nicht folgerichtig, da ein Verzicht auf das Anfechtungsrecht nicht anerkannt ist. Vgl. Beitzke § 22 II 1b; Gernhuber S. 657
43 *Siehe RNr. 14*
44 *Siehe RNr. 14*; §§ 1595a III, 1595 I 2 BGB, 640 ZPO
45 § 1595 II 2 BGB gilt nicht entspr. Vgl. § 1595a III BGB
46 Die gerichtl. Praxis erkennt aber Urteile aus der DDR an, welche auf Anfechtung der Mutter hin ergingen
47 Krüger NJW 54, 1510; Erman § 1593 BGB Anm. 2 m. w. Nachw.

Verfälschung der Abstammungsverhältnisse die Grundlage für eine Anfechtung bilden, ist die Situation von Mann und Frau verschieden und die Differenzierung durch das Gesetz gerechtfertigt. Die Abstammung von der Frau selbst kann wegen des Geburtsvorgangs nicht in Zweifel gezogen werden. Der Mutter ginge es somit nicht um eine Abstammung von ihr, sondern um andere Zusammenhänge. Es handelt sich daher um soziologisch verschiedenartige Vergleichsgruppen, bei denen im Gegensatz zur biologischen Verschiedenartigkeit eine Ungleichbehandlung gerechtfertigt ist und damit in Einklang mit Art. 3 GG steht[48]

Gem. § 66 ZPO kann die Mutter als **Nebenintervenientin** am Anfechtungsprozeß des Mannes beteiligt werden. Zudem kann sie unmittelbar ihre Interessen einbringen, wenn sie das Kind vertreten darf.[49]

Des weiteren herrscht kein Anfechtungsrecht des Erzeugers und im Gegensatz zu § 1595a a. F. BGB auch kein Anfechtungsrecht des Staatsanwalts.[50]

2.1.2.3.6 Nachweis der Nichtehelichkeit

Der Nachweis der Nichtehelichkeit kann zunächst durch **Widerlegung der Beiwoh-** **18**
nungsvermutung erfolgen. Das kann z. B. durch Zeugenaussagen geschehen oder durch den Nachweis der Unfähigkeit zum Geschlechtsverkehr. Darüber hinaus kommt durch den Nachweis der offenbaren Unmöglichkeit i. S. des § 1591 I 2 BGB eine Widerlegung der Vaterschaftsvermutung in Betracht.

Die in der Praxis wesentlich häufigere Widerlegung der Vaterschaftsvermutung kann innerhalb der Anfechtungsklage durch verschiedene Beweismethoden erbracht werden. Es kommt in Betracht:
– Tragezeitgutachten. Nach dem Reifegrad des Kindes kommt der Ehemann als Erzeuger nicht in Frage.
– Der Nachweis, daß die Frau schon vor dem Geschlechtsverkehr mit dem Mann schwanger war.
– Nachweis der Zeugungsunfähigkeit. Dieser Beweis ist schwer zu führen. Der Beweis von Anwendung empfängnisverhütender Mittel reicht in diesem Zusammenhang nicht.[51]
– Beweis anhand vererblicher Eigenschaften. Es kommen in Frage:
Blutgruppengutachten. Grundgedanke: Anhand der Struktur des Blutes läßt sich die Vaterschaft ausschließen.[52]
Anthropologisch/erbbiologische Begutachtung. Grundgedanke: Durch die Gleichheit oder Ungleichheit äußerlicher Merkmale[53] wird die Vaterschaft ausgeschlos-

---

48 Vgl. Beitzke § 22 II 1d; Soergel § 1594 BGB Anm. 3; Schwarzhaupt FZ 61, 329 f. Aus der Rspr. OLG Frankfurt FZ 56, 113
49 *Siehe RNr. 15*
50 Die Beseitigung des Anfechtungsrecht einer öffentlichen Stelle dient dem Schutz privater Familienbelange vor staatlicher Einmischung.
51 Beitzke § 22 I 4
52 Beitzke a. a. O.; BGHZ 12, 22
53 Z. B. Vergleich von Haar- und Augenfarbe, Ohrformen unter Berücksichtigung der Mendelschen Gesetze

sen.[54] Es reicht ein hohes Maß an Wahrscheinlichkeit.[55] Nicht dagegen genügt der Beweis, daß die Frau während der Empfängniszeit auch mit anderen Männern verkehrt hat.[56, 57]

2.1.2.3.7 Anfechtungsverfahren

19 Die Anfechtung erfolgt in der Regel durch Klage auf Feststellung der Nichtehelichkeit nach den §§ 640 ff. ZPO.[58] Anfechtungsgegner ist das Kind, wenn der Mann bzw. seine Eltern klagen. Klagt das Kind, so ist Anfechtungsgegner der Mann, § 1599 BGB. Zuständig für das Anfechtungsverfahren ist das Amtsgericht als normales Prozeßgericht, §§ 23a Nr. 1 GVG, 640 II Ziff. 2 ZPO. Ein schriftliches Vorverfahren ist ausgeschlossen. Ein Versäumnisverfahren gegen den Beklagten ist ebenfalls nicht möglich §§ 640, 611, 612 ZPO. Es gilt der Untersuchungsgrundsatz nach §§ 616, 640 ZPO, mit den Beschränkungen des § 640d ZPO. Nach h. M. können Männer, die eine Anfechtung zu fürchten haben, dem Rechtsstreit beitreten, § 66 ZPO. Der Anfechtungsprozeß endet durch Urteil mit Wirkung für und gegen alle bei Rechtskraft zu Lebzeiten der Parteien, § 640h ZPO. Erst nach Rechtskraft des Urteils kann Klage auf Feststellung der nichtehelichen Vaterschaft erhoben werden, § 1600n BGB.

Ist das Kind oder der Mann als Anfechtungsgegner gestorben, so wird das Anfechtungsrecht vom Berechtigten durch Antrag beim Vormundschaftsgericht ausgeübt, § 1599 II BGB. Die Entscheidung ergeht durch den Richter in Beschlußform, § 14 Ziff. 3a RpflG. Der Beschluß wird erst mit Rechtskraft wirksam. Es handelt sich dann um ein Verfahren der freiwilligen Gerichtsbarkeit. Das VG verfährt nach der **Offizialmaxime**, § 12 FGG. Es gelten allerdings die gleichen Beschränkungen wie für das Prozeßgericht im Statusverfahren, § 640d ZPO. Durch Antrag an das VG ist die Anfechtung als Gestaltungsrecht auch dann auszuüben, wenn der beklagte Ehemann oder das beklagte Kind während des Verfahrens vor dem Prozeßgericht stirbt. Der zivilprozeßuale Rechtsstreit ist dann in der Hauptsache erledigt, §§ 640, 619 ZPO. Ein Vollzug der Rechtsausübung durch Urteil wird in diesen Fällen unmöglich. Nur erneute Ausübung des Gestaltungsrecht beim VG kann noch zum Ziele führen.[59]

Das Gericht stellt fest, daß das Kind nichtehelich ist. Es handelt sich insoweit um einen staatlichen Hoheitsakt mit Rückwirkung auf die Rechtssituation. Der Ehemann erwirbt aufgrund eines gesetzlichen Forderungsübergangs den Anspruch des Kindes

---

54 Die Methode ist erst ab dem 3. Lebensjahr brauchbar. Vorher kommt eine Aussetzung des Verfahrens in Betracht, § 148 ZPO
55 Vgl. BGH NJW 76, 368: Es ist eine Gewissensentscheidung des Tatrichters, ob er persönlich aufgrund der Verhandlungsergebnisse Zweifel an der Vaterschaft hat. Er muß alle Umstände berücksichtigen, die Schlüsse für oder gegen die Vaterschaft erlauben
56 Gernhuber S. 667
57 Weiterführende Literatur: Oepen NJW 70, 499; Beitzke in Ponsold, Gerichtliche Medizin; Ritter-Maier FZ 73, 121
58 OLG Celle FZ 76, 158; OLG Oldenburg NJW 75, 883; *siehe RNr. 20 (Beispiel einer Klage zu Protokoll des Rpfl.)*
59 *Wegen der Unübersichtlichkeit der Rechtslage hinsichtlich der Anfechtungsberechtigung und der oft willkürlich ausgewählten funktionellen Zuständigkeiten bei den entspr. Genehmigungen, vgl. die Übersicht auf S. 38*

gegen den Vater für bereits erbrachte Unterhaltsleistungen, § 1615b II BGB.[60] Ein deliktischer Regreß gegen den eventuellen Ehebrecher ist in der Rspr. nicht anerkannt.[61]
Die aus dem Forderungsübergang erworbenen Ansprüche können gegen den Vater aber erst nach der Vaterschaftsfeststellung geltend gemacht werden, 1600a 2 BGB.[62] Diese Regreßansprüche dürfen das gegenwärtige Recht des Kindes gegen den Vater nicht gefährden, §§ 1615b I 2 BGB.[63]

Beispiel einer Klage zu Protokoll des Rpfl. beim AG[64]   **20**

An das AG Kassel

Klage   der Karl Maier[65]
        gegen
        Markus Maier
        vertreten durch den Pfleger Willi Schmidt[66]

Es wird beantragt festzustellen, daß das Kind nicht das eheliche Kind des Klägers ist. Das beklagte Kind ist am 1. 3. 1980 von der Ehefrau des Klägers, Ursula Maier, geboren worden.
Der Kläger ist seit 2 Jahren zeugungsunfähig. Beweis: ärztliches Gutachten.[67] Das Kind kann daher nicht von ihm abstammen.
Von der Geburt des Kindes hat der Kläger am Tage der Geburt erfahren.[68]

Anlage: Geburtsurkunde in Fotokopie

Unterschrift: Kläger, Rpfl.

2.1.2.3.8 Abstammungsklage

Weil grundsätzlich die Feststellungsklage anderen Klagearten subsidiär ist,[69] kann   **21** eine Klage auf positive oder negative Feststellung der Vaterschaft neben dem Anfechtungsverfahren nicht existieren: Die negative Feststellungsklage ist schon

---

60 Darunter fallen auch die Prozeßkostenvorschüsse für die Ehelichkeitsanfechtung
61 Vgl. zum Streitstand Gernhuber S. 163 f.
62 *Siehe RNr. 34*
63 Obwohl nach erfolgreicher Anfechtung der Rechtsgrund für alle Leistungen entfällt, besteht ein Bereicherungsanspruch des Mannes nur ausnahmsweise gegen das Kind. Weil das Kind den Anspruch gegen den Ehemann der Mutter rückwirkend verliert, ist es entreichert i. S. von § 818 III BGB. Hat sich das Kind dagegen aus eigenen Mitteln unterhalten, weil der Vater unbekannt oder vermögenslos war, so bleibt eine Bereicherung des Kindes, die vom Ehemann nach § 812 BGB kondiziert werden kann. Geleistete Entbindungskosten kann der Ehemann ebenfalls nach § 812 BGB zurückverlangen, da kein Rechtsgrund dafür mehr besteht
64 Die Zuständigkeit ergibt sich aus §§ 495, 496 ZPO, 24 II RpflG
65 Anfechtung des Mannes gegen das Kind §§ 1599 I BGB, 640 ff. ZPO
66 Wegen der »ehelichen Befangenheit« gem. §§ 1629 II, 1797 Nr. 1 BGB ist ein Pfleger nötig; *siehe RNr. 15*
67 *Siehe RNr. 18*
68 Darlegung für die Frist erheblich, vgl. BGHZ 10, 111; *siehe RNr. 14*
69 Vgl. § 256 ZPO

durch § 1593 BGB direkt ausgeschlossen.[70] Bei einer Klage auf positive Feststellung der Vaterschaft (Kind stammt vom Vater ab), die der Wortlaut des § 1593 BGB nicht unmittelbar verbietet, ist das Rechtsschutzbedürfnis fraglich, da die **Ehelichkeitsvermutung** des § 1591 BGB bereits genügt um den Interessen des Mannes gerecht zu werden. Geht es um die Klärung biologischer Fragen in anderem Zusammenhang, so steht § 1593 BGB einer positiven Abstammungsklage allerdings nicht entgegen.[71]

Übersicht über Fremd- und Selbstbestimmung bei der Anfechtung

Anfechtungs-berechtigter	geschäftsfähig	volljährig aber beschr. gesch. fähig	minderjährig	geschäfts-unfähig	Wegfall des Hindernisses
Mann, § 1595 BGB	selbständig, § 1595 I1 BGB	selbständig, § 1595 I2 BGB	selbständig, § 1595 I2 BGB	ges. Vertr., § 1595 II1 BGB. Genehmigung des VG(Rpfl)	Bei Wegfall der Gesch.un-fähigkeit An-fechtungsmög-lichk. trotz Fristvers. § 1595 II2 BGB
Kind, § 1596 BGB	selbständig, §§ 1597IV, 1595 I1 BGB	selbständig, §§ 1597 IV, 1595 I 2 BGB	ges. Vertr. § 1597I BGB Genehm. des VG (Richter). Gilt auch, wenn Min-derj. gesch-unf. ist Bei Interessenkollision: Pfleger, Vormund Genehm. des VG(Rpfl) (nur bei Einw. der Mutter § 1597 III BGB)	ges. Vertr., §§ 1597 IV, 1595 II 1 BGB. Ge-nehm. des VG (Rpfl)	
Eltern des Mannes, § 1595a BGB	selbständig, §§ 1595a III, 1595 I BGB	selbständig, §§ 1595a III, 1595 I BGB	selbständig, §§ 1595a III, 1595 I BGB	ges. Vertr. §§ 1595a III 1595 II 1 BGB. Ge-nehm. des VG(Rpfl)	Trotz Wegfall der Gesch.un-fähigkeit kei-ne Anfech-tungsmöglich-keit bei Ver-säumnis des ges. Vertr., § 1595a III BGB über-nimmt nicht § 1595 II 2 BGB.

---

70 Gernhuber S. 677; Beitzke § 22 III
71 Z. B. Klage der Tochter gegen Ehemann der Mutter auf Feststellung der positiven Abstam-mung, wenn sie einen Mann heiraten will, der nach Auffassung des Standesbeamten ihr außerehelicher Erzeuger ist, § 4 EheG

2.1.3 Die nichteheliche Abstammung

Die Vaterschaft zu einem nichtehelichen Kind ist naturwissenschaftlich kaum beweis- **23**
bar. Es ist Aufgabe des positiven Rechts, diese Schwierigkeiten zugunsten des Kindes
durch Bereitstellung eines differenzierten Rechtssystems zu beseitigen. Das deutsche
Recht löst die Abstammungsproblematik durch ein sog. gemischtes System.[1] Gleich-
geordnet stehen die Formen der Vaterschaftsanerkennung und die gerichtliche Feststellung der Vaterschaft nebeneinander, § 1600a BGB.[2] Neben der Klärung der
Statusfrage haben Anerkennung und gerichtliche Feststellung vor allem praktische
Bedeutung. Sie sind Voraussetzung für die Geltendmachung des Unterhaltsanspruchs, §§ 1600a, BGB; 641k ZPO. In der Praxis hat die Anerkenntniserklärung die
größere Bedeutung.[3] Das Anerkennungsverfahren hat freilich den Nachteil, daß ein
bewußt unrichtiges Anerkenntnis von der Rechtsordnung toleriert und damit die
wahre Sachlage verschleiert wird. Allerdings decken sich Anerkennung und Abstammung in den meisten Fällen. Von einem von der Abstammung völlig losgelösten
Anerkennungssystem kann daher faktisch nicht gesprochen werden.

2.1.3.1 Vaterschaftsanerkennung

Die Erklärung des Vaters ist eine nicht empfangsbedürftige Willenserklärung,[4] die **24**
auf den Eintritt gewollter Rechtsfolgen abzielt. Eine gerichtliche Überprüfung der
Erklärung findet nicht statt. Die Anerkennungserklärung ist als höchstpersönliche
Rechtshandlung bedingungsfeindlich und niemals befristet denkbar, §§ 1600d III,
1600b I BGB. Eine gewillkürte Stellvertretung ist ausgeschlossen. Der beschränkt
geschäftsfähig aber minderjährige Erzeuger erkennt selbst an, benötigt aber die
Zustimmung seines gesetzlichen Vertreters, § 1600d I BGB.
In vormundschaftlichem Zusammenhang ist bemerkenswert, daß bei der Anerken-
nung eines beschränkt geschäftsfähigen, minderjährigen Erzeugers eine Genehmi-
gung des Vormundschaftsgerichts nicht erforderlich ist. Nur bei geschäftsunfähigen
Vätern ist die Anerkennung durch den gesetzlichen Vertreter an die Zustimmung des
Vormundschaftsgerichts gebunden, § 1600d I 2 BGB. Zuständig für die Erteilung der
Genehmigung ist der Rpfl., § 3 ff. 2a RpflG.[5] Der Rpfl. muß vor der Erteilung
summarisch prüfen, ob Vaterschaft vorliegen kann. Die Genehmigung ist vor der
Anerkennung einzuholen, andernfalls ist die Anerkennung unwirksam.[6]

---

1 Ausländische Rechtsordnungen beinhalten das sog. Anerkennungssystem mit eindeutiger
  Priorität und nur untergeordneter Bedeutung der gerichtlichen Vaterschaftsfeststellung.
  (Z. B. Code Civil)
2 Gernhuber, S. 874
3 Z. B. gab es 1974 24 809 Anerkenntnisse und 6966 erfolgreiche Klagen. Vgl. MünchnerK.
  zu § 1600a BGB Anm. 2
4 MünchnerK., § 1600a BGB Anm. 3; Firsching Rpfl. 70, 15; Göppinger DRiZ 70, 145; a. A.
  Palandt § 1600b 1 BGB; Beitzke § 23 II 1, die von einer rechtsgeschäftsähnlichen Wissenser-
  klärung sprechen
5 Vgl. zu den Einzelheiten in diesem Zusammenhang Arnold, S. 184 f.
6 Lange NJW 70, 299; Palandt § 1600d BGB 1; Erman § 1600d BGB Anm. 2

2.1.3.1.1 Zustimmung

25 Da die Anerkennung die Rechtsstellung des Kindes beeinflußt, ist dessen Zustimmung erforderlich, § 1600c BGB. Die Zustimmung ist dem Anerkennenden oder dem Standesbeamten gegenüber zu erklären, § 1600c II BGB. Das kann noch innerhalb von 6 Monaten nach der Beurkundung der Anerkennung geschehen, § 1600e III BGB. Auch die Zustimmung ist höchstpersönliches Recht des Kindes, so daß auch hier eine Bevöllmächtigung ausscheidet.[7] Lediglich bei noch nicht 14jährigen Kindern wird die Zustimmung vom gesetzlichen Vertreter erteilt. Das ist nach § 1706 Ziff. 1 BGB für den Fall der Vaterschaftsfeststellung zur Vermeidung einer Interessenkollision ein Pfleger.[8]

2.1.3.1.2 Pränatale Anerkennung

26 Möglich ist eine Anerkennung auch schon vor der Geburt des Kindes, um weitgehend Nachteile von ihm abzuwenden, § 1600b II BGB. In diesen Fällen wird die notwendige Zustimmung des Kindes durch einen für die Leibesfrucht bestellten Pfleger erteilt, § 1912 I BGB.[9] Die Pflegschaft wird auf Antrag der Mutter oder des Jugendamtes angeordnet. Zuständig für das Verfahren ist der Rpfl., § 3 Ziff. 2a RpflG. Die Zustimmung ist ohne Ermessensprüfung zu erteilen, wenn die nichteheliche Geburt erwartet wird. Diese Übung dient der alsbaldigen Klärung des Personenstandes des Kindes.

2.1.3.1.3 Formvorschriften

27 Anerkenntnis und Zustimmung des Kindes bedürfen der öffentlichen Beurkundung, § 1600e I 1 BGB.[10] Die darüber hinaus erforderliche Zustimmung des gesetzlichen Vertreters zu einer dieser Erklärungen muß nur öffentlich beglaubigt werden, § 1600e I 2 BGB. Die besondere Form ist wegen der Bedeutung der Angelegenheit und aus Beweisgründen notwendig.

28 Zur Veranschaulichung das Beispiel einer Anerkennung:
(Die Anerkennungserklärung wird oft mit einer Unterwerfungsurkunde zur Zahlung des Regelunterhalts verbunden. Aus systematischen Gründen soll jedoch hier auf eine Verbindung verzichtet werden.)

---

7 Bei den über 14jährigen ist die Zustimmung des Minderjährigen selbst und die Zustimmung des gesetzlichen Vertreters erforderlich, § 1600d II BGB
8 Nur unter den Voraussetzungen des § 1707 BGB ausnahmsweise die Mutter
9 Zu der Pflegschaft für die Leibesfrucht vgl. ausführlich Gernhuber, S. 1085 ff.
10 Zuständig sind der Standesbeamte, § 29a PstG, der Notar, § 20 BNotO, der Rpfl. beim AG, § 62 Nr. 1 BUrkG. in Verb. mit § 3 Ziff. 1 f. RpflG und das Jugendamt, § 49 I Ziff. 3 JWG

AZ: XY   AG Kassel, den 4. 4. 1980

Vor dem Rpfl. findet sich ein
1. der Arbeiter Karl Meier, Kassel
   Geb. am 31. 8. 48,
   Deutscher,
   ledig
2. als gesetzlicher Vertreter des Kindes die Mutter Ute Mai, Kassel (oder Amtspfleger Schmidt)

Der Erschienene zu 1. erklärte: Ich erkenne an, der Vater des am 5. 1. 1980 in Kassel,
Geburtenbuch Nr. YX geborenen nichtehelichen Kindes Werner zu sein. Die Erschienene zu 2. erklärte zu der Anerkennung ihre Zustimmung.

Vorgelesen und genehmigt

Unterschriften der Erschienenen   Rpfl.

Verfügung
1. Urkundenregister
2. Beglaubigte Abschrift der bekundeten Erklärung an
   a) Standesamt Kaseel zur Geb. Nr. YX
   b) Mutter
   c) Kind z. H. des Pflegers (Jugendamt Kassel)
      Auf 1600e BGB wird hingewiesen.
3. z. d. A.
                                                                             Rpfl.

Die Zustimmung des gesetzlichen Vertreters zur Anerkennung kann auch in einem
eigenen Termin beurkundet werden.

2.1.3.1.4 Wirksamwerden der Anerkennung

Wirksam ist die Anerkennung, wenn alle erforderlichen Erklärungen abgegeben   **29**
sind.[11] Die Beischreibung eines Randvermerks im Geburtenbuch gem. 29 PstG hat
nur deklaratorischen Charakter. Unwirksam ist die Anerkennung nur bei fehlender
Geschäftsfähigkeit, bei fehlerhafter Stellvertretung, fehlender oder verspäteter Zustimmung oder bei Formmangel, § 1600f BGB. Eine bewußt unrichtige Anerkennung
ist deshalb nicht von vornherein unwirksam. Sie kann allein durch Anfechtung
beseitigt werden. Die Unwirksamkeitsgründe können nur 5 Jahre nach Eintragung in
das Personenstandsbuch geltend gemacht werden, § 1600f II BGB.

---

11 Dem Standesbeamten, der die Geburt eines Kindes beurkundet hat, ist gem. § 29 II PstG
   eine beglaubigte Abschrift der Anerkennungserklärung zu übersenden. Der Standesbeamte
   hat dann den Vater des nichtehelichen Kindes am Rande des Geburtseintrags im Geburtenbuch zu vermerken, § 29 I PstG

2.1.3.1.5 Anfechtung der Anerkennung

30 Sonst tritt die Unwirksamkeit nur ein, wenn die Anerkennung erfolgreich angefochten ist.[12] Soll das Anfechtungsverfahren Erfolg haben, so ist sachliche Voraussetzung, daß der Anerkennende nicht Vater des Kindes ist. Äußerlich korrekte Willenserklärungen, die mit ausreichender Geschäftsfähigkeit abgegeben worden sind, können also nur mit einem Angriff auf ihren sachlichen Gehalt (»Ich bin der Vater«) beseitigt werden.[13] Erst dann ist die durch die Anerkennung geschaffene Vaterschaftsvermutung widerlegt, § 1600m BGB. Die bloße Geltendmachung anderer Mängel führt indes nicht zum Klageerfolg. (Z. B. Verstoß gegen §§ 138, 134 BGB.) Die durch die Anerkennung geschaffene Vermutung spricht weiterhin für die Vaterschaft. Mit dieser Erschwerung der Geltendmachung von Anerkennungsmängeln will das Gesetz das Kind schützen. Das gilt auch für die Unerheblichkeit von Formmängeln, die nicht in §§ 1600 b–e BGB fallen, § 1600f BGB.

31 Im Falle der Anfechtung wegen Irrtums oder wegen Drohung gilt Besonderes: Hier braucht der Anfechtende nicht das Nichtvorliegen der Vaterschaft zu beweisen. Das wäre für ihn zu hart. Es reicht aus, wenn er den Willensmangel beweist, es sei denn, er hat der Mutter in der Empfängniszeit beigewohnt. Diese Beiwohnung wird bei der Geltendmachung von Willensmängeln nach Anerkennung nicht vermutet. Sie muß vom Anfechtungsgegner bewiesen werden, sonst hat die Anfechtung der Anerkennung ohne weiteres Erfolg.
Ist die Beiwohnung bewiesen, so muß der Anfechtende, um seine Klage erfolgreich zu machen, die nunmehr für seine Vaterschaft sprechende Vermutung widerlegen, §§ 1600m, 1600o BGB.

32 Mit erfolgreicher Anfechtung kann der Anfechtende – wie oben dargelegt – die Wirkungen seiner Erklärung rückwirkend beseitigen, § 1600f BGB. Das Recht der Anfechtung eines Anerkenntnisses entspricht von der Gesetzessystematik dem Ehelichkeitsanfechtungsrecht.[14] Es handelt sich um folgende Anfechtungstatbestände: Der Anerkennende selbst kann innerhalb eines Jahres nach Bekanntwerden von Umständen, die gegen seine Vaterschaft sprechen, anfechten, § 1600g I BGB. Ist der Mann innerhalb eines Jahres nach Wirksamwerden der Anerkennung gestorben, so sind die Eltern binnen Jahresfrist seit Kenntnis vom Tod und der Anerkennung berechtigt, anzufechten, § 1600g II, 1600h I u. III BGB. Das Anfechtungsrecht der Mutter ergibt sich aus §§ 1600g I u. h I BGB. Die Frist beträgt in diesem Fall 1 Jahr ab Kenntnis von der Anerkennung, § 1600h IV BGB. Hier kommt es also nicht wie beim Mann auf die Kenntnis von Umständen an, die gegen die Richtigkeit sprechen. Das Kind ficht an wie die Mutter, §§ 1600g I, 1600h I BGB. Die Frist richtet sich allerdings nach § 1600i BGB. Danach beträgt eine Anfechtungsfrist 2 Jahre seit Kenntnis von dem Anerkenntnis oder von Umständen, die gegen deren Richtigkeit sprechen.[15]

---

12 *Siehe zu den Anfechtungstatbeständen und zum Verfahren RNr. 32 u. 33*
13 Gernhuber, S. 881
14 Siehe dazu Arnold, S. 180
15 Wegen der Ausn. s. § 1600i II V BGB

Das Anfechtungsverfahren deckt sich mit dem Verfahren bei der Ehelichkeitsanfech- **33**
tung.[16] Hinzu kommt lediglich ein Verfahren zur Anfechtung durch die Mutter. Es
entspricht dem Verfahren bei der Anfechtung durch den Mann.
Die Klage des Mannes und seiner Eltern richten sich im ZPO-Verfahren gegen das
Kind und nach dessen Tode durch Antrag an das VG, § 1600l BGB.[17, 18] Das Kind
und die Mutter fechten die Anerkennung gegenüber dem Mann nach Regeln der
ZPO und nach dessen Tod durch Antrag an das VG im Verfahren der freiwilligen
Gerichtsbarkeit an.
Die Frage der Selbst- oder Fremdbestimmung ist geregelt wie bei der Ehelichkeitsanfechtung.[19] Hinzu kommt lediglich wieder das Anfechtungsrecht der Mutter. Die
gesetzliche Regelung des § 1600k BGB entspricht deshalb der Gesetzeslage bei
§§ 1595, 1597 BGB. Die nichteheliche Mutter wird wie der Mann behandelt.[20] Um
Wiederholungen zu vermeiden, wird auf die Ausführungen zum Ehelichkeitsanfechtungsrecht Bezug genommen. Bei der Anfechtung der Anerkennung durch das
minderjährige Kind kommt eine Besonderheit hinzu: Die bei der Ehelichkeitsanfechtung immer vorgesehene Einwilligung der Mutter ist hier gem. § 1600k III BGB nur
erforderlich, nachdem die Mutter den Mann geheiratet hat, der die Anerkennung
abgegeben hatte.[21]
Der Grund für diese Unterschiedlichkeit liegt in der sich nur teilweise deckenden
Interessenlage. Zweck des § 1597 III BGB, der im **Ehelichkeitsanfechtungsrecht** bei
der Anfechtung des Minderjährigen durch einen Pfleger eine solche Einwilligung
normiert, ist es, staatliches Handeln an den privaten Willen der Mutter zu binden, die
dadurch den ehelichen Status des Kindes erhalten kann. Vergleichbar ist die Lage bei
der **Anfechtung der Anerkennung** nur, wenn durch nachfolgende Legitimation
Ehelichkeit eingetreten ist. Nur dann entspr. die Rechtslage der beim ehelichen Kind.
Staatliches Handeln bedarf nur dann der Bindung an den Mutterwillen, da in anderen
Fällen keine Ehelichkeit des Kindes besteht, die beseitigt werden könnte.

2.1.3.2 Gerichtliche Vaterschaftsfeststellung

Staatliches Eingreifen ist notwendig, wenn sich kein Vater bereit findet, die Vater- **34**
schaft anzuerkennen. Die gerichtliche Vaterschaftsfeststellung erfolgt durch Klage
des Kindes gegen den Vater bzw. umgekehrt, § 1600n I BGB. Prozessual handelt es
sich um eine Feststellungsklage, § 256 ZPO, für die das Amtsgericht als Prozeßgericht auch nach § 23a Ziff. 1 GVG, 640a Ziff. 1 ZPO zuständig ist. Nach dem Tod des
Mannes ist der Feststellungsantrag zu richten an das VG, § 1600n II BGB. Es handelt

---

16 Vgl. §§ 23a Ziff. 1 GVG, 640 II Ziff. 3 ZPO, *siehe RNr. 19*
17 Vgl. § 1599 BGB
18 Das VG entscheidet durch Verfügung auf Antrag. Die Verfügung wird auch hier erst mit
   Rechtskraft wirksam. Das entspricht dem Urteil im ZPO-Verfahren. Über die Prozeßkosten
   wird nach § 93 ZPO entschieden. Funktionell zuständig ist der Richter, § 14 Nr. 3b RpflG
19 *Siehe RNr. 13 ff.*
20 Die richterliche Zuständigkeit für die Entscheidungen u. das Genehmigungsverfahren ergibt
   sich allerdings aus dem Vorbehalt des § 14 Nr. 3b RpflG
21 Bei Geschäftsunfähigkeit des (vollj.) Kindes, der Mutter, des Mannes oder seiner Eltern ist
   für die Anfechtung des gesetzlichen Vertreters wie bei der Ehelichkeitsanfechtung selbst die
   Genehmigung des VG notwendig. *Siehe dazu RNr. 15*

sich dann um ein Verfahren der freiwilligen Gerichtsbarkeit, in dem auch der Richter entscheidet, § 14 Nr. 3d RpflG. Ist dagegen das Kind gestorben, so hat der Mann keine Möglichkeit mehr, die Vaterschaft feststellen zu lassen. In diesem Fall kann allein die Mutter, die sonst kein Klagerecht hat, die Nichtehelichkeit vom VG feststellen lassen, § 1600n II BGB. Auch dieses Verfahren richtet sich nach den Regeln des FGG. Es wird auch hier vom Richter entschieden, § 14 Nr. 3d RpflG. Als Vater festzustellen ist der Erzeuger, § 1600o I BGB. Da die Zeugung schwierig festzustellen ist, hilft insofern die Vermutung aus § 1600o II BGB. Als Erzeuger gilt der Mann, der der Mutter in der Empfängniszeit beigewohnt hat. Aber auch aufgrund eines positiven Gutachtens kann die Vaterschaft festgestellt werden. Diese Möglichkeit wird allerdings seltener genutzt. Zum Erfolg reicht bereits eine **hohe Wahrscheinlichkeit**.[22] Die Vermutung des § 1600o II BGB kann widerlegt werden.[23] Es reicht bereits die Entkräftung aus, denn die gesetzliche Vermutung gilt bereits dann nicht mehr, wenn schwerwiegende Zweifel an der Vaterschaft bleiben.[24] Bei leichten Zweifeln bleibt es bei der Vermutung.[25]

2.1.3.3 Die Legitimation von nichtehelichen Kindern

Nichteheliche Kinder können durch eine nachfolgende Ehe, §§ 1719–1722 BGB, durch Ehelichkeitserklärung des Vormundschaftsgerichts auf Antrag des Vaters, §§ 1723–1739 BGB, oder auf Antrag des Kindes, §§ 1740a–1740g BGB, legitimiert werden.

2.1.3.3.1 Legitimation durch nachfolgende Ehe, §§ 1719–1722 BGB

35 Voraussetzung für diese erste Legitimationsmöglichkeit ist zunächst eine Eheschließung zwischen Vater und Mutter. Der Vater muß zuvor die Ehelichkeit des Kindes anerkannt haben oder sie muß gerichtlich festgestellt sein. Nach der Eheschließung tritt die Rechtswirkung der Ehelichkeit ex nunc ohne weiteres ein.[26] Eine Entscheidung des VG entfällt. Eine eventuelle Vormundschaft oder Pflegschaft endet aber nicht automatisch, sondern muß aufgehoben werden, §§ 1883, 1909 BGB. Bis dahin muß der Pfleger seine in § 1706 Ziff. 1–3 BGB enthaltenen Aufgaben erledigen. Es besteht dann ein Nebeneinander von Vertretung der Eltern und des Pflegers bzw. Vormunds. Die Legitimation ist in das Personenstandsregister einzutragen, §§ 31, 65 PstG. Das Kind erhält bis zu einem Alter von 14 Jahren den Ehenamen. Ist es 14 Jahre alt, so erhält es diesen Namen nur, wenn es sich in besonderer Form der Namensänderung der Mutter anschließt, § 1720 BGB.
Die Legitimationswirkung erstreckt sich nicht nur auf die Verwandten des Vaters, sondern auch auf die Abkömmlinge des Kindes, § 1722 BGB.

---

22 Vgl. BGH FZ 74, 88: Wahrscheinlichkeit von 99,85%
23 BGHZ 61, 170
24 Vgl. BGH a. a. O.
25 Zu den Beweismethoden ausführlich Palandt § 1600o BGB *und RNr. 18*
26 Vgl. Palandt § 1719 BGB Anm. 3

2.1.3.3.2 Legitimation durch Ehelichkeitserklärung, §§ 1723 ff. BGB

Nicht immer ist eine nachfolgende Ehe möglich oder erwünscht. Eine Ehelichkeit **36** durch Verfügung des Staates kann aber angebracht sein, weil das Kind der Familie des Vaters ausnahmsweise nähersteht. Die Ehelichkeitserklärung ist kein Gnadenakt und keine Ermessensentscheidung. Sie muß erfolgen, falls die gesetzlichen Voraussetzungen vorliegen. Die Rechtswirkung der Ehelichkeitserklärung ist umfassender Natur, § 1736 BGB. Die Mutter verliert nach § 1738 BGB das Recht zur elterlichen Sorge. Das Kind wird beim Vater aufgenommen. Zusätzlich tritt eine vorrangige Unterhaltspflicht des Vaters ein, § 1739 BGB.

Formelle Voraussetzung ist zunächst ein persönlicher, notariell beurkundeter **Antrag 37 des Vaters,** §§ 1723 f., 1728, 1730 BGB; 56 I BeurkG. Ist der Vater beschränkt geschäftsfähig, so ist neben der Zustimmung des gesetzlichen Vertreters auch die Genehmigung des VG erforderlich, § 1728 II BGB. Die Genehmigung ist vor dem Antrag einzuholen, § 1831 BGB. Im Genehmigungsverfahren prüft der Richter (§ 14 Nr. 3e RpflG), ob Gründe in der Familie des Vaters oder in seinen sonstigen Verhältnissen einer Ehelichkeitserklärung entgegenstehen.
Des weiteren ist erforderlich die Einwilligung des Kindes, § 1726 BGB. Bei beschränkt geschäftsfähigen Kindern ist die Zustimmung des gesetzlichen Vertreters zu dieser Einwilligung nötig, § 1729 1 BGB. Eine Genehmigung des VG ist indes nicht erforderlich. Bei geschäftsunfähigen oder noch nicht 14 Jahre alten Kindern erteilt der gesetzliche Vertreter die Einwilligung, § 1729 I BGB. Auch diese Erklärungen sind notariell zu beurkunden, § 1730 BGB. Falls das Kind noch keine 18 Jahre alt ist, ist zusätzlich die notariell beurkundete Einwilligung der Mutter erforderlich, § 1726 I 1 BGB. Hat die Mutter die elterliche Sorge, so kann sie dennoch ohne Gefahr der Interessenkollision gleichzeitig einwilligen und das minderjährige Kind vertreten.[27]
Während des Bestehens einer Ehe des Vaters muß auch die Frau eine notariell beurkundete Einwilligungserklärung gegenüber dem Vater oder dem VG abgeben, § 1726 I 2 BGB.
Die Einwilligungen nach § 1726 I BGB sind dem Vater gegenüber abzugeben. Es kommt allerdings auch eine Abgabe gegenüber dem VG in Betracht. Die erforderlichen Einwilligungen können unter den Voraussetzungen des § 1727 BGB vom Vormundschaftsrichter ersetzt werden, § 14 Nr. 3c RpflG.
Sachliche Voraussetzung der Ehelichkeitserklärung auf Antrag des Vaters ist, daß sie dem **Kindeswohl**[28] entspricht. Auch dürfen sonst keine schwerwiegende Gründe entgegenstehen, § 1723 BGB.
Die Entscheidung trifft der Vormundschaftsrichter am Wohnsitz des Vaters, §§ 43 FGG, 14 Nr. 3e RpflG. Zuvor hat die Anhörung des Kindes nach § 50b FGG und des Jugendamtes nach § 48a JWG zu erfolgen. Der Rpfl. ist zuständig für die Koordina-

---

27 MünchnerK. § 1729 BGB Anm. 2
28 Der im Kindschaftsrecht immer wieder verwendete unbestimmte Rechtsbegriff wird aus systematischen Gründen im Sorgerecht näher definiert. Er ist an den verschiedenen Stellen des Kindschaftsrecht weitgehend identisch. Eine Auslegung des Begriffes hat unter dem eingangs dargelegten verfassungsrechtl. Vorverständnis zu erfolgen. *Siehe dazu ausführlich RNr. 125.* Zur kasuistischen Judikatur vgl. die Übersicht bei Palandt § 1723 Anm. 3

tion des Verfahrens. Er nimmt die erforderlichen Anträge, Einwilligungen und Zustimmungserklärungen entgegen.
Das VG entscheidet durch Beschluß, der mit Bekanntmachung an den Vater wirksam wird, § 56a I 1 FGG. Die Entscheidung ist unanfechtbar und kann nicht geändert werden, § 56a I 2 FGG. Gegen die Ablehnung kann der Vater oder bei Tod das Kind Beschwerde einlegen, § 56a II FGG.

38 Die Verteilung der Kompetenzen und die Formalien gelten auch für die Ehelichkeits-erklärung auf **Antrag des Kindes**.[29] Sachlich wird nach § 1740a BGB vorausgesetzt, daß die Eltern des Kindes verlobt waren und daß das Verlöbnis durch Tod eines Elternteils aufgelöst worden ist. Hinzu kommt, daß die Maßnahme dem Kindeswohl entsprechen muß. Förmlich wird im besonderen ein Antrag vorausgesetzt, der den Anforderungen des § 1730 BGB entsprechen muß. Bei Geschäftsunfähigkeit des Kindes oder Nichterreichung der 14-Jahres-Altersgrenze ist eine Pflegschaft notwendig. Ist das Kind über 14 Jahre alt und beschränkt geschäftsfähig, so beantragt es selbst mit Zustimmung des gesetzlichen Vertreters. Weiterhin ist eine notariell beurkundete Einwilligung des überlebenden Elternteils erforderlich, § 1740b BGB. Hat die Mutter den Antrag des Kindes gestellt, so ist sie nicht durch § 181 BGB an der Abgabe der Einwilligung gehindert. Eine Interessenkollision ist nicht denkbar.[30] Die Zustimmung des gesetzlichen Vertreters ist selbst bei Geschäftsunfähigkeit des Einwilligenden nicht notwendig. Ist der Einwilligende beschränkt geschäftsfähig, so ist Vertreterhandeln ohnehin entbehrlich, § 1740b III BGB. Die Antragsfristen richten sich nach § 1740e BGB.
Die Rechtswirkungen der Ehelichkeitserklärung auf Antrag des Kindes entsprechen denjenigen bei der erfolgten Legitimation durch Eheschließung, § 1740f BGB.[31] Der überlebende Elternteil kann unter den Voraussetzungen des § 1740g BGB den Namen des Kindes annehmen.
Der Beschluß des VG wird in diesem Fall erst mit Rechtskraft wirksam, § 56b I FGG. Gegen diesen Beschluß ist die sofortige Beschwerde gegeben, § 60 I Ziff. 6 FGG. Beschwerdeberechtigt sind die in § 1740d BGB genannten Personen, auch wenn sie nicht gehört werden, § 56b II FGG. Weiter ist das Kind beschwerdeberechtigt, wenn geltend gemacht wird, daß es einen Antrag nicht oder nicht ordnungsgemäß gestellt hat. Ob weitere Personen aufgrund des § 20 I FGG beschwerdeberechtigt sind, ist umstritten. Wegen des Wortlautes in § 56b II FGG »auch« wird man dies bejahen müssen.[32]
Der Beschluß des VG ist nicht abänderbar, § 18 II FGG.
Eine ablehnende Entscheidung des Vormundschaftsgerichts wird mit Bekanntmachung an den Antragsteller wirksam, § 16 I, II 2 FGG. Gegen die Zurückweisung ist die unbefristete Beschwerde gegeben, § 19 FGG, die nur dem Kind zusteht, vgl. auch § 59 FGG. Die zurückweisende Verfügung kann auf Antrag des Kindes geändert werden; sie erwächst nicht in materielle Rechtskraft.

---

29 Es kommt für den Rpfl. eigentlich noch die Durchführung der Anhörung nach § 1740d BGB hinzu, die aber wegen des Sachzusammenhangs mit der Entscheidung durch den Richter vorgenommen werden sollte.
30 *Zur Vertretung siehe RNr. 114*
31 *Siehe RNr. 35*
32 Siehe dazu auch Keidel/Kuntze/Winkler, § 56b FGG Anm. 8

2.2 Die allgemeine Rechtsstellung der Kinder

2.2.1 Der Name des Kindes

2.2.1.1 Die Namensbildung

Nach der Klärung des Status verdient die allgemeine Rechtsstellung des Kindes der **39**
näheren Untersuchung. Wesentlicher Bestandteil dieser allgemeinen Rechtsstellung
ist das **Namensrecht**. Der Name dient der Unterscheidbarkeit des menschlichen
Individiuums von anderen Personen.[1] Wegen der Wichtigkeit seiner Funktion hat der
Name absoluten Rechtscharakter, § 12 BGB.[2]
Das eheliche Kind erhält den Namen seiner Eltern, § 1616 BGB. Ehename wird nach
§ 1355 BGB gebildet.[3] Soweit durch Voranstellung des Geburtsnamens ein Doppel-
name gebildet wurde,[4] nehmen Kinder an dieser Namensbildung nicht teil.[5]
Das nichteheliche Kind erhält den Namen der Mutter, § 1617 BGB. Das gilt auch für
den Fall, daß die Mutter verheiratet ist. Das Interesse des Kindes an Namensidentität
wird höher bewertet als das Interesse, mit dem Namen die wahre Abstammung zu
bezeichnen.

2.2.1.2 Namensänderungen

Namensänderungen der ehelichen Eltern haben zur Folge, daß grundsätzlich auch das **40**
Kind daran teilnimmt. Gelegentlich hat aber das Kind am Fortbestand seines Namens
ein **Kontinuitätsinteresse**. Das positive Recht bietet für den seltenen Fall einer im
Ausland geschlossenen Ehe eine differenzierte Lösung an. Nach § 13a II EheG haben
die Eltern die Erklärung über den Namen nachzuholen. Das noch nicht 14 Jahre alte
Kind folgt der Änderung bei den Eltern automatisch. Das ältere Kind entscheidet
selbst, sogar ohne Bindung an das VG, § 13a III EheG.
Bei Namensänderungen durch Verwaltungsakt[6] ändert sich auch der Name des
Kindes, wenn bei der Entscheidung nicht etwas anderes bestimmt ist. Die Verwal-
tungsbehörde hat die Folge des Kindes bei der Namensänderung zu verbieten, wenn
die Voraussetzungen des § 13a III EheG vorliegen.[7] (Z. B. keine ausdrückliche
Anschlußerklärung des 14jährigen Kindes.) Insoweit hat das Zivilrecht mittelbaren
Einfluß auf die Entscheidung der Verwaltungsbehörde über die Folge des Kindes
gem. § 4 NamÄndG. Auch wenn die Eltern sich ein zweitesmal heiraten und einen

---

1 Vgl. BGH NJW 59, 525
2 Weiterführend bei Palandt die Kommentierung zu § 12 BGB
3 Durch die Neuregelung des Namensrechts der Ehegatten sind die verfassungsrechtlichen
  Bedenken hinsichtlich des Kindesnamens ausgeräumt, da der Name der Mutter Ehename
  werden kann, § 1355 II BGB
4 § 1355 III BGB
5 Auch nicht das Ehebruchkind einer verheirateten Frau, dessen Ehelichkeit mit Erfolg
  angefochten worden ist. Vgl. § 1617 I 2 BGB
6 Vgl. §§ 3 f. NamÄndG
7 Palandt § 1616 BGB Anm. 2b

neuen Namen wählen, empfiehlt sich eine analoge Anwendung von § 13a III EheG. Das Kind nimmt auch dann an der Änderung teil, wenn es nicht über 14 Jahre alt ist oder eine Anschlußerklärung nicht abgibt.[8] Bei der Namensänderung nur eines Elternteils ändert sich der Name des Kindes nicht. Wenn das Kind bei diesem Elternteil lebt, entsteht dadurch eine unerwünschte Diskrepanz zwischen dem Namen des (z. B. geschiedenen, verwitweten oder neu verheirateten)[9] Sorgeberechtigten und dem Kind. Dieser Zustand kann nur durch Namensänderung im Wege des öffentlichen Rechts beseitigt werden.[10] Eine Namensänderung kommt nur bei Vorliegen eines wichtigen Grundes in Betracht, § 3 I NamÄndG.

Bei der Namensänderung der Mutter des nichtehelich geborenen Kindes (z. B. durch Adoption, Annahme des Mädchennamens) ist für das Kind das Alter maßgeblich. Nimmt die Mutter des nichtehelichen Kindes nach der Scheidung ihren Geburtsnamen wieder an, so folgt das Kind automatisch nur bis zum 5. Lebensjahr. Danach ein Anschluß des Kindes nur noch durch Erklärung gegenüber dem Standesbeamten möglich, § 1617 II 1 BGB. Für das minderjährige Kind gibt der Vertreter (Vormund, Pfleger, Mutter) die Erklärung ab. Ist das Kind bereits 14 Jahre alt, so erklärt es sich selbst, allerdings gebunden an die Zustimmung des gesetzlichen Vertreters, § 1617 II 2, 3 BGB.

Ändert sich Name der Mutter des nichtehelichen Kindes durch Eheschließung, so ändert sich der Name des Kindes nicht automatisch, § 1617 III BGB. Dem Kontinuitätsinteresse wird zunächst der Vorrang gegeben. Es gibt aber hier die Möglichkeit Namensgleichheit herbeizuführen. Dies gilt aber nicht nur bei Namenswechsel der heiratenden Mutter. Auch der Vater hat u. U. das Interesse, Gleichheit mit seinem Namen herbeizuführen. Beide Eltern können mit Zustimmung des Kindes, solange es noch nicht verheiratet ist, die sog. **Einbenennung** nach § 1618 BGB durchführen. Eine Einbenennung durch den Vater kommt namentlich dann in Frage, wenn das Kind in seiner Familie lebt.[11] Durch die Einbenennung wird das Namensänderungsverfahren nach öffentlichem Recht vermieden.

Zur Einbenennung ist erforderlich die Erklärung der Mutter, ihres Ehemannes bzw. des Vaters und die vorherige Einwilligung des Kindes. Handelt es sich um eine einseitige Einbenennung des Vaters, muß auch die Mutter einwilligen. Sämtliche Erklärungen müssen gegenüber dem Standesbeamten abgegeben werden. Die Form richtet sich nach § 1618 III BGB. Für das Kind handelt bei Minderjährigkeit der Pfleger, 1706 BGB. Der Pfleger sollte zuwarten, bis er sicher ist, daß die Ehe mit dem Stiefvater/Stiefmutter von Bestand ist und das Kind gut behandelt wird.[12] Ist die Mutter ausnahmsweise gesetzlicher Vertreter, weil keine Pflegschaft angeordnet worden ist, so kann sie gleichzeitig ihre Erklärungen abgeben und die Zustimmung im Namen des Kindes. Es liegt keine Gefahr der Interessenkollision vor, daß die Erklärungen nicht gegeneinander gerichtet sind. Ist das Kind 14 Jahre alt, so erteilt es seine Zustimmung zur Einbenennung selbst, allerdings mit der Genehmigung des gesetzlichen Vertreters. Sämtliche Erklärungen müssen zu Protokoll des Standesbe-

---

8 OLG Frankf. NJW 78, 2301; MünchnerK § 1616 BGB Anm. 7
9 Vgl. § 1355 IV BGB
10 Zur Praxis des Verwaltungsgerichtes. VGH BadWürtt. FZ 70, 403
11 Vgl. i. E. MünchnerK § 1618 BGB Anm. 7
12 Grunds. 1 Jahr

amten abgegeben werden oder öffentlich beglaubigt sein. Eine zweite Einbenennung ist grundsätzlich nicht möglich.[13]
Darüber hinaus kommt auch für das Kind selbst ein Namensänderungsverfahren nach Verwaltungsrecht in Frage. Inhaltlich entsprechen die Voraussetzungen der öffentlich-rechtlichen Namensänderung bei Erwachsenen.[14] Nach §§ 2, 11 NamÄndG bedürfen die Anträge der Genehmigung des VGs. Zuständig für deren Erteilung ist der Rpfl., § 3 Ziff. 2a RpflG. Entscheidungskriterium ist auch in diesem Zusammenhang das Kindeswohl.

2.2.1.3 Vorname

Die tatsächlich Personensorgeberechtigten geben dem Kind einen Vornamen. Der **41** Vorname ist spätestens binnen 1 Monat nach der Geburt dem Standesbeamten mitzuteilen, §§ 17, 22 PstG. Es können nur geschlechtsreine Vornamen gewählt werden.[15] Allgemeine Sitten und die kulturelle Ordnung müssen beachtet werden. Eine Ausnahme besteht für Jungen hinsichtlich des Namens Maria. Die Praxis ist recht großzügig. Gegen die Entscheidung des Standesbeamten kann das Amtsgericht angerufen werden, § 45 PstG. Gegen dessen Entscheidung, die den Standesbeamten zu einer Amtshandlung anweist,[16] gibt es gem. § 49 PstG die sofortige Beschwerde zum Landgericht, dagegen nach §§ 48 PstG, 29 II FGG die sofortige weitere Beschwerde zum OLG. Auf Vorlage des OLGs kann sogar der BGH mit diesen Rechtsfragen beschäftigt sein, §§ 28 II, III FGG.

2.2.2 Staatsbürgerschaft

Auch aus anderen Zusammenhängen sollen repräsentativ für die Rechtsstellung des **42** Kindes schlechthin einige Fragen erörtert werden. Die Staatsbürgerschaftsproblematik nimmt eine wichtige Rolle ein, zumal auch an dieser Stelle private Selbstbestimmung und staatliche Kontrolle sich berühren.
Eheliche Kinder erhalten die deutsche Staatsbürgerschaft, wenn mindestens ein Elternteil Deutscher ist, § 4 I RuStAG. Das Recht knüpft somit an die blutsmäßige Abstammung an (**ius sangiunus**).[17]

---

13 *KG MDR 79, 847; a. A. Beitzke § 25 II 3*
14 *Siehe RNr. 40*
15 Vgl. BGHZ 73, 239 Leitsatz.»Knaben dürfen keinen im Ausland gebräuchlichen weibl. Vornamen erhalten. Läßt der ausländische Vorname des Geschlecht des Kindes erkennen, so ist er zulässig. Läßt er das Geschlecht nicht erkennen, so ist er gleichwohl zulässig, wenn daneben noch ein weiterer eindeutig männlicher Vorname verwendet wird«.
16 Gegen sonstige Verfügungen gibt es nur die einfache Beschwerde, § 49 I. 2 PstG
17 Die verfassungswidrige Regelung über den Erwerb der d. Staatsbürgerschaft bei Abstammung vom d. Vater ist durch die Neufassung des RuStAG vom 20. 12. 74 beseitigt worden. Ausschlaggebend war die Entscheidung des BVerfGer. vom 21. 5. 74 (NJW 74, 1609). Die Regelung war mit Art. 3 II GG nicht vereinbar

Das nichteheliche Kind erhält die Staatsbürgerschaft der Mutter, § 4 I 2. Alt.
RuStAG. Unbeachtlich ist, in welchem Land das Kind geboren ist. Die deutsche
Staatsangehörigkeit erwirbt ein nichteheliches Kind auch bei Legitimation durch
einen deutschen Vater.[18] Das nichteheliche Kind eines deutschen Vaters kann die
deutsche Staatsbürgerschaft zudem durch Einbürgerung erwerben, § 10 RuStAG.
Voraussetzung sind die wirksame Feststellung der Vaterschaft und ein Mindestauf-
enthalt im Inland von 5 Jahren.
Kinder erwerben die deutsche Staatsangehörigkeit ferner, wenn die Sorgeberechtigten eingebürgert werden, § 16 II RuStAG.[19]
Der Verlust der deutschen Staatsbürgerschaft bei Kindern tritt durch Entlassung und
Verzicht ein. Stehen die Kinder unter elterlicher Sorge, kann der Antrag nur durch
den gesetzlichen Vertreter (i. d. R. Sorgeberechtigter) mit Genehmigung des VG
gestellt werden, §§ 19, 26 RuStAG. Gegen die Entscheidung des Gerichts steht auch
der Staatsanwaltschaft Beschwerde zu. Gegen den Beschluß des Beschwerdegerichts
gibt es unbeschränkt die weitere Beschwerde.
Die Genehmigung des VG ist nur erforderlich, wenn der Vater oder die Mutter
zugleich für sich die Entlassung beantragen oder den Verzicht erklären, §§ 19 II, 26
IV RuStAG. Zuständig für die Erteilung der Genehmigung ist der Rechtspfleger, § 3
Ziff. 2a RpflG. Einscheidungsmaßstab ist auch hier das Kindeswohl.

2.2.3 Der Wohnsitz des Kindes

43   Der Wohnsitz der Eltern bestimmt den Wohnsitz des minderjährigen Kindes, § 11
BGB. Leben die Eltern getrennt, so teilt das Kind den Wohnsitz des sorgeberechtig-
ten Elternteils. Leben die Eltern getrennt und haben sie beide das Sorgerecht, so hat
das Kind einen doppelten Wohnsitz.[20] Das kann unter Umständen bei gerichtlichen
Verfahren zu Schwierigkeiten führen. Steht keinem Elternteil das Sorgerecht zu, so
teilt das Kind den Wohnsitz des Pflegers oder Vormundes.
Mit Zustimmung der Eltern oder des Vormundes kann das Kind auch einen anderen
Wohnsitz haben als den zunächst gesetzlich vorgesehenen.
Das nichteheliche Kind hat den Wohnsitz der Mutter.

2.2.4 Hausgemeinschaft

44   Die Hausgemeinschaft zwischen Eltern und Kind bringt in erhöhtem Maße auch
Verpflichtungen für das Kind mit sich. Es besteht eine gesteigerte Pflicht zur
gegenseitigen Rücksichtnahme. Bei Beistandspflicht hat nunmehr in § 1618a BGB

---

18 *Siehe RNr. 35 ff.;* vgl. §§ 1719, 1723, 1740a BGB
19 Das Gesetz ist unklar für den Fall, daß nur ein Sorgeberechtigter eingebürgert wird. Aus der
   Bindung an die Sorgeberechtigung und nicht an die Elternschaft wird auf die Einbürgerung
   beider Sorgeberechtigter abzustellen sein (wegen der Gesamtvertretung nach § 1629 BGB).
   Vgl. auch Gernhuber, S. 685
20 Vgl. BGHZ 48, 229

ihren positiven Niederschlag gefunden. Gem. § 1619 BGB sind Kinder zu Diensten im Hauswesen oder Geschäft der Eltern verpflichtet, solange sie dem elterlichen Haushalt angehören und von den Eltern erzogen und unterhalten werden. Der Grund für diese Verpflichtung ist in der Hausgemeinschaft von Personen zu sehen, die in einem komplexen familienrechtlichen Rechtsverhältnis miteinander verbunden sind. Eine analoge Anwendung dieser Vorschrift zugunsten des Vormundes oder der Stiefeltern ist ausgeschlossen. Die Dienste sind auf das Hauswesen und Geschäft beschränkt. Bei der Einforderung der Dienste müssen die Eltern Rücksicht auf die Entwicklung des Kindes nehmen. Eltern können nur Dienste fordern, die den Kräften des Kindes entsprechen. Des weiteren sind nur Dienste durch das Kind geschuldet, die mit der Lebensstellung des Kindes vereinbar sind und die Ausbildung des Kindes nicht gefährden. Mißbräuche können Schutzmaßnahmen des VG gem. § 1666 BGB rechtfertigen.[21]
Die Eltern können mit dem Kind aber auch einen Arbeitsvertrag abschließen. Dann werden Eltern und Kind gem. den vertraglichen Vereinbarungen verpflichtet. Das gilt sinngemäß auch für das Gründen einer Gesellschaft.[22] Schwierigkeiten macht aber bisweilen die Abgrenzung solcher Vertragsverhältnisse von den Verpflichtungen aus der Hausgemeinschaft nach § 1619 BGB. Kommt es in diesem Zusammenhang zu Rechtsstreitigkeiten, so fordern gemäß der Interessenlage die Kinder regelmäßig ein Entgelt, während Eltern auf die Verpflichtung aus § 1619 BGB verweisen.

Bei unerlaubten Handlungen gegen das Kind muß der Schädiger bei Verletzung des **45** Kindes den Eltern gem. § 845 BGB dem Schaden ersetzen, den sie dadurch erleiden, daß sie auf die Dienste des Kindes verzichten müssen. Ein eigener Schadensersatzanspruch des Kindes geht diesem Anspruch bei der Durchsetzung jedoch vor.[23]
In den Fällen, in denen z. B. der den Betrieb leitende Vater verletzt wird, kommt es oft vor, daß mit im Geschäft tätige Kinder die Arbeitskraft des Vaters durch entsprechende Mehrarbeit voll ausgleichen. Es erhebt sich dann die Frage, ob sich der Schädiger eventuellen Ansprüchen gegenüber darauf berufen kann, es sei gar kein Schaden entstanden. Die Kinder hätten lediglich eine Verpflichtung erfüllt, der sie nach dem BGB ausgesetzt sind.
Ein derartiges Ergebnis wird von der h. M. vertreten.[24] Dagegen bestehen jedoch Bedenken, denn Mehrleistungen Dritter kämen so dem Schädiger zugute. Darüber hinaus existiert der allgemeine schadensrechtliche Grundsatz, daß ein Schädiger den Geschädigten nie auf dessen Ansprüche gegen Dritte verweisen darf.[25]

---

21 *Siehe RNr. 162*
22 *Zur Familiengesellschaft siehe ausführlich RNr. 161*
23 Vgl. BGH NJW 78, 159; wenn das Kind selbst Schadensersatz fordern kann, entfällt der Anspruch
24 BGH FZ 60, 97
25 Vgl. zur Nichtanrechnung von Arbeitsleistungen Familienangehöriger, die unentgeltlich für den Betriebsinhaber einspringen, BGH NJW 70, 95 f.; Palandt Vorbem. 7c vor § 249 BGB; der Grundsatz gilt in seiner umfassenden Aussage allerdings nur für das Recht der unerlaubten Handlungen und wird aus § 843 IV BGB analog herzuleiten sein

2.2.5 Ausstattung

46 Die besondere Rechtsstellung des Kindes gegenüber seinen Eltern wird nicht zuletzt in dem Anspruch auf Ausstattung deutlich, der in seiner Struktur gerade auf das Verhältnis Eltern – Kind zugeschnitten ist.
Die Ausstattung ist eine durch weitgehenden Ausschluß des Schenkungsrecht privilegierte Zuwendung der Eltern an ihr Kind mit Rücksicht auf seine Verheiratung oder auf die Erlangung einer selbständigen Lebensstellung oder deren Erhaltung, § 1624 BGB.
Ein Anspruch auf Ausstattung besteht rechtlich nicht. Man kann allenfalls eine moralische Verpflichtung annehmen.
Ein entsprechendes Ausstattungsversprechen ist grundsätzlich formfrei. Durch den Vertrag kann ein Anspruch schuldrechtlich begründet werden. Die Ausstattung unterliegt dem Formzwang des § 518 BGB nur, wenn und soweit das Zugesagte das den Umständen entsprechende Maß überschreitet. Einer besonderen Form bedarf das Ausstattungsversprechen aber auch dann, wenn das Rechtsgeschäft im Hinblick auf den Ausstattungsgegenstand eine besondere Form erfordert. So ist z. B. die Übertragung eines Grundstückes zu Ausstattungszwecken notariell zu beurkunden.

3 Unterhalt

3.1 Unterhalt ehelicher Kinder

3.1.1 Allgemeine Regeln

3.1.1.1 Systematik der Regelungen

Die allgemeine Unterhaltspflicht unter Verwandten umfaßt grundsätzlich auch den **47** Unterhalt zwischen Eltern und ihren Kindern, §§ 1601 ff. BGB.[1] Gesetzessystematisch gelten also zunächst die allgemeinen Regeln der §§ 1601 ff. BGB auch für das Verhältnis Eltern – Kind. Darüber hinaus finden noch Sonderregelungen Anwendung, die als lex spezialis auf dieses enge Verwandtschaftsverhältnis eigens zugeschnitten sind. Einführend sind einige grundsätzliche Ausführungen geboten.[2] Der Unterhaltsanspruch setzt immer auf der Seite des Anspruchstellers (Berechtigten) **Bedürftigkeit** und in der Person des Anspruchgegners (Verpflichteten) **Leistungsfähigkeit** voraus, §§ 1602 f. BGB. Es handelt sich insoweit um 2 Tatbestandsmerkmale, die allgemein bei Unterhaltsansprüchen Voraussetzung sind.[3]

3.1.1.2 Bedürftigkeit und Leistungsfähigkeit

Bedürftig ist, wessen Vermögen und Einkommen für den angemessenen Unterhalt **48** nicht ausreicht.[4]
Leistungsfähig ist nur derjenige, der seinen eigenen angemessenen Unterhalt nicht gefährdet. Die Unterhaltsverpflichtung des Schuldners findet also ihr Ende dort, wo der Schuldner seine eigene Existenz durch die Gewährung von Unterhalt an andere gefährden würde. Selbsterhaltung geht also vor Verwandtenunterhalt. Der sog. Selbstbehalt des Unterhaltsschuldners richtet sich nach den konkreten Lebensbedingungen, die z. B. von den Einkünften und dem Familienstand beeinflußt werden. Die eigenen Fähigkeiten müssen voll ausgenutzt werden. Wer die vorhandenen Möglichkeiten nicht nutzt, ist als leistungsfähig zu behandeln.[5] Auch wer sich vorsätzlich in

---

1 Vgl. Beitzke § 24 I
2 Die Darstellung beschränkt sich auch an dieser Stelle wieder auf die Erörterung einiger grundsätzlicher Regeln. Weiterführend wird auf die einschlägige Literatur zum Unterhaltsrecht verwiesen. Vgl. dazu Göppinger / Brühl / Mutschler, Unterhaltsrecht 4. Aufl.; Köhler Handbuch des Unterhr. 5. Aufl.; mit jeweils weiteren Nachweisen
3 Vgl. auch für den Scheidungsunterhalt §§ 1577, 1581 BGB. Eine Ausnahme gilt wegen der besonderen Natur des Anspruchs bei § 1360 BGB. Hier ist Bedürftigkeit nicht Voraussetzung
4 Vgl. zu den Einzelheiten der Anrechnung von erzielten oder mutwillig nicht erzielten Einkommen Gernhuber S. 599; Beitzke § 24 I 2a; Erman § 1602 BGB Anm. 1; Münchner K. § 1603 BGB Anm. 5
5 LG Hbg DA 75, 187

den Zustand der Leistungsunfähigkeit versetzt, wird als Leistungsfähiger angesehen. Beispielsweise wirkt eine Strafhaft wegen einer Verurteilung aus § 170 StGB nicht befreiend, bei einer anderen Strafverbüßung kann allerdings Befreiung eintreten. Unterhaltsschuldner versuchen sich in der Praxis ihrer Verpflichtung durch Lohnschiebungsverträge zu entziehen, indem sie den in Frage kommenden Teil ihres Einkommens an andere abtreten. In diesem Fall muß der abgetretene Teil bei der Beurteilung der Leistungsfähigkeit mit berücksichtigt werden.[6]

Bei der Bestimmung der Leistungsfähigkeit sind die Verbindlichkeiten des Schuldners zu berücksichtigen, soweit sie sachlich gerechtfertigt sind und in angemessenem Verhältnis zur Lebensführung des Verpflichteten stehen.[7] Der Verpflichtete soll nicht Unterhalt leisten müssen, obwohl er über keine ausreichenden Mittel verfügt. Entzug vor der Unterhaltsverpflichtung durch Neuverschuldung ist allerdings nicht gewollt. Unberücksichtigt bleiben deshalb auch Verbindlichkeiten aus Luxusanschaffungen und zur Vermögensbildung.[8]

Zweckbestimmte Sozialleistungen sind wie Einkommen des Verpflichteten zu behandeln.

Um die Kontrolle über die Leistungsfähigkeit und Bedürftigkeit zu sichern, sind Schuldner und Gläubiger gem. § 1605 BGB wechselseitig verpflichtet, auf Verlangen über Einkommens- und Vermögensverhältnisse Auskunft zu geben, soweit dies zur Feststellung des Anspruchs notwendig ist.[9] Wiederholte Auskunft wird nur in beschränktem Umfang geschuldet, § 1605 II BGB. Die Durchsetzung des Auskunftanspruchs im Falle des § 621 I Ziff. 4 ZPO erfolgt vor dem Familiengericht. Die Vollstreckung richtet sich nach § 888 ZPO.

49   Die Klage auf Auskunft kann mit der Leistungsklage als Stufenklage verbunden werden, vgl. § 254 ZPO.

Eine Leistungsklage kann ohne genaue Kenntnis der Leistungsfähigkeit des Verpflichteten nicht erhoben werden, weil bei der Leistungsklage ein konkreter Antrag gestellt werden muß (Bestimmtheitsgebot beim Klageantrag), § 253 II Ziff. 2 ZPO. Die Stufenklage stellt eine Ausnahmeregelung zu diesem Bestimmtheitsgebot dar: Sie erlaubt bei der Geltendmachung mehrerer prozessualer Ansprüche[10] (also bei der objektiven Klagehäufung), die Verbindung der Ansprüche in der Weise, daß das Gericht stufenweise darüber entscheidet. Zuerst soll über den Auskunftsanspruch durch Teilurteil entschieden werden. In dem Antrag für den Leistungsanspruch, also für die zweite Stufe, kann zunächst ein unbestimmter Klageantrag gestellt werden. Erst nach einem entsprechenden Antrag des Klägers wird über die zweite Stufe entschieden. Zuvor muß allerdings der Kläger nunmehr seinen Klageantrag präzisieren.[11]

---

6 Beitzke § 24 I 2b mit dem Hinweis auf die entspr. Handhabe in der Zwangsvollstr.

7 OLG Hamm FZ 67, 175; Palandt § 1603 BGB Anm. 3

8 Ständ. Rspr. der Landgerichte. Vgl. Hannover DA 73, 365

9 § 1605 normiert als 1. Regel des 1. EheRG bereits vorher herrschende Rspr. zur Auskunft aus § 242 BGB

10 Der Anspruch im prozessualen Sinne ist von dem Anspruch im bürgerlichen Gesetzbuch zu unterscheiden. Der prozessuale Anspruch wird durch den Lebenssachverhalt bestimmt, den der Kläger vorträgt und durch den Klageantrag inhaltlich präzise beschrieben.

11 Vgl. zur Stufenklage ausführlich Baumbach zu § 254 ZPO

Schwankungen im Umfang der Bedürftigkeit und Leistungsfähigkeit kann bei Vorhandensein eines Unterhaltstitels durch Abänderungsklage gem. § 323 ZPO Rechnung getragen werden.[12]

3.1.1.3 Privilegien minderjähriger, unverheirateter Kinder

Minderjährige, unverheiratete Kinder sind gegenüber den allgemeinen Regeln mehr- **50** fach privilegiert. Begreift man die Unterhaltsverpflichtung der Eltern als Ausfluß des elterlichen Sorgerechts, so ist die Besserstellung ohne weiteres einsichtig. Elternsorge ist eben mehr als Verwandtensorge. Auch die privilegierten Kinder müssen sich bei der Frage der Bedürftigkeit eigene Einkünfte anrechnen lassen. Den Stamm ihres Vermögens[13] müssen sie jedoch erst angreifen, wenn die Eltern leistungsunfähig und andere Verwandte nicht vorhanden sind, § 1602 II BGB. Eltern haben sogar unter Gefährdung ihres eigenen Unterhalts mit diesen Kindern alles zu teilen, § 1603 II BGB. Diese Regelung stellt eine bemerkenswerte Ausnahme von dem Grundsatz dar, daß eine Unterhaltpflicht nie zur eigenen Existenzgefährdung führen darf. Die Ausnahme liegt in der zwischen Eltern und Kindern bestehenden Notgemeinschaft begründet.[14] Entgegen einer stark vertretenen Ansicht ist aber Eltern ein Berufswechsel nicht zu verwehren, selbst wenn damit eine Verminderung ihrer anrechenbaren Einkünfte verbunden ist. Die Aufnahme oder Beendigung einer Ausbildung darf durch eine dem Kind gegenüber bestehende Unterhaltsverpflichtung verwehrt sein. Dies ist auch bei anderen Verwandtschaftsverhältnissen nicht der Fall.[15]

3.1.1.4 Rangordnung der Verpflichteten

Im Unterhaltsrecht haben die Verpflichteten Rangstufen, was sich aus der unter- **51** schiedlichen Nähe der Verwandten einer modernen Familie der Gegenwart rechtfertigt.[16] Nähere Verwandte sollen vor weiteren in Anspruch genommen werden. Die Leistungsfähigkeit eines Vorrangigen schließt die Haftung des Nachrangigen aus. Umgekehrt haftet der Nachrangige, wenn der Vorhergehende nicht in der Lage ist, seiner Verpflichtung nachzukommen oder wenn die Durchsetzung des Rechts gefährdet ist, § 1607 BGB. Die Rangfolge ergibt sich aus verschiedenen Vorschriften des BGB, sie läßt sich im Groben wie folgt darstellen:
1. Ehegatte, §§ 1584, 1608 BGB
2. Abkömmlinge, § 1606 BGB
3. Eltern
4. andere Verwandte aufsteigender Linie

---

12 *Zur Klage nach § 323 ZPO siehe RNr. 64*
13 Nicht gehören zum Vermögen z. B. laufende Renten. Vgl. Gernhuber S. 624
14 Zum zurückhaltbaren Selbstbehalt zählen aber die Mittel, die die Eltern zur Erhaltung ihrer Arbeitskraft benötigen. Insoweit dienen diese Mittel gerade der Aufrechterhaltung der Leistungsfähigkeit u. dienen mittelbar auch dem Kind. Vgl. ausführlich Soergel § 1603 BGB Anm. 14
15 Gernhuber S. 625 m. w. Nachw.
16 Z. T. ein Spiegelbild der gesetzlichen Erbfolge

Da bei ehelichen Kindern in der Regel 2 gleichrangige unterhaltsverpflichtete Eltern vorhanden sind, kommen noch einige Besonderheiten hinzu. Eltern haften ihren Kindern nur anteilig, § 1606 III 1 BGB.[17] Die Mutter erbringt ihren Anteil regelmäßig durch tätige Personensorge im Haushalt, § 1606 III 2 BGB.[18] Sind beide Eltern berufstätig, so ist eine individuelle Berechnung der Anteile notwendig. Kindergeld, das der tatsächlich betreuende Elternteil erhält, ist auf den Unterhaltsanspruch des Kindes gegen den Barunterhaltverpflichteten anzurechnen.

3.1.1.4.1 Teilschuld

52   Die für das Eltern-Kind-Verhältnis vom Gesetz vorgesehene Teilschuld ist in der Literatur erheblich kritisiert worden. Es sei für das Kind unzumutbar, sich zunächst an den einen Elternteil und danach an den anderen zu halten.[19] Im Regelfall wird dieses Vorgehen aber nicht rechtspraktisch. Die negativen Reflexe der Teilschuld wirken sich nur im Streitfall aus. Dann allerdings kann das Kind beide Eltern verklagen, § 59 ZPO. Das Kind muß dann gegen die Grundregel des § 253 II ZPO die Möglichkeit haben, einen Prozeßantrag zu stellen, der das Verhältnis der Elternteile noch ungeklärt läßt, weil es über die Vermögensverhältnisse i. E. nicht informiert sein wird.[20]
Eine Ausnahme vom Bestimmtheitsgebot beim Klageantrag ist hier zulässig, weil der Antrag sich noch nicht konkret stellen läßt. Das Bestimmtheitsgebot kennt ohnehin Ausnahmen. (Z. B. Stufenklage, Schmerzensgeldantrag, § 847 BGB.) Sind Ausnahmen aber grundsätzlich möglich, so bietet sich auch hier an, die unerwünschten Folgen der Teilschuld prozessual zu korrigieren.
Tätige Personensorge als Unterhaltsbestandteil ist nicht einklagbar. Wer Personensorge schuldet aber nicht erbringt, muß Geldersatz leisten.[21]

3.1.1.4.2 Halbfamilien

53   Leben die Eltern getrennt oder ist die Ehe geschieden, so ergeben sich für diese Konstellation Sonderprobleme. Regelmäßig wird die sorgeberechtigte Mutter die Unterhaltspflicht durch Ausübung der tatsächlichen Personensorge erbringen, während der andere Elternteil den Unterhalt in Bargeld abdeckt. Sind noch andere Kinder vorhanden, für die die Mutter nicht sorgeberechtigt ist, so kommt es zu einer Besserstellung des betreuten Kindes. Denn durch die Betreuung erfüllt die Mutter nicht nur ihre Verpflichtung aus § 1602 III BGB, sie wird dadurch gegenüber dem nicht betreuten Kind leistungsunfähig i. S. des § 1603 BGB. Die Rspr. überträgt in diesem Falle die Unterhaltslast für die nicht betreuten Kinder allein auf den berufstä-

---

17 Diese Regelung gilt auch für den Unterhalt im übrigen. Daß mehrere gleichrangig Verpflichtete vorhanden sind, kommt jedoch sonst nur selten vor.
18 Wegen Art. 3 GG auch möglich durch den Vater
19 Beitzke § 24 I 4a
20 Gernhuber S. 631 f.; a. A. Palandt § 1606 BGB Anm. 4c; MünchnerK § 1602 BGB Anm. 28, es wird von dieser Gegenansicht zu Unrecht auf den Bestimmtheitsgrads verwiesen. Der ist ohnehin an einigen Stellen im Prozeßrecht durchbrochen.
21 Palandt § 1603 BGB Anm. 2d

tigen Unterhaltsverpflichteten.[22] Dieses Ergebnis überzeugt, weil die Pflichtenkollision der Mutter nicht anders lösbar ist. Es erscheint vor dem Hintergrund der vom Unterhaltsrecht getroffenen Gesamtwertung zugunsten der berechtigten Kinder interessengerechter, dem Berufstätigen die Unterhaltspflicht allein aufzubürden, als dem nicht betreuten Kind einen Teil seines Anspruchs zu nehmen oder dem zu betreuenden Kind gar den Sorgeanspruch zu nehmen. Das gilt auch für den Fall, daß das betreute Kind nicht aus gemeinsamer Ehe mit dem berufstätigen Unterhaltsverpflichteten, sondern aus zweiter Ehe stammt.[23] Ist die sorgende Mutter zusätzlich berufstätig, kommt eine Verrechnung aus Billigkeitsgründen nur in Betracht, wenn dem zum Barunterhalt verpflichteten Vater weit weniger verbleibt als der Mutter mit dem Kind.[24]

3.1.1.4.3 Anrechnung von Sozialleistungen

In den sog. Halbfamilien wird ein weiteres Problem akut. Es erhebt sich nämlich die Frage, wie das vom tatsächlich sorgenden Elternteil empfangene Kindergeld zu verrechnen ist. Soll der Sorgeberechtigte allein in den Genuß der staatlichen Sozialleistungen kommen, oder partizipieren auch die zum Barunterhalt Verpflichteten an dieser staatlichen Leistung? Die Lösung der Frage hängt von der Zweckbestimmung der Sozialleistung ab. Kindergeld soll die besonderen wirtschaftlichen Belastungen zumindest z. T. ausgleichen. Nicht ist die Zuwendung gedacht als staatlicher Beitrag zur Personensorge. Kindergeld muß deshalb auf den Unterhalt angerechnet werden[25], und zwar für den zum Barunterhalt Verpflichteten zur Hälfte.[26] Das ergibt sich aus der vom Gesetz geforderten Gleichwertigkeit zwischen Personensorge und Barunterhalt und entspricht auch der Rechtslage beim nichtehelichen Kind.[27] § 1615g BGB wird zur Konstruktion des hier vertretenen Ergebnisses auch vielfach analog angewendet.[28]

54

3.1.1.5 Rangfolge der Berechtigten

Von mehreren unterhaltsberechtigten Personen haben der Ehegatte[29] und die minderjährigen Kinder den gleichen Rang vor allen übrigen Personen, § 1609 II 1 BGB, 850d II ZPO. Den nicht privilegierten Kindern geht der Ehegatte vor, § 1609 II 2 BGB. Unter den Verwandten kommen in der Rangfolge zunächst die privilegierten, dann die nicht privilegierten Kinder und danach die Abkömmlinge. Diesen folgen im Rang die Verwandten aufsteigender Linie, unter denen sich das Rangverhältnis nach der Nähe der Verwandtschaft bestimmt, § 1609 I BGB.

55

---

22 KG FZ 78, 726
23 Kritisch dazu Gernhuber S. 629
24 OLG Frankf. FZ 79, 173
25 OLG Oldenb. FZ 79, 333
26 BGH FZ 78, 177; OLG Düsseld. FZ 78, 611; OLG Frankf. FZ 78, 721; OLG Saarbr. FZ 78, 724
27 *Siehe RNr. 71*
28 OLG Hamm. FZ 78, 459
29 Auch der gesch. Ehegatte, vgl. § 1582 II BGB

3.1.1.6 Verjährung und Pfändbarkeit

56 Der Unterhaltsanspruch als Stammrecht unterliegt nicht der Verjährung, § 194 II BGB. Nur die einzelnen Raten können verjähren, § 197 BGB. Wegen seiner Zweckgebundenheit kann der Anspruch für die Vergangenheit nur bei Verzug oder Rechtshängigkeit gefordert werden, § 1613 BGB. Der gleiche Grund verbietet Verzicht für die Zukunft und verhindert Leistungsbefreiung bei Vorauszahlungen für mehr als 3 Monate im Falle erneuter Bedürftigkeit, § 1614 BGB. Die Zweckbindung hat auch Unvererblichkeit und Beschränkung der Pfändbarkeit zur Folge, §§ 1615 BGB, 850b ZPO.

3.1.2 Art und Maß des Kindesunterhalts

3.1.2.1 Art und Weise der Unterhaltsleistung

57 Nach §§ 1610, 1612 BGB ist der angemessene Unterhalt monatlich im voraus als Geldrente zu gewähren. Eltern können – nicht notwendig minderjährigen – unverheirateten Kindern gegenüber frei bestimmen, in welcher Art und für welche Zeitabschnitte sie den Unterhalt gewähren wollen, § 1612 II BGB. Diese Bestimmung hat durch die Herabsetzung der Volljährigkeitsgrenze enorm an Bedeutung gewonnen. Dadurch ist nämlich eine **selbständige Lebensführung** unterhaltsberechtigter Kinder häufig geworden. Die Eltern sollen bei älteren Kindern eine gewisse Einflußnahme auf die Lebensführung ausüben können. Die Vorschrift will ein Abgleiten selbständig lebender Kinder verhindern. Aus diesem Gesetzeszweck ergibt sich auch, daß ältere minderjährige Kinder ihren Unterhaltsanspruch bis zur Höhe des auch sonst entstehenden Aufwands verlieren, wenn sie gegen den Willen der Eltern getrennte Wohnung nehmen.[30] Andernfalls könnte das Kind den Eltern gegen § 1612 BGB die Form des Unterhalts aufzwingen.

3.1.2.1.1 Art des Unterhalts

58 Problemlos sind in der Regel die Fälle, in denen Kleinkindern Kost, Wohnung und Kleidung im Elternhaus gewährt werden. Bei älteren Kindern kann die Art und Weise der Unterhaltsgewährung zu Konflikten führen. Meist ist das Ausbildungsproblem damit verknüpft.
Die von den Eltern getroffene Bestimmung kann durch das VG aus besonderen Gründen abgeändert werden, § 1612 II 2 BGB.[31]
In verfahrensrechtlicher Hinsicht ist zunächst ein Antrag des Kindes erforderlich. Daraufhin findet ein Verfahren der freiwilligen Gerichtsbarkeit vor dem Rpfl. statt, § 3 Ziff. 2a RpflG. Nur wenn die Eltern unterschiedlicher Meinung sind, ist wegen der Sachnähe zum Elternstreit der Richter zuständig, § 14 Ziff. 5 RpflG. Die Entscheidung ergeht durch Beschluß des VG, das wegen der gedanklichen Nähe zu § 1666 BGB institutionell zuständig ist. Über Streitigkeiten, »die die Unterhalts-

---

30 LG Hagen NJW 75, 263; Palandt § 1612 BGB Anm. 2
31 Vgl. i. E. dazu BayOblG NJW 77, 680

pflicht als solche betreffen«, entscheidet dagegen nach §§ 23b I Ziff. 5 GVG, 621 I
Ziff. 4 ZPO das Familiengericht.
Das VG entscheidet also nur über die Art der Unterhaltsgewährung.[32] Das führt auch
in diesem Zusammenhang zu einer wenig nützlichen Doppelspurigkeit des Rechtswe-
ges. Wünschenswert wäre auch für Entscheidungen aus § 1612 II BGB die Zuständigkeit des Familiengerichts.[33] Die örtliche Zuständigkeit ergibt sich aus §§ 43, 36 FGG.
Das VG muß gem. § 12 FGG Amtsermittlungen zur Aufklärung des Sachverhalts
anstellen.[34] Das VG kann noch während des Unterhaltsprozeßes über die Art des
Unterhalts entscheiden.
Materielle Voraussetzung der Abänderung des Elternplanes sind besondere Umstände. Wegen der erheblichen praktischen Bedeutung soll an dieser Stelle ein Einblick in
die kasuistische Einzelfallrspr. gegeben werden:
Es reichen für selbständige Lebensführung **nicht** persönliche Spannungen allein
(OLG Karlsruhe FZ 76, 641), gelegentliche Erziehungsfehler (OLG Köln NJW 77,
202), der bloße Wunsch nach selbständiger Lebensführung (LG Mannh. NJW 76,
245). Dagegen **sind wichtige Gründe** i. S. 1612 II 2 BGB das Ohrfeigen und
Herabwürdigen der fast volljährigen Tochter (BayObIG. NJW 77, 680), tiefgreifende
Entfremdung (KG FZ 77, 54), Aufzwingen des Elternwillens bei 25j. Sohn (KG NJW
69, 2241), fehlende Toleranz gegenüber Tochter (OLG Frankf. NJW 77, 1297).
Es handelt sich hier um nur einige repräsentative Entscheidungen. Ein vollständiger
Überblick kann nicht gegeben werden.

3.1.2.1.2 Beispielbeschluß und Begleitverfügung (zu § 1612 II BGB)

AG Kassel   AZ: XY

1. Beschluß

Der Ingenieur Willi Schmidt, geb. am 31. 8. 38   **59**
3500 Kassel,
Bahnhofstr. 17 (Antragsgegner),

hat seiner Tochter Carla, geb. am 1. 5. 69; wohnhaft 3500 Kassel, Goethestr. 4
(Antragstellerin), den Unterhalt in Form einer monatlichen vorauszahlbaren Geldrente zu gewähren.

Gründe:

Die 20 Jahre alte Antragstellerin lebt im Hause ihrer Eltern. Sie studiert Betriebswirt-
schaft im 2. Semester. Der Antragsgegner ist ihr gegenüber unstreitig zum Unterhalt
verpflichtet. Zwischen der Tochter und dem Vater ist es in der Vergangenheit zu
schweren Zerwürfnissen gekommen. Der Antragsgegner hat die Antragstellerin
mehrfach geschlagen.

---

32 Vgl. Palandt § 1612 BGB Anm. 3 mit weit. Nachw.
33 Palandt a. a. O.
34 OLG Frankf. FZ 78, 259

Ein Ermittlungsverfahren der StA Kassel ist gegen Zahlung einer Geldbuße nach § 153a StPO eingestellt worden (AZ: XY). Die Antragstellerin begehrt ihren monatlichen Unterhalt in Form einer Geldrente.[35]

Der Antragsgegner ist der Meinung, die Tochter könne Unterkunft und Kost zu Hause erhalten.

Das Begehren der Antragstellerin ist begründet.

Nach den schwerwiegenden Verfehlungen gegenüber seiner Tochter ist dieser nicht mehr zumutbar, im Hause ihrer Eltern zu leben. Der ihr zustehende Unterhalt kann nicht mehr in der Form des § 1612 BGB, sondern nur noch in der von der Antragstellerin gewünschten Form gewährt werden.

2. Ausfertigung von Ziff. 1 an:
   a) Antragstellerin
   b) Antragsgegner

3. Kosten[36]

4. Weglegen[37]

Kassel, den 4. 4. 82

3.1.2.2 Höhe des Unterhalts

3.1.2.2.1 Die Angemessenheit

60 Die Konkretisierung des unbestimmten Begriffs angemessen macht im Einzelfall erhebliche Schwierigkeiten. Zur Förderung der Rechtssicherheit hat die Rspr. Unterhaltstabellen entwickelt.

Am bedeutsamsten ist die sog. **Düsseldorfertabelle**.[38] Diese Tabelle geht vom Normalbedarf (Fam. mit 2 Kindern) aus. Der Bedarf richtet sich im einzelnen nach **Einkommen** und **Lebensalter** des Kindes. Für höhere Einkommen und einem Lebensalter des Kindes über 18 Jahre ist der Einzelfall maßgeblich. Auch die übrigen Tabellen[39] richten sich vorwiegend nach Einkommen der Eltern und Lebensalter des Kindes.

Ferner ist die **Lebensstellung** des Bedürftigen zu berücksichtigen.[40] Bei Jugendlichen gibt es deshalb sogar bei sehr wohlhabenden Eltern eine sog. Sättigungsgrenze, die

---

35 Antrags- und Beschwerdeberechtigung der Tochter folgt aus § 59 FGG
36 Vgl. § 94 I Ziff. 1 KostO
37 Das VG kann auch während eines Unterhaltsprozeßes vor dem FG entscheiden; § 263 ZPO gilt insoweit nicht. Vgl. LG Mannheim DA 76, 102

38 Abgedruckt in NJW 79, 25; danach verf. u. a. OLG Ff/M, vgl. FZ 78, 433
39 Kölnertab. NJW 77, 1143; Berlinert. NJW 77, 289
40 Gernhuber S. 612; Palandt § 1610 BGB Anm. 3

sich grob an den Richtlinien des BAföG orientiert.[41] Für minderjährige Kinder ist bei der Ermittlung des Standards der Lebenszuschnitt der Eltern maßgeblich. Vor jeder Schematisierung ist allerdings zu warnen, weil dann auf den Einzelfall nicht angemessen reagiert werden kann. Die Tabellen sind daher lediglich Orientierungshilfen.[42] Der gesamte Lebensbedarf ist vom Unterhaltsanspruch abgedeckt. Dazu zählen Nahrungsmittel, Wohnung, Krankenhaus- und Prozeßkosten[43], Aufwendungen für Theater, Hobbys und Sport.

3.1.2.2.2 Ausbildungskosten

Umstritten ist die Höhe des Unterhalts besonders bei den sog. Ausbildungskosten.[44] **61** Meist wird auch hier in Anlehnung an das BAföG die gerechte Lösung gesucht, zumal die Kinder im Weigerungsfalle ihrer Eltern Förderung nach BAföG in Anspruch nehmen.[45] Die Praxis gewährt auch nach einer abgeschlossenen Ausbildung ein Recht auf die Kosten einer weiterführenden Ausbildung.[46] Eine andere, zweite Ausbildung wird nur in Ausnahmefällen gewährt.[47, 48]

3.1.2.2.3 Regelbedarf bei Halbfamilien

Eine Vereinfachung der Rechtsstellung von unterhaltsberechtigten Kindern aus **62** geschiedenen Ehen oder bei Getrenntleben der Eltern ergibt sich aus § 1610 III BGB. Weil Kinder aus diesen Familien besonders schutzwürdig sind, soll der ursprünglich für das nichteheliche Kind vorgesehene Regelunterhalt als Mindestbedarf bis zum 18. Lebensjahr zustehen. Wegen der Einzelheiten wird auf die Ausführungen zum Unterhalt des nichtehelichen Kindes verwiesen, wo die Abhandlung über die Festsetzung des Regelbedarfs ihren eigentlichen historischen Platz hat. Sie ist deshalb dort ausführlich abzuhandeln.[49]

3.1.2.2.4 Billigkeitskontrolle

Der allgemeine Unterhaltsanspruch unterliegt der Billigkeitskontrolle.[50] Ist der Un- **63** terhaltsberechtigte durch sein sittliches Verschulden bedürftig geworden, hat er seine eigene Unterhaltpflicht gegenüber dem Verpflichteten gröblich vernachlässigt oder sich einer schweren Verfehlung gegenüber dem Verpflichteten oder dessen Angehörigen schuldig gemacht, so braucht der Verpflichtete nur den Beitrag zu leisten, der der

---

41 Palandt § 1610 BGB Anm. 2
42 KG FZ 77, 818 ff.
43 KG FZ 71, 44; Henrich § 20 V 1; § 1360a IV BGB gilt analog
44 *Siehe RNr. 58*
45 Die Finanzierungsfrage wird im Regreß zwischen Eltern und dem Studentenwerk ausgetragen
46 OLG Stuttgart FZ 76, 381
47 BGHZ 69, 190; LG Ff/M FZ 76, 62
48 Zu den Einzelheiten hinsichtlich der Ausbildungskosten vgl. Palandt § 1610 BGB Anm. 2
49 *Siehe RNr. 70*
50 so auch Scheidungsunterhalt, vgl. § 1579 BGB

Billigkeit entspricht, § 1611 I BGB. Denkbar ist sogar der vollständige Wegfall der Verpflichtung im Falle der groben Unbilligkeit, § 1611 I 2 BGB. Diese Vorschrift gilt allerdings nicht bei Ansprüchen minderjähriger unverheirateter Kinder gegenüber ihren Eltern, § 1611 II BGB. Der Gesetzgeber geht hier von einer engeren Bindung zwischen Eltern und Kindern gegenüber anderen Verwandten aus.[51] Bei unbilligem Verhalten der Kinder müssen Erziehungsmaßnahmen genügen.[52]

3.1.2.3 Vereinfachtes Verfahren zur Anpassung von Unterhaltstiteln

64 Bei den Änderungen wirtschaftlicher Daten bedarf der Unterhaltstitel der Anpassung.

Bei einer individuellen Änderung verbietet sich aus der Natur der Sache jede generelle Anpassungsmöglichkeit. Auf die Wandlung der Verhältnisse kann nur individuell reagiert werden. Hier kommen vor allem Einkommensveränderungen des Berechtigten oder des Verpflichteten in Betracht. Ein generalisierendes Verfahren würde zwangsläufig zu Ungerechtigkeiten führen.

3.1.2.3.1 Abänderungsklage gem. § 323 ZPO

Der Unterhaltstitel muß durch Abänderungsklage nach § 323 ZPO den gewandelten Verhältnissen angepaßt werden.[53] Die Klage nach § 323 ZPO setzt voraus, daß bei Verurteilung zu künftig fällig werdenden, wiederkehrenden Leistungen[54] eine wesentliche Änderung der Verhältnisse eingetreten ist, die für die Verurteilung zur Entrichtung der Leistung, für die Bestimmung der Höhe der Leistung oder Dauer der Leistung maßgeblich waren.[55] § 323 ZPO gibt also eine Möglichkeit zur Beseitigung der rechtskräftigen Verurteilung[56] bei nachträglichem Wandel der Verhältnisse. Die Durchbrechung der inneren Rechtskraft hat ihren Grund darin, daß die Verhältnisse bei derartigen Titeln nicht abschließend übersehbar sind. Die Abänderungsklage verfolgt als Gestaltungsklage keinen neuen Anspruch, sondern die anderweitige Gestaltung der Rechtsbeziehungen aus dem alten Anspruch wegen wesentlicher[57] Veränderung der tatsächlichen[58] Verhältnisse.

Soweit es aber um die Anpassung der U-Rente an die allgemeine wirtschaftliche Entwicklung geht, gilt das vereinfachte Verfahren nach § 641 l ff. ZPO. Dieses Verfahren geht einer Abänderung des Titels nach § 323 ZPO vor.[59] Wo das Verfah-

---

51 *Siehe RNr. 50*
52 Beitzke § 24 I 5d
53 Örtl. u. sachl. zuständig ist das Prozeßgericht der I. Instanz.
54 Vgl. § 258 ZPO
55 Da es sich um eine wesentliche Änderung der Bezugsumstände handeln muß, bleiben Bagatellfälle außer Betracht
56 § 323 ZPO ist auf andere Titel entspr. anwendbar, § 323 IV ZPO
57 ab 10%; vgl. BGHZ 34, 118
58 Änderung der Rspr. reicht nicht. Vgl. LG Kassel FZ 54, 87
59 Nicht erfaßt werden Titel, deren Abänderung durch ger. Vergleich ausgeschlossen ist oder für die es andere Anpassungsmöglichkeiten gibt (z. B. beim Regelunterhalt der nichtehelichen Kinder § 642b ZPO). Ausgeschlossen sind auch Titel, die keinen festen Betrag vorsehen

ren nach § 641 l ZPO zulässig ist, fehlt einer Klage aus § 323 ZPO das Rechtsschutzbedürfnis.[60]

Das Verfahren gilt auch für die entspr. Titel bei nichtehelichen Kindern. (Nicht aber ist es anwendbar für den Regelunterhalt. Da aber Regelunterhalt bei nichtehelichen Kindern die Regel ist, wird das Verfahren nach § 641 l ZPO in der Praxis auf eheliche Kinder beschränkt bleiben. Es wird deshalb auch an dieser Stelle abgehandelt.)[61]

Materiell-rechtliche Grundlage für die Abänderung im vereinfachten Verfahren ist § 1612a BGB. Danach werden Unterhaltsrenten Minderjähriger, die in einer gerichtlichen Entscheidung, Vereinbarung oder Vertragsurkunde festgelegt sind, bei erheblicher Änderung der allgemeinen wirtschaftlichen Verhältnisse auf Verlangen des Berechtigten durch Gerichtsbeschluß angepaßt. Der Anpassungssatz ergibt sich aus der RechtsVO der Bundesregierung (Anp.VO.) prozentual, § 1612a II BGB. Die z. Z. gültige AnpassungsVO stammt vom 28. 9. 79[62] und bestimmt eine Erhöhung von 11%.

3.1.2.3.2 Das Verfahren

Das vereinfachte Verfahren, das nicht als Familiensache gilt,[63] ergibt sich aus   **65**
§§ 641 l-t ZPO.[64]

Zuständig für das Verfahren ist der Rpfl. beim AG, §§ 23a Ziff. 2 GVG, 20 RpflG Ziff. 10. Örtlich zuständig ist das AG, bei dem der Unterhaltsberechtigte seinen allgemeinen Gerichtsstand hat. Fehlt ein solcher Gerichtsstand, so ist das AG Schöneberg zuständig. Bei weiteren nachfolgenden Abänderungen ist das AG der ersten Abänderung zuständig, § 641 l III ZPO.

Im Verfahren ist die Einführung der Datenverarbeitung ausdrücklich zugelassen, § 641s ZPO. Es sind keine Unterschriften erforderlich. Das Verfahren setzt zunächst einen Antrag des Berechtigten oder Verpflichteten voraus, der den Anforderungen des § 641m ZPO entsprechen muß. Durch VO vom 24. 6. 77 sind für den Antrag des Berechtigten einheitliche Vordrucke eingeführt worden. Die Verwendung der Vordrucke ist obligatorisch, § 641t II ZPO. Die Vordrucke werden vom Urkundsbeamten der Geschäftsstelle ausgefüllt. Er vermerkt unter Angabe des Datums, daß er den Antrag aufgenommen hat. Dieser Vermerk tritt an die Stelle der Beglaubigung eines Protokolls. Auch für den Antrag des Verpflichteten, für den es keine Vordrucke gibt, ist die Aufnahme eines Protokolls nicht erforderlich. Erscheinen die Parteien vor Gericht (= Rpfl) und einigen sie sich über die Abänderung, ist die Einigung als gerichtlicher Vergleich zu protokollieren, § 641r ZPO.[65, 66]

Danach wird der Antragsgegner unter zuvoriger Mitteilung angehört, § 641n ZPO. Zustellung der Mitteilung ist nicht notwendig. Formlose Mitteilung unter Verwen-

---

60 OLG Frankf. FZ 76, 70
61 Für die Geltung auch für nichteheliche Kinder vgl. Baumb. § 641 l ZPO Anm. 2; Palandt § 1610a BGB Anm. 3; Firsching S 509; a. A. ohne Begründung Arnold S. 324
62 Vgl. bei Palandt § 1612a BGB Anm. 3
63 § 641 l I 2 ZPO
64 Zum Verfahren vgl. ausführlich Petermann Rpfl. 76, 413
65 Für das Protokoll gelten die Vorschriften der §§ 160 ff. ZPO
66 Auch hier ist der Rpfl. zuständig und nicht etwa der Urkundsbeamte der Geschäftsstelle, wie sich aus dem Wort Gericht in § 641r S. 4 ZPO ergibt; a. A. ohne nähere Begründung Petermann Rpfl. 76, 414

dung des Vordruckes reicht aus. Das Gericht teilt des weiteren mit, in welcher Höhe und von welchem Zeitpunkt ab eine Änderung in Frage kommt, §§ 1612a II 2 BGB, 641p I 2 ZPO. Der Rpfl. weist darauf hin, daß in Frage kommende Einwendungen[67] nur innerhalb von 2 Wochen geltend gemacht werden können. Es empfiehlt sich der Hinweis auf die Formerleichterung des § 640r ZPO.[68]

Der Antragsgegner kann gem. § 641o ZPO folgende Einwendungen machen:
1. Gegen die Zulässigkeit des vereinfachten Verfahrens.
2. Gegen die Höhe der Änderung.
3. Gegen den Zeitpunkt der Änderung.
4. Bezüglich der Kosten, § 93 ZPO.
5. Die Unabänderbarkeit, wenn sie aus dem Titel hervorgeht.

Diese Einwendungen sind aus Gründen der Beschleunigung des Verfahrens abschließend.

Das Verfahren läuft schriftlich unter weitgehender Verwendung von Formularen weiter. Eine mündliche Verhandlung findet nicht statt. Der Antragsgegner muß aber Gelegenheit zur Stellungnahme bezüglich der Einwendungen erhalten.[69] Einwendung und Gegendarlegung[70] sind bis zur Verfügung[71] des Änderungsbeschlusses zu berücksichtigen,[72] § 641o I 3 ZPO. Das Verfahren endet nach einer Frist mit Änderungsbeschluß ohne mündliche Verhandlung, § 641p ZPO. Der Beschluß wird von Amts wegen zugestellt, § 329 ZPO. Der Titel darf nur für die Zeit nach Einreichung oder Anbringung des Antrags abgeändert werden. Im Beschluß muß der Änderungsbetrag angegeben werden. Er enthält eine Kostenentscheidung nach §§ 91 ff. ZPO. Die erstattungsfähigen Kosten werden im Beschluß festgesetzt, soweit sie ohne weiteres ermittelt werden können, § 641p I 4 ZPO.[73] Sind weitere Ermittlungen notwendig, so ist das Verfahren nach § 103 ZPO angezeigt. Der Beschluß enthält eine Rechtsmittelbelehrung. Aus ihm findet die Zwangsvollstreckung statt, § 794 Ziff. 2b ZPO.[74] Gegen den Beschluß gibt es die befristete Erinnerung gem. § 11 I RpflG. Bei Nichtabhilfe wird diese zur Durchgriffserinnerung zum LG, § 11 II 5 RpflG. Eine weitere Beschwerde ist nicht möglich, § 641p III 3 2 ZPO. Mit der Erinnerung kann nur geltend gemacht werden, das vereinfachte Verfahren sei nicht statthaft, der Abänderungsbeschluß sei falsch errechnet, der Änderungszeitpunkt sei irrig festgesetzt oder die Kostenfestsetzung sei unrichtig, § 641m ZPO. Der Antrag auf Abänderung wird zurückgewiesen, wenn die Zulässigkeitsvoraussetzungen nicht vorliegen oder der Antrag nicht den Erfordernissen nach § 640m ZPO entspricht. Im Fall der Zurückweisung kann der Antragsteller einen neuen Antrag stellen oder befristete Erinnerung einlegen, § 11 RpflG.[75] Gegen die Entscheidung des Richters gibt es kein Rechtsmittel, § 641m III ZPO.

---

67 Siehe in dieser RNr. zu § 641o ZPO
68 Brüggemann § 641n ZPO Anm. 2
69 Grundsatz des rechtl. Gehörs, Art. 103 GG
70 Baumb. § 641o ZPO Anm. 3
71 Verfügt ist der Beschluß nach Unterschrift durch den Rpfl. und Herausgabe an die Geschäftsstelle
72 2 Wo nach Bewirken der Mitteilung gem. § 641n ZPO
73 Das gilt auch für die Kosten des Antragsgegners, wenn § 93 ZPO bei nur teilweisen Obsiegen Anwendung findet
74 Nicht vor einem Monat, § 798 ZPO
75 Baumbach § 641m Anm. 3; Petermann Rpfl. 76, 414

3.1.2.3.3 Beispiel für einen Änderungsbeschluß:[76]   **66**
Beschluß

Amtsgericht Kassel   AZ: XY   Kassel, den 4. 4. 79

Auf den Antrag von Werner Meier
geb. am 5. 1. 65,
Kassel, Hauptstr. 30
gesetzliche Vertreter: Eheleute Karl und Maria Meier

wird im vereinfachten Verfahren der Vollstreckungstitel Urteil des AG Kassel vom 2. 3. 77 Az: YY

nach Maßgabe der Anpassungsverordnung vom 28. 9. 79 abgeändert. Der monatliche Betrag wird auf DM 412 festgesetzt. Beginn der Erhöhung: 1. 5. 80

Die Kosten des Verfahrens werden dem Antragsgegner auferlegt, § 91 ZPO.
Die vom Antragsgegner zu erstattenden Kosten werden auf DM 120 festgesetzt.

Rechtsmittelbelehrung[77]

Unterschrift Rpfl.

Verfügung
1. Beschluß aushändigen und zustellen an[78]
   a) Antragsgegner ZU
   b) Antragsteller ZU
2. Nach ZU vollstreckbare Ausfertigung an gesetzliche Vertreter des Antragstellers erteilen; Titel beifügen.[79]
3. Kosten
4. Weglegen

3.1.2.3.4 Änderungsklage nach §§ 641q ZPO, 1612a I 2 BGB

Führen Umstellungsbeschlüsse zu einem Betrag, der wesentlich von dem Betrag   **67**
abweicht, der den Entwicklungen der Verhältnisse Rechnung trägt, so steht dem
Unterhaltsverpflichteten die Abänderungsklage nach § 641q ZPO offen. Es handelt
sich um eine Sonderform der Klage nach § 323 ZPO, für die das AG sachlich
zuständig ist. Damit können durch die schematische Anpassung bedingte Unausge-
wogenheiten beseitigt werden, die mit der materiellen Rechtslage unvereinbar sind.
Wesentlich weicht ein Betrag ab, der der Entwicklung der besonderen Verhältnisse
der Beteiligten Rechnung trägt, wenn die ermittelte Differenz 10% ausmacht.[80] Die

---

76 Beispiele für Antrag und Mitteilung vgl. bei Firsching, S. 511 ff.
77 *Siehe RNr. 65*
78 § 329 III ZPO
79 Vgl. §§ 724f ZPO
80 Baumbach § 323 ZPO Anm. 6

Abänderungsklage ist auch statthaft gegen den Umstellungsbeschluß, wenn die Parteien eine abweichende Vereinbarung i. S. von § 1612a I 2 BGB getroffen haben, diese aber im vereinfachten Verfahren wegen der Beschränkung in § 641o ZPO nicht geltend gemacht werden konnte, § 641q II ZPO.[81]

3.2 Unterhalt des nichtehelichen Kindes

3.2.1 Vorbemerkung

68 Unterhaltsfragen sind häufig eng verbunden mit Statusfragen. Deshalb ist es zulässig und auch üblich, daß im Nichtehelichenrecht Vaterschaftsanerkennungen und Unterhaltsverpflichtungen verfahrenstechnisch zusammen abgehandelt werden, obwohl es sich vom materiellen Recht her gesehen um völlig verschiedene Komplexe handelt.[1] Diese Handhabung führt zu einer wenig begrüßenswerten Vermischung beider Problembereiche. Es wird daher aus analytischen Gründen auf die kombinierte Darstellung beider Komplexe verzichtet.[2] Auf die enge praktische Verknüpfung wird allerdings mit Nachdruck hingewiesen.[3]
Auch für das nichteheliche Kind gelten die Regeln des allgemeinen Verwandtenunterhalts, wenn nichts Besonderes geregelt ist, § 1615a BGB. Der Gesetzgeber übernimmt ausdrücklich die Normen des allgemeinen Unterhaltsrechts und stellt damit klar, daß die Spezialvorschriften der §§ 1615 ff. BGB als ausschließliche Sonderregelungen insoweit der Ergänzung bedürfen. Auch ohne die ausdrückliche Übernahme wäre die Anwendung der allgemeinen Normen mit der stets vorliegenden Klammerwirkung eines allgemeinen Teils eines Gesetzes erklärbar.[4] Der Abschnitt nichtehelichen Unterhalts ist nämlich Untertitel des allgemeinen Verwandtenunterhalts.

3.2.2 Höhe des Unterhalts

3.2.2.1 Allgemeine Regeln

69 Das Maß des Unterhalts richtet sich nicht wie beim ehelichen Kind nach dem Standard der Familie, sondern wegen der besonderen Umstände nach dem Durchschnitt der Lebensstellung beider Eltern, § 1615c BGB. Diese Vorschrift stellt damit eine Konkretisierung von § 1610 BGB dar.[5] Soweit vertreten wird, es komme auf die

---

81 War die Vereinbarung schon Bestandteil des Titels, so konnte sie gem. § 641o ZPO bereits im vereinfachten Verfahren eingewendet werden. Einer Änderungsklage fehlt dann das Rechtsschutzbedürfnis. (Vgl. Baumbach § 641q ZPO Anm. 3)
1 Vgl. aber die Möglichkeit der Prozeßverbindung gem. § 643 ZPO
2 So z. B. Firsching, S. 523 ff.
3 *Zu den Statusfragen siehe RNr. 10 ff.*
4 Palandt § 1615a BGB Anm. 1
5 Es wird insoweit der h. M. gefolgt, vgl. Palandt § 1615 BGB Anm. 1; Gernhuber, S. 925; Beitzke § 24 II 1

Stellung des Vaters an,[6] sind verfassungsrechtliche Bedenken entgegenzuhalten. Das GG rechtfertigt eben nicht die Annahme des Patriarchats. Auch die für das Kind günstigsten Bedingungen können nicht der entscheidende Maßstab sein.[7] Ebensowenig sind die Verhältnisse des Sorgeberechtigten einschlägig.[8] Beide Ansätze lassen nämlich die Verbindung des Lebensstandards des Kindes mit den Verhältnissen der Eltern vermissen.

Das nichteheliche Kind wird gegenüber dem ehelichen Kind mehrfach privilegiert, um den ungleichen Lebensverhältnissen gerecht zu werden. Gem. § 1615d BGB kann das Kind rückwirkend für die Zeit vor Anerkennung oder Feststellung der Vaterschaft Unterhalt verlangen. Mit dieser Ausnahme zu § 1613 BGB soll dem Umstand Rechnung getragen werden, daß der Inanspruchnahme des richtigen Vaters vor Ehelichkeitsanfechtung § 1593 BGB entgegensteht[9] oder der zunächst unbekannte Vater festgestellt werden muß.[10] Der Unterhaltsanspruch des Kindes geht auf einen Verwandten oder Ehemann der Mutter über, sofern dieser Unterhalt geleistet hat, § 1615b BGB.

3.2.2.2 Regelunterhalt

3.2.2.2.1 Wesen des Regelunterhalts

Darüber hinaus kennt das positive Recht einen weiteren erheblichen Vorteil des **70** nichtehelichen Kindes gegenüber dem ehelichen Kind.[11]

Bis zur Vollendung des 18. Lebensjahres hat der Vater dem nichtehelichen Kind mindestens als angemessenen Unterhalt den sog. Regelunterhalt zu zahlen, sofern das Kind nicht im väterlichen Haushalt lebt, § 1615f BGB. Ausschlaggebend für die Einführung des Regelunterhalts waren die zuvor anzutreffenden regionalen Verschiedenheiten und zudem Gründe der Rechtspraktikabilität. Ohne weiteren Rechtsstreit kann mit der Vaterschaftsfeststellung dem Kind Gewißheit über die Höhe seines Anspruchs gegeben werden.[12] Der Regelunterhalt ist immer **in Geld** zu leisten. Unterhalt durch tatsächliche Personensorge gem. § 1612 I 2 BGB ist nicht möglich. Der Sache nach stellt der Regelunterhalt den Bedarf dar, den die tatsächlich sorgende Mutter für das nichteheliche Kind braucht, vermindert um die anrechenbaren Beträge.[13] Die Höhe kann von der Bundesregierung durch Rechtsverordnung festgelegt werden, § 1615f II BGB. Von dieser Ermächtigung hat die Bundesregierung durch die sog. **Regelunterhaltsverordnung** Gebrauch gemacht.[14, 15]

Die Neuordnung staffelt nach Lebensalter (1–6, 7–12, 13–18 J.).

---

6 OLG Düsseld. FZ 71, 537; AG Bruchsal DA 75, 425
7 LG Hamburg DA 73, 30; Brühl-G Nr. 341
8 MünchnerK § 1615c BGB Anm. 5; Odersky § 1615 II 4
9 *Siehe RNr. 12*
10 Palandt § 1615d BGB Anm. 1
11 *Siehe für die sog. Halbfamilien RNr. 62*
12 Gernhuber, S. 920; Firsching, S. 498
13 Vgl. Gesetzestext zu § 1615f BGB
14 Abgedruckt bei Palandt Anhang zu § 1615g BGB
15 Zuletzt geändert durch ÄnderungsVO vom 28. 9. 79

3.2.2.2.2 Anrechnung von Sozialleistungen

71 Problematisch ist in diesem Zusammenhang wiederum die Frage der Anrechnung von Sozialleistungen.[16] Primär schuldet der Vater den Unterhalt. Er soll nicht durch Drittleistungen entlastet werden. Andererseits senken Sozialleistungen die Bedürftigkeit des Kindes. Sie haben ihren Rechtsgrund gerade in der Existenz des Kindes und der Notwendigkeit seiner Unterhaltung. Ausgangspunkt für die Lösung des Problems ist § 1615g BGB. Durch diese Norm wird grundsätzlich klargestellt, daß der unterhaltsverpflichtete Vater von Sozialleistungen nur profitieren soll, soweit die Sozialleistung gerade für einen Zweck gewährt wird, auf dessen Befriedigung auch die Leistung des Regelunterhalts durch den Vater abzielt. Denn in diesem Fall vermindert sich die Bedürftigkeit des Kindes gerade um den von der Mutter oder einem anderen Dritten dafür erhaltenen Betrag. Voraussetzung ist allerdings für die Anrechnung, daß nicht der Vater das Geld erhält, sondern die Mutter oder ein Dritter, vgl. § 3 II BKK. Erhält der Vater die Sozialleistung selbst, so steht sie ihm gerade zur Deckung des Regelbedarfs zur Verfügung.

Im einzelnen gilt daher folgendes:

Kindergeld, Kinderzuschläge und ähnliche wiederkehrende Leistungen, die einem anderen als dem Vater zustehen,[17] werden zur Hälfte angerechnet, §§ 2 RVO, 1615f I BGB. (Das gilt für Kindergeld nur, wenn auch der Vater die Anspruchsvoraussetzungen erfüllt, das Kindergeld aber an einen Bevorrechtigten gewährt wird. Die 50% Anrechnung folgt aus der 50% fiktiven Berechtigung.)

Nicht wird angerechnet der kindbezogene Anteil des Ortszuschlages von Beamten, den z. B. der auch im öffentlichen Dienst beschäftigte Stiefvater erhält, wegen der in § 3 II BKKG und § 40 BBesG getroffenen Wertung.[18] Durch diese Vorschriften wollte der Gesetzgeber u. a. erreichen, daß steuerliche Vergünstigungen und kindesbezogene Leistungen für jedes Kind nur einmal gewährt werden, und zwar **für den Gehaltsempfänger** als veränderbarer Teil eines Alimentationsanspruchs des Beamten. Durch diese Leistung ist die Bedürftigkeit des Kindes gerade nicht gemindert. Erhält die Mutter für 3 Kinder erhöhtes Kindergeld, ist die Hälfte des auf das nichteheliche Kind entfallenden erhöhten Betrages dem Vater gutzurechnen.[19] Eine Leistung, die dem Vater allein zusteht, aber an einen Dritten ausgezahlt wird, ist voll anzurechnen.[20] Diese Leistung stammt aus dem Vermögen des Vaters. Die Leistungen werden auch dann angerechnet, wenn sie aufgrund einer Abtretung nach § 53 SGB erfolgt sind. Die Leistung ist dann nach wie vor aus dem Vermögen des Vaters erbracht anzusehen.[21] Keine Anrechnung darf dagegen erfolgen, wenn die Auszahlung an die Mutter aufgrund eines für das Kind gerade wegen seines Unterhaltsan-

---

16 *Für das eheliche Kind siehe RNr. 48*
17 Die Auszahlung des Kindergeldes bestimmt das VG nach den Grundsätzen des Kindeswohls, § 2 II BKKG; Palandt § 1615f BGB Anm. 1
18 Vgl. OLG Oldenb. FZ 79, 333; Düsseld. FZ 78, 611 Erman § 1615g BGB Anm. 12; MünchnerK. § 1615g BGB Anm. 7; a. A. AG Hamburg DA 78, 591, das § 4 der Verordnung analog angewendet
19 Gegen die Anrechnung dieses sog. Zählkindvorteils LG Darmst. FZ 79, 79; Gernhuber S. 922 Fn. 6a
20 Z. B.: an Jugendamt auf Anordnung des Arbeitsamtes
21 LG Bochum Rpfl. 73, 248; Odersky § 1615g IV 2a; a. A. Pürner-Frohnhöfer Rpfl. 71, 241

spruchs erwirkten Pfändungs- und Überweisungsbeschlusses erfolgt ist. Die Verrechnung auf die Unterhaltsforderung würde dem der Zwangsvollstreckung zugrunde liegenden Titel die Grundlage entziehen.[22] Das bedeutet aber nicht, daß der Vater eine Zwangsvollstreckung aus dem Titel in voller Höhe dulden muß. Er kann sich – wenn die Notwendigkeit einer Anrechnung gegeben ist – gegen die Vollstreckung mit der Erinnerung gem. § 766 ZPO wehren.

Waisenrenten, die an das Kind gezahlt werden, sind nicht anzurechnen, § 1615g III BGB. Sie beruhen auf Leistungen des Verstorbenen. Nicht anrechnungsfähig sind auch Zahlungen, die die Mutter oder das Kind wegen Krankheit oder Arbeitslosigkeit erhalten, § 1615g I 3 BGB. Ebensowenig kommen Steuervorteile oder Sozialhilfe in Betracht. Einzelheiten regelt die Rechtsverordnung.[23]

3.2.2.2.3 Sonderbedarf

Regelunterhalt ist nur die Regel. Gegebenenfalls kommen Erhöhungen wegen Sonderbedarfs (z. B. Krankheit) oder wegen der besonderen Lebensstellung der Eltern in Frage.[24] Das Kind kann dann entweder Zuschläge zum Regelunterhalt[25] oder einen bestimmten Unterhaltsbetrag verlangen.[26]   **72**

3.2.2.2.4 Abschläge

Regelbedarf ist grundsätzlich Mindestbedarf ohne Rücksicht auf die Leistungsfähigkeit. Die Belange des Vaters werden aber gleichwohl berücksichtigt. Das Gesetz sieht die Möglichkeit der Herabsetzung vor.[27]   **73**

Übersteigt nämlich der Regelunterhalt den Betrag, den der Vater ohne Berücksichtigung der festen Sätze der Verordnung leisten müßte, so kann der Vater entspr. Herabsetzung verlangen, § 1615h I BGB. Vorübergehende Umstände können nicht zur Herabsetzung führen. Mit dieser Norm wird Einzelfallgerechtigkeit bezweckt. Im einzelnen sind in diesem Zusammenhang zu berücksichtigen u. a. andere Unterhaltsverpflichtungen,[28] Gebrechen[29] oder längere Strafhaft. Auch eigenes Einkommen des Kindes kann zur Herabsetzung führen.[30] Nicht dagegen fallen unter § 1615h BGB die Kosten für einen Hausbau.[31] Wenn der tatsächliche Verdienst äußerst niedrig ist, so bleibt dieser Umstand im Rahmen von § 1615h BGB unberücksichtigt, da vom Schuldner das Bemühen um angemessene Einkünfte erwartet werden kann.[32] Ebenso

---

22 LG Bochum a. a. O.; Odersky a. a. O.; AG Nürnberg DA 71, 179
23 Vgl. § 2 RVO bei Palandt Anhang zu § 1615g BGB
24 Vgl. § 1615c BGB; Beispiele: 100% bei A13 der Mutter und 3000 DM Verdienst des Vaters; 250% bei Verdienst des Vaters von 10 000 DM monatlich. Vgl. dazu LG Hbg. DA 75, 301; LG Wuppertal DA 78, 457
25 § 642d ZPO
26 Vgl. LG Braunschw. NJW 65, 351
27 *Zur Stundung u. zum Erlaß siehe RNr. 80 f.*
28 BVerfG NJW 69, 1342
29 Palandt § 1615b BGB Anm. 2
30 Bursch ZBlJR 71, 88
31 AG Northeim DA 76, 112
32 LG Berlin DA 74, 393

rechtfertigt auch die Aufnahme eines Studiums nicht die Herabsetzung des Regelunterhalts.[33] Sowohl Zu- als auch die Abschläge werden in Prozenten ausgedrückt. Die Prozentzahl wird aus einem Vergleich des Regelbetrages mit dem Betrag ermittelt, den der Vater tatsächlich leisten muß, § 642d II ZPO.[34]

3.2.2.2.5 Verfahrensrecht

74 Nicht nur die Normen des materiellen Rechts erleichtern die unterhaltsrechtliche Stellung des nichtehelichen Kindes, sondern auch das Verfahren. Das formelle Recht garantiert die erleichterte Durchsetzbarkeit des Regelunterhalts. In der ZPO ist das Verfahren wegen des Sachzusammenhangs mit den Vaterschaftsklagen im 6. Buch Titel 2 geregelt.[35]

3.2.2.2.6 Titulierungsverfahren

75 Verfahrensmäßig sind **2 Stufen** zu unterscheiden: die Titulierung des Anspruchs und die Festsetzung des Unterhalts. Zunächst sind Ausführungen zur ersten Stufe geboten. Der klassische Weg zur Titulierung eines Anspruchs ist die Klage. Zuständig für die Klage des nichtehelichen Kindes ist das AG, § 23a Ziff. 2 GVG.[36] Rechtsmittel gegen diese Entscheidung sind die Berufung zum LG, § 72 GVG.
Ausgangspunkt für die Verfahrensbesonderheiten bei der Unterhaltsklage ist § 642 ZPO. Danach kann das nichteheliche Kind anstelle eines bestimmten Betrages den Regelunterhalt einklagen. Bei dieser Vorschrift handelt es sich um das prozessuale Pendant zu § 1615f BGB.[37] In diesem Unterhaltsstreit muß alles, was die Höhe des Betrages tangiert und nicht in das Festsetzungsverfahren gehört, geltend gemacht werden.
Auf die Möglichkeit mit der Verbindung mit dem Vaterschaftsprozeß gem. § 643 ZPO ist bereits hingewiesen worden. Im übrigen gelten auch für dieses Verfahren die allgemeinen Regeln der ZPO. Im Fall der Verbindung wird allerdings auch die

---

33 AG Münster DA 76, 641; AG Staade DA 79, 429
34 Die Herabsetzung kann in einer vollstr. Urkunde vergleichsweise erfolgen zwischen dem Amtpfleger nach § 1706 Ziff. 2 BGB und dem Vater. Ist die Verurteilung zum Regelunterhalt gleichzeitig mit der gerichtlichen Vaterschaftfeststellung erfolgt, so kann die Herabsetzung erst danach durch gerichtliche Klage erzielt werden, §§ 643, 643a ZPO. *(Zur Verbindung u. zur Klage nach § 643a ZPO siehe RNr. 74 f.)* Im gewöhnlichen Unterhaltsprozeß müssen Herabsetzungsgründe demgegenüber von vornherein eingewendet werden, andernfalls sind sie sogar ausgeschlossen, § 767 II ZPO. Ist der Unterhalt erst einmal festgesetzt, kommt in diesem Fall nur eine Abänderungsklage in Betracht. *Siehe RNr. 64*
35 Keine Kindschaftssache i. S. § 23a Ziff. 1 GVG oder Familiensache nach § 23b GVG, sondern Angelegenheit nach § 23a Ziff. 2 GVG; vgl. Kissel § 23a GVG Anm. 13
36 *Siehe RNr. 6*
37 Es handelt sich prozessual gesehen um eine weitere Ausnahme vom Bestimmtheitsgrundsatz gem. § 253 II ZPO, wonach der Klageantrag genau beziffert sein muß. Formulierungsbeispiel: Der Beklagte wird verurteilt, vom Tag der Geburt des Klägers an, am 23. 1. 81, diesem monatlich im voraus bis zu dessen Vollendung des 18. Lebensjahres den Regelunterhalt zu zahlen

Unterhaltssache als Kindschaftssache behandelt mit der Folge, daß auch gegen das Urteil zur Berufung zum OLG zulässig ist, § 119 I GVG.

Aber nicht nur eine isolierte Klage oder eine Mitverurteilung im Vaterschaftsprozeß führt zur Titulierung des Regelunterhaltsanspruchs, sondern auch Prozeßvergleiche über Unterhalt (§ 794 I Nr. 1 ZPO) und vollstreckbare Urkunden (§ 794 I Nr. 5 ZPO) mit einer Unterwerfungsklausel unter die Betragsfestsetzung, § 642c Nr. 1 u. 2 ZPO.[38] Letztere Unterwerfungsurkunde kann vor dem Jugendamt (§§ 49f JWG), dem Notar (§ 1 BeurkG) oder Rpfl. (§ 3 Ziff. 1f RpflG, § 62 BeurkG) unterzeichnet werden.

Unterhaltsverpflichtungserklärungen in einer vollstreckbaren Urkunde sind in der Praxis nicht selten. Sie stellen materiell-rechtlich ein einseitiges schuldbestätigendes Anerkenntnis dar.[39] Erklärt sich der Vater bereit, eine Unterhaltsverpflichtungserklärung vor dem Rpfl. beurkunden zu lassen, so kann der Vater sich zum Regelunterhalt[40] gegebenenfalls mit Zu- und Abschlägen oder zu einem bestimmten Betrag verpflichten.[41] Das Verfahren kommt meist durch die Anzeige des Standesbeamten in Gang. Der Standesbeamte muß gem. § 48 FGG dem Jugendamt Mitteilung machen. Das Jugendamt prüft den Eintritt der Amtspflegschaft oder Vormundschaft und teilt diese dem zuständigen VG mit. Der Rpfl. koordiniert das Anerkennungsverfahren[42] und das Unterhaltsverfahren. Er trifft folgende Eingangsverfügung:
1) Vormundschaft im Zugang[43]
2) Akte anlegen und Register
3) Vormerkungsbogen anlegen
4) Mündelkarte an Jugendamt senden
5) Es besteht AV gemäß § 41 JWG. Vormund ist das Jugendamt Kassel
6) Erstellung der Bescheinigung nach § 1791c III BGB
7) Ladung des benannten Kindsvaters auf den 27. 4. 81, 9 Uhr
8) Mitteilung des Termins an Jugendamt
9) Wv: z. T.

Zunächst ist die Vaterschaftsfeststellung erforderlich, die dem Unterhaltsverfahren vorangeht, § 1600a BGB.[44] Danach kommt es zur Titulierung des Unterhaltsanspruchs. Der voll geschäftsfähige Vater braucht für die einseitige Verpflichtungserklärung keine Genehmigung des VG.[45] Der beschränkt geschäftsfähige Vater benötigt dagegen die Genehmigung des Gerichts analog §§ 1643, 1822 Ziff. 5 BGB.[46]

---

38 Die Praxis kennt freilich häufig die Verbindung der Unterhaltsverpflichtung mit der Vaterschaftsanerkennung in einer Urkunde. *Siehe RNr. 68*

39 Vgl. Staudinger § 1718 BGB Anm. 82

40 Aus Kostengründen ist gleich der genaue Betrag aus der Verordnung aufzunehmen. Die gebührenpflichtige Erstfestsetzung durch Beschluß bleibt erspart. (§ 11 GKG Anlage 1 Nr. 1165.) Die freiwillige Verpflichtung ist gebührenfrei, § 55a KostO

41 Erstrebt er Stundung oder Erlaß, muß er schon jetzt Vorsorge treffen, ein isoliertes Stundungs-(Erlaß-)Verfahren gem. §§ 642e, 643a ZPO kommt hier nicht in Betracht

42 *Siehe RNr. 24 ff.*

43 *Vgl. dazu i. E. RNr. 157 ff.*

44 *Siehe RNr. 24 ff.*

45 *Für die Vaterschaftsfestst. siehe RNr. 24 f.*

46 Staudinger § 1718 BGB Anm. 85; Firsching S. 504; insoweit ist die Rechtslage bei Vaterschaftsfeststellung anders, *siehe RNr. 24 f.*

Da für ihn mit seiner freiwilligen Unterwerfung eine längerfristige Bindung entsteht, erscheint die Kontrolle des VG zu seinem Schutz ebenso erforderlich, wie bei einer vertraglichen Bindung nach § 1822 Ziff. 5 BGB. Gesetzeszweck und Interessenlage erfordern also eine analoge Anwendung von § 1822 Ziff. 5 BGB. Die Gegenansicht hebt hervor, daß das Rechtsgeschäft keinen Vertrag darstelle. Hier wird die grammatische Gesetzesauslegung überbetont.[47] Der Schutzzweck der Norm erfordert auch eine Anwendung auf einseitige Unterwerfungsurkunden.
Zusätzlich ist die Zustimmung des gesetzlichen Vertreters erforderlich.
Für das Kind selbst ist keine Genehmigung des VG erforderlich, da seine Interessen nicht berührt sein können.[48] Die ebenfalls in der Urkunde enthaltene Unterwerfungserklärung unter die Zwangsvollstreckung sowie die Festsetzung des Betrages des Regelunterhalts bedürfen keiner vormundschaftsgerichtlichen Genehmigung.

76   Muster der Niederschrift einer Verpflichtungserklärung:

AG Kassel   AZ: XY

Kassel, den 2. 2. 80

Vor dem Rpfl.[49] erscheinen:
Arbeiter Karl Meier,
Kassel,
Hauptstr. 30,
geb. am 31. 8. 48,
ledig, Deutscher.

Der Erschienene wies sich durch Personalausweis Nr. XY aus. Der Erschienene erklärte:

Ich habe zur Urkunde des AG Kassel vom 31. 10. 79, AZ XY, die Vaterschaft für das Kind Erika Schmitt geb. am 17. 8. 79 in Kassel anerkannt. Ich verpflichte mich, dem Kind ab Geburt bis zur Vollendung des 18. Lebensjahres den Regelunterhalt mit einem Zuschlag von 20% zu zahlen. Ich unterwerfe mich der Festsetzung des Regelunterhalts im Verfahren nach §§ 642a ff. ZPO. Zur Abwendung der Festsetzung des Regelunterhalts verpflichte ich mich, dem Kind monatlich 275 DM im voraus zu zahlen. Ich unterwerfe mich insoweit der sofortigen Zwangsvollstreckung. Anzurechnende Sozialleistungen in Höhe von 50 DM wurden berücksichtigt.

V. u. g.   Rpfl.

Verf.
Urkundsregister

---

47 KG FZ 71, 41
48 Anders beim Abfindungsvertrag, vgl. § 1615e II BGB. *Siehe RNr. 82*
49 *Zur Zuständigkeit siehe 2.1.3.1.3/10*

Begl. Abschrift an
a) Standesamt Kassel
b) Kindesmutter
c) Kind z. H. des Jugendamtes Kassel
Zusatz: Auf § 1600e BGB wird hingewiesen[50]

Z. d. A.

Wurde die Urkunde vom AG aufgenommen, bei dem die Vormundschaft geführt wurde, so erfolgt eine Eintragung im Urkundenregister. Die Urkunde selbst wird zum Vormundschaftsakt genommen. Die vollstreckbare Ausfertigung erteilt der Urkundsbeamte des Gerichts, bei dem die Urkunde verwahrt wird, § 797 ZPO. Hat der Notar beurkundet, so ist der Notar zuständig, der die Urkunde verwahrt, § 797 II ZPO.

3.2.2.2.7 Festsetzungsverfahren

Vom Titulierungsverfahren ist eindeutig zu trennen das sog. Festsetzungsverfahren. **77**
(2. Stufe.)
Im Betragsfestsetzungsverfahren setzt der Rpfl.[51] des AG, wo der Berechtigte seinen allgemeinen Wohnsitz hat,[52] gem. § 642a ZPO den **konkreten Betrag** fest. Der Beschluß ist ohne mündliche Verhandlung im maschinellen Verfahren zulässig, § 642a II, V ZPO. Das Verfahren kommt durch Antrag in Gang.[53] Festzusetzen sind nicht nur der Regelbetrag, sondern auch eventuelle Rückstände. Ist die Vollstreckung des Titels von zuvoriger Sicherheitsleistung abhängig, so ist diese Voraussetzung im Beschluß vom Rpfl. zu erwähnen.
Wird der Regelbedarf durch Rechtsverordnung geändert, so wird der Regelbedarf auf einen Antrag hin neu festgesetzt. Das gilt auch, wenn ein für die Berechnung des Betrages maßgeblicher Umstand[54] sich ändert. Zuständig ist das AG des ersten Beschlusses, § 642b ZPO. Daneben ist ein Verfahren nach § 323 ZPO denkbar, wenn sich die individuellen Verhältnisse, die vom Regelunterhaltsverfahren nicht erfaßt sind, ändern. (Einkünfte des Vaters verbessern sich.) Dann handelt es sich nicht um Umstände, die für den Regelunterhalt maßgeblich sind.[55]
Ist ein Verfahren nach § 323 ZPO anhängig, so kommt die Aussetzung des Regelunterhaltsverfahren in Betracht, § 642b II BGB.[56] Für das Änderungsverfahren gilt das zum Verfahren der Erstfestsetzung Ausgeführte entsprechend. Die Rechtsmittel gegen beide Beschlüsse sind bei Entscheidung des Rpfl. binnen einer Notfrist von 2 Wochen die Erinnerung, § 11 I RpflG, gegen die Richterentscheidung die sofortige Beschwerde. Die weitere Beschwerde ist nicht gegeben, §§ 642a III, 642b I 3 ZPO.

---

50 Formvorschrift für die Zustimmungserklärung des Kindes zur Anerkennung, *siehe RNr. 27*
51 § 20 Ziff. 11 RpflG
52 § 642a IV ZPO
53 Der Antrag kann auch vom Vater gestellt werden und sollte begründet sein. Antragstellung ist auch vor dem Urkundsbeamten der Geschäftsstelle gegebenenfalls unter Verwendung von Vordrucken möglich. (Bescheinigungen müssen beigefügt werden.)
54 Z. B. Änderung der Kindergeldbezüge
55 *Zur Klage nach § 323 ZPO siehe RNr. 64*
56 Nur wenn Erfolgsaussichten bestehen, vgl. Baumbach § 642b Anm. 3

3.2.2.2.8 Beschlußmuster

78   AG Kassel   AZ: YX
                                                                           Kassel, den
Beschluß

In der Unterhaltssache

Rubrum

wird der im Urteil des AG Kassel vom 4. 4. 79, AZ XY, titulierte Unterhalt wie folgt
festgesetzt: Der Antragsgegner hat monatlich 275 DM an den Antragsteller als
Regelunterhalt zu leisten.
Das Urteil des AG Kassel ist rechtskräftig.

Berechnung des Regelunterhalts:
Der Regelbedarf beträgt nach der RVO der Bundesregierung für Kinder im Lebens-
alter von . . . Jahren . . . DM monatlich zuzüglich eines Zuschlags von . . .% des
Regelbedarfs.
Kindergeld ist gem. § 1615g BGB zur Hälfte von einem Betrag von . . . DM
angerechnet worden.
Die Kosten des Verfahrens hat der Antragsgegner zu tragen.[57]

Verfügung
1. Beschluß zustellen an
   a) Antragsgegner
   b) Antragsteller
2. 2 Wo nach ZU[58]

Unterschrift Rpfl.

79   Zur Abwendung der gebührenpflichtigen Neufestsetzung kann sich der Vater auch in
einer vollstreckbaren Urkunde dem Unterhalt freiwillig unterwerfen. Der Rpfl.
fertigt eine Niederschrift an.[59, 60]

Beispiel:

AG Kassel   AZ: XY   Kassel, den

Es erschien
der Angestellte Gerd Müller, geb. am 31. 8. 48 in Kassel, Deutscher, ledig
ausgewiesen durch Personalausweis Nr. XY

---

57 § 92 ZPO; auf konkrete Zahlen wurde verzichtet, da sie sich jederzeit ändern können
58 Nach Rechtskraft vollstreckbare Ausfertigung an Antragsteller und Kosten
59 *Siehe RNr. 75*
60 Zum nunmehr wenig bedeutsamen Umstellungsverfahren von Titeln, die aus der Zeit vor
    dem 1. 7. 70 stammen, vgl. Art. 12 § 14 NEhelG; Baumbach § 642 ZPO Anm. 5

und erklärte: Nach dem Urteil des AG Kassel vom 2. 2. 79, AZ XY, bin ich verpflichtet, für das Kind Werner Schmitt, Kassel, Schillerstr. 9, geb. am 1. 11. 78, Regelunterhalt ohne Zuschlag zu zahlen. Zur Abwendung der Neufestsetzung verpflichte ich mich nunmehr, dem Kind monatlich Unterhalt in Höhe von . . . DM zu zahlen.[61] Ich unterwerfe mich insoweit der sofortigen Zwangsvollstreckung. Anzurechnendes Kindergeld wurde in Höhe von . . . DM berücksichtigt. Der Gläubiger soll eine vollstreckbare Ausfertigung dieser Niederschrift haben.

v. u. g.   Unterschriften

Wenn der Regelunterhalt im Titel mit Zu- oder Abschlägen angegeben wurde, gilt das vereinfachte Festsetzungsverfahren gleichwohl.

3.2.2.2.9 Stundung und Erlaß

Ob rückständige Unterhaltsbeträge gestundet werden, wird allein im Unterhaltsprozeß entschieden. Eine Stundung ist aber nicht nur bei durch Urteil titulierten Ansprüchen, sondern auch bei Titeln aus gerichtlichen Vergleichen oder notariellen bzw. gleichgestellten Urkunden denkbar. Dann kommt eine eigenständige Stundung in Frage. Materielle Grundlage ist immer nach § 1615i BGB, daß die Stundung der Billigkeit entspricht. Die nachträgliche Stundungsentscheidung trifft der Rpfl. beim AG[62, 63] ohne mündliche Verhandlung durch Beschluß, § 642f BGB. Das Verfahren setzt auch hier wieder einen Antrag voraus. Die Stundungsentscheidung kann auch abgeändert werden.
Voraussetzung einer erfolgreichen Abänderung ist, daß sich die Verhältnisse, die eine Stundung gerechtfertigt haben, nachträglich verändert haben (z. B. erhebliche Verbesserung der wirtschaftlichen Verhältnisse des Verpflichteten, Verzug mit der Ratenzahlung). Ist eine Abänderungsklage nach § 323 ZPO anhängig, so ist eine Verbindung mit diesem Verfahren zweckmäßig, da in diesem Verfahren ohnehin die Leistungsfähigkeit des Verpflichteten und die Bedürfnisse des Berechtigten neu zu beurteilen sind.[64]
Rechtsmittel gegen die Entscheidung des Rpfl. ist die befristete Erinnerung, §§ 11 RpflG, 642f, 642a III ZPO. Gegen die Entscheidung des Richters gibt es die sofortige Beschwerde, §§ 642f I 2, 642a III ZPO. Ist die Verbindung mit der Klage nach § 323 ZPO herbeigeführt worden, so ist keine isolierte Beschwerde denkbar.
Für den Erlaß gilt das zur Stundung Ausgeführte sinngemäß, § 1615i II BGB.
Ist der Unterhaltstitel in einer Klage nach § 643 gemeinsam mit der Vaterschaftsfeststellung erstritten worden, so wurde der Regelunterhalt ohne weiteres festgelegt. Ob Abweichungen nach oben oder unten notwendig sind, darf in einem solchen Verbund nicht geprüft werden, § 643 I 2 BGB. Die Untersuchung eventueller Abweichungen bleibt einem gesonderten Verfahren vorbehalten, § 643a ZPO.
Um möglichst bald Klarheit über die Höhe des Unterhalts zu haben, ist eine **Dreimonatsfrist** gesetzlich normiert, die ab Rechtskraft des Festsetzungsbeschlusses läuft. Die Frist hat verschiedene Wirkungen. Wird auf Erlaß oder Stundung rückstän-

80

---

61 *Siehe 3.2.2.2.8/56*
62 § 20 Ziff. 11 RpflG
63 Allg. Gerichtsstand nach §§ 22 ff. GVG, 13 GVG
64 Baumbach § 642f ZPO Anm. 3

diger Unterhaltsbeträge geklagt, so kann das nur innerhalb der Frist geschehen, § 643a II 2 ZPO. Klagen auf Herabsetzung oder Erhöhung sind zwar auch noch nach Ablauf der Frist möglich, sie geben jedoch bei Erfolg nur eine Abänderung vom Zeitpunkt der Klageerhebung ab. Wird dagegen innerhalb der 3 Monate geklagt, so werden auch noch zurückliegende Beträge erfaßt, § 643a II 1 ZPO. Die Frist beeinflußt auch die Zuständigkeit. Nach § 643a III ZPO sind fristgerechte Klagen bei dem Gericht der Vaterschaftsfeststellung zu erheben. Danach gilt der allgemeine Gerichtsstand. Wird in den Fällen der Verfahrensverbindung nach § 643 ZPO nur nachträgliche Stundung verlangt, so wird darüber in einem vereinfachten Beschluß-verfahren durch den Rpfl. entschieden.[65] Eine mündliche Verhandlung ist hier freigestellt.[66] Rechtsmittel gegen die Entscheidung sind auch hier die befristete Erinnerung und die sofortige Beschwerde, §§ 643a III, 643a IV ZPO. Die Kosten richten sich nach Nr. 1167 Kostenverz. Danach betragen die Gerichtskosten z. Z. 10 DM.

Die Mutter hat einen Anspruch gegen den Vater auf Erstattung der Entbindungskosten, § 1615k BGB. Zusätzlich steht ihr der Unterhaltsanspruch nach § 1615l BGB zu. Danach kann sie 6 Wo. vor und 8 Wo. nach der Geburt vom Vater Unterhalt verlangen.

3.3 Unterhaltsansprüche der Eltern gegen das Kind

81   Daß Eltern von ihren Kindern Unterhalt verlangen, ist in der Praxis relativ selten, da Bedürftigkeit der Eltern bei gleichzeitiger Leistungsfähigkeit der Kinder die Ausnahme darstellt. Dogmatischer Ausgangspunkt für die Unterhaltspflicht der Kinder ist wiederum § 1601 BGB, wonach ganz allgemein Verwandte in gerader Linie – egal ob auf- oder absteigend – einander verpflichtet sind, Unterhalt zu leisten.[1] Das gilt für eheliche und nichteheliche Abkömmlinge gleichermaßen.[2] Kindespflicht geht Elternpflicht vor. Im übrigen gelten für den Unterhaltsanspruch der Eltern die allgemeinen Regeln.[3]

Eine Sondernorm des Sorgerechts gibt weitere Auskunft über die Unterhaltspflicht der Kinder gegenüber den Eltern. Gem. § 1649 II BGB können Eltern Einkünfte aus dem Vermögen des Kindes, die nicht zur ordnungsmäßigen Verwaltung benötigt werden, u. a. für ihren eigenen Unterhalt verwenden. Der Grund der Begünstigung liegt in der **Solidargemeinschaft** dieser Blutsverwandten. Bedürftigkeit der Eltern ist in diesem Fall nicht Voraussetzung, da die Eltern dann schon nach allgemeinen Grundsätzen unterhaltsberechtigt sind. Die Norm wird im Fall der Elternbedürftigkeit gegenstandslos.[4]

---

65 § 20 Ziff. 11 RpflG
66 §§ 642a II, 643a IV 2 ZPO
 1 *Zum Rangverhältnis siehe RNr. 51*
 2 Palandt § 1589 BGB Anm. 3; derselbe § 1606 BGB Anm. 2
 3 *Siehe RNr. 47 ff.*
 4 H. M. vgl. Gernhuber S. 839; a. A. Paulick FZ 58, 6, der offensichtlich das Verhältnis von lex spezialis zu lex generalis verkennt

Die Verwendung selbst muß der Billigkeit entsprechen. Das ist den Vermögens- und Erwerbsverhältnissen zu beurteilen. Es bleibt also für die Anwendung des § 1649 II BGB der seltene Fall, daß Eltern zwar nicht bedürftig sind, die Voraussetzungen die Vermögenserträge aber ihr eigenes Einkommen bei weitem übersteigen. In erster Linie erscheint aber bei gutem Elterneinkommen zunächst Anlage der Erträge angezeigt. Ein Verbrauch für den Familienunterhalt ist insbesondere dann unangemessen, wenn besondere Ausgaben für Gesundheit oder Ausbildung des Kindes erforderlich sind. § 1649 II BGB gibt den Eltern lediglich eine Befugnis, ob sie davon Gebrauch machen steht in ihrem freien Ermessen. Die Vorschrift findet auch nach Scheitern der Elternehe Anwendung.[5] Unbillig ist aber die Begünstigung des nichtsorgeberechtigten Elternteils, wenn Kindesvermögen vom anderen Elternteil stammt.[6] Die Befugnis der Eltern endet mit der Eheschließung des Kindes oder mit dessen Volljährigkeit, § 1649 II BGB.

3.4 Unterhaltsverträge

Unterhalt ist häufig Gegenstand vertraglicher Vereinbarungen. Die Verträge sind **82** grundsätzlich formfrei. Bei Unterhalt auf Lebenszeit ist Schriftform erforderlich, § 761 BGB.
Der Vertrag kann die Unterhaltspflicht unabhängig von der Bedürftigkeit und der Leistungsfähigkeit festschreiben.[1] Eine Abänderungsklage nach § 323 ZPO ist dann ausgeschlossen. Ein vertraglicher Erlaß ist unzulässig, § 1614 BGB.
Abfindungsverträge zwischen Vater und nichtehelichem Kind sind zulässig, wenn sie nicht einen unentgeltlichen Verzicht für die Zukunft enthalten, § 1615e BGB. Bei diesem Vertrag wird das Kind wegen der Gefahr einer Interessenkollision von einem Pfleger gem. § 1706 BGB vertreten. Der Unterhaltsvertrag ist für das Kind gefährlich, weil der Pfleger u. U. zur Vermeidung von ständigen Schwierigkeiten bei der Verfolgung des Unterhaltsanspruchs nachteilige Absprachen in Kauf nimmt. Deshalb ist ein Genehmigungsverfahren vorgesehen.
Ist der Berechtigte nicht voll geschäftsfähig, so bedarf der Abfindungsvertrag der Genehmigung des VG, § 1615e II BGB. Unter die Genehmigungspflicht fällt jede Vereinbarung und damit auch der gerichtliche Vergleich oder ein Abfindungsvertrag über Schadensersatzansprüche aus § 844 II BGB.[2] Entscheidungskriterium für das Erteilen der Genehmigung ist für das VG das Wohl des Kindes. Es sind die Gesamtumstände zu ermitteln, wie der Gesundheitszustand der Beteiligten oder deren Alter. Die Erwerbs- und Vermögensverhältnisse des Vaters und die zukünftige Lebensstellung der Mutter sind auszuforschen. Ebenso spielt der Erziehungsaufwand und das Prozeßrisiko im Genehmigungsverfahren eine Rolle.[3] Die Angemessenheit der Gegenleistung für den Verzicht ist nach den zu erwartenden Bedürfnissen des

---

5 Soergel § 1649 BGB Anm. 2; Zöllner FZ 59, 395
6 Vgl. Lüderitz FZ 75, 613
1 Grundlegend RGZ 164, 369; u. U. kommt eine Vertragsanpassung bei erheblicher Veränderung der Umstände nach den Grundsätzen über den Wegfall der Geschäftsgrundlage in Betracht
2 A. A. AG Gemünden FZ 72; 659
3 KG FZ 73, 275

Kindes zu beurteilen.[4] Vor- und Nachteile sind gegeneinander abzuwägen. Bei nicht sofortiger Auszahlung ist die Aufnahme einer Unterwerfungsklausel notwendig nach § 794 Ziff. 5 ZPO, da die Gefahr für das Kind so gering wie möglich gehalten werden muß.[5] Im Zweifel sind durch den Abfindungsvertrag zwischen Vater und Kind auch die Ansprüche des Kindes gegen die übrigen väterlichen Verwandten mit erledigt, § 1615e III, IV BGB.

Nicht mit umfaßt sind die Ansprüche der Verwandten gegen das Kind und dessen Abkömmlinge. Eine derartige Auslegung würde die Vereinbarung zum unzulässigen Vertrag zu Lasten Dritter machen.[6] Zuständig für das Genehmigungsverfahren ist der Rpfl., § 3 Ziff. 2a RpflG.

Bei den Amtsermittlungen im Verfahren bedient sich das VG der Hilfe des Jugendamtes nach § 48 JWG.

Verpflichtet sich der volljährige Vater zu einem Betrag unterhalb des Regelbedarfs und ist das ordnungsgem. vertretene Kind damit einverstanden, so ist für die Erklärung des Kindervertreters eine Genehmigung des VG auch unter dem Gesichtspunkt des § 1822 Ziff. 12 BGB erforderlich, da in dem Vertrag ein Vergleich enthalten ist, der über den Streitgegenstand von 3000 DM hinausgeht. Zusätzlich ist bei einem nicht voll geschäftsfähigen Vater für diesen die Genehmigung des VG notwendig, § 1822 Ziff. 5 BGB.[7] Für die Unterwerfungserklärung nach § 794 I Ziff. 5 ZPO in dem Abfindungsvertrag ist die vorherige Zustimmung des VG erforderlich.[8]

---

4 LG Köln DA 77, 142
5 Firsching S. 505
6 Vgl. Gernhuber S. 936
7 *Siehe RNr. 133*
8 *Siehe RNr. 79*

4 Elterliche Sorge

4.1 Grundkonzeption

4.1.1 Sorgerecht im Wandel

4.1.1.1 Väterliche Gewalt

Gesetzeshistorisch gesehen war ursprünglich der Begriff der väterlichen Gewalt für **83**
das Sorgerechtsverhältnis zwischen Eltern/Kind maßgeblich. Die Ausübung des
Erziehungsrecht lag vorwiegend in der Hand des Vaters. Der Vater hatte bei den
ehelichen Kindern die eigentliche Entscheidungskompetenz. Bei nichtehelichen Kindern trat an seine Stelle der Vormund. Der Mutter blieb die tatsächliche Personensorge vorbehalten. Nur im Ausnahmefall übernahm sie die Rolle des Vaters.

4.1.1.2 Gleichberechtigung bei der elterlichen Sorge

Die väterliche Dominanz im Sorgerecht ist unter der Geltung des Art. 3 GG beseitigt **84**
worden. An die Stelle väterlicher Gewalt trat **elterliche Gewalt.** Dadurch war an die
Stelle des ausschließlichen Vaterrechts ein gleiches, grundsätzlich gemeinsam auszu-
übendes[1] Elternrecht getreten, das nur im Streitfalle zugunsten eines väterlichen
Entscheidungsvorrangs zurückwich.[2] Aber auch diese Regelung wurde als mit Art. 3
GG unvereinbar verworfen.[3] Infolge der dadurch entstandenen Gesetzeslücke hatte
die gerichtliche Praxis bei fehlender Elterneinigung die Anrufung des VG für zulässig
gehalten, das die Entscheidung eines Elternteils bestätigte, mißbilligte oder selbst
entschied.[4] Diese von der Rechtsprechung entwickelte Gleichstellung zwischen Vater
und Mutter ist nunmehr durch das Sorgerechtsreformgesetz vom 1. 1. 1980 bestätigt
worden.[5]

4.1.1.3 Sorgerechtsreform von 1980

Aber nicht nur die Gleichstellung beider Elternteile ist Entwicklungstendenz im **85**
Sorgerecht. Geändert hat sich insbesondere auch die **Position der Kinder.** Sie sind aus
der Rolle der gewaltunterworfenen Rechtsobjekte in die Stellung **gleichberechtigter
Erziehungspartner** getreten. Ausgangspunkt dieser Entwicklung ist die Judikatur des
BVerfG zur Rechtsstellung der Kinder in grundrechtlicher Hinsicht. Das Gericht

---

1 BGHZ 30, 308
2 Vgl. §§ 1628, 1629 i. d. F. des Gleichberechtigungsgesetz von 1953
3 Vgl. BVerfG NJW 59, 1483
4 BGHZ 20, 313
5 *Siehe RNr. 85*

entwickelte in diesem Zusammenhang folgenden Grundsatz: »Das Kind ist ein Wesen mit eigener Menschenwürde und dem eigenen Recht auf freie Entfaltung der Persönlichkeit i. S. von Art. 1 und 2 I GG. Eine Verfassung, welche die Würde des Menschen in den Mittelpunkt des Wertsystems stellt, kann in der Ordnung zwischenmenschlicher Beziehungen niemandem Rechte an der Person eines anderen einräumen, die nicht zugleich pflichtgebunden sind und die Menschenwürde des anderen respektieren. Die Anerkennung der Elternverantwortung findet daher ihre Rechtfertigung darin, daß das Kind des Schutzes und der Hilfe bedarf, um sich zu einer eigenverantwortlichen Persönlichkeit innerhalb der Gemeinschaft zu entwickeln, wie sie dem Menschenbilde des GG entspricht.«[6]

Inhaltlich bedeutet dieser Grundsatz u. a., daß während der Entwicklung des Kindes der Wille mit zunehmendem Alter und Verständnis immer mehr berücksichtigt werden muß und ab einem gewissen Alter Entscheidungen nicht mehr gegen den Willen des Kindes getroffen werden können.[7]

Der Gesetzgeber hat versucht, diesem Verfassungsauftrag durch das neue Sorgerecht zu entsprechen. Zahlreiche Normen des materiellen Rechts verbessern nunmehr die Rechtsstellung des Kindes.

Aus § 1626 BGB n. F. ergibt sich z. B. die **günstigere Kindesposition.** Früher konnten und wurden schwerwiegende Entscheidungen über den Kopf des Kindes zu seinen Ungunsten getroffen. Nach heutiger Rechtslage[8] muß das Kind an der Entscheidung beteiligt werden. An die Stelle der automatischen Entscheidung des Gewaltinhabers ist das Gespräch mit dem Kind und seine Beteiligung getreten. Des weiteren kommen diese Tendenzen in § 1631a II BGB zum Ausdruck. Nehmen die Eltern bei der Ausbildung offensichtlich keine Rücksicht auf die Wünsche und Neigungen des Kindes, so kann das VG an deren Stelle treten.[9]

Eigene Antragsbefugnisse des Kindes kennt das Sorgerecht immer noch nicht.[10]

Die Rechtsstellung des Kindes ist auch dadurch verbessert, daß der Staat in Mißbrauchsfällen ohne Verschulden der Eltern in das Sorgerecht eingreifen kann, § 1666 BGB. Der Vormundschaftsrichter soll in diesem Zusammenhang auch Willenserklärungen abgeben können (z. B. Abschluß eines Rechtsgeschäfts, Einwilligung zur Operation), während bislang zweifelhaft war, ob in diesen Fällen ein Ergänzungspfleger bestellt werden mußte.[11] Aus der stark verbesserten Rechtsstellung des Kindes wird gerade im Zusammenhang mit §§ 1666, 1631a BGB eine weitere grundsätzliche Tendenz deutlich. Der Gesetzgeber verstärkt die Einflußmöglichkeiten des Staates dort, wo private Erziehung versagt.

---

6 BVerfG E 24, 144

7 *Siehe z. B. die religiöse Erziehung der Kinder, RNr. 98*

8 Inwieweit das in der Praxis immer geschieht, bleibt offen. Das neue Sorgerecht baut auf den Pflichtcharakter des Elternrechts und vertraut auf die läuternde Kraft des Gesprächs innerhalb der Familie. Durch das neue Recht hat der Gesetzgeber insoweit interessante Wege beschritten. Er hat nicht – wie häufig – das positive Recht einer gesellschaftspolitisch dem Recht enteilten Wirklichkeit nachträglich angepaßt, sondern die Normen des Sorgerechts als Leitideen den Betroffenen vorgegeben in der Hoffnung, die Familien würden sich seinen besseren Einsichten aufgeschlossen zeigen und entsprechend verhalten

9 *Siehe zur Berufsausbildung RNr. 99*

10 Ganz offensichtlich war das dem Gesetzgeber zu weitgehend, zumal das Recht auf Irrtum in Einzelfragen als im Elternrecht enthalten begriffen wird

11 *Zu § 1666 BGB siehe RNr. 161*

Äußerlich sichtbar wird die Reform durch die Ersetzung des Wortes Gewalt durch Sorge.[12] Der Begriff der elterlichen Gewalt war vielfach dadurch in Mißkredit gekommen, daß man darunter tatsächliche Gewalt verstand. Auch theoretisch wurde das Kind als Objekt eines subjektiven Elternrechts gedacht.[13] Der soziologische Begriff der Sorge wird nunmehr zum Ausgangspunkt des Rechtsverhältnisses Eltern- –Kind gemacht.

Auch verfahrensrechtlich hat sich die Position des Kindes erheblich verändert. Das ergibt sich aus der Neufassung der **Anhörungspflichten** im Verfahren **vor** dem **Gericht**, §§ 50a ff. FGG, 48a JWG. In dem ihm übertragenen Verfahren nimmt der Rpfl. die Anhörungen vor, sonst ist der Richter zuständig. Der Anhörungspflicht wird durch eine Anhörung in einem anderen Verfahren z. B. vor dem Jugendamt nicht genügt.[14] Unterbleibt die Anhörung, obwohl sie vom Gesetz obligatorisch vorgesehen ist, so handelt es sich um eine Gesetzesverletzung i. S. § 27 FGG, d. h. die angeordnete Maßnahme ist unwirksam.

Im einzelnen gilt zur Anhörung folgendes:

Die sorgeberechtigten Eltern sind in jedem Falle anzuhören, § 50a I 1 FGG. In den Verfahren der Personensorge soll angehört werden, bei Verfahren nach §§ 1666, 1666a BGB ist deren Anhörung zwingend, §§ 50a I 2, 3 FGG. Für den nichtsorgebe- rechtigten Elternteil gilt § 50a II FGG. Seine Anhörung erfolgt nicht, wenn eine Aufklärung nicht erwartet werden kann. Auch Kinder hat das Gericht nunmehr grundsätzlich anzuhören, wenn Neigungen, Bindungen oder der Wille des Kindes von Bedeutung sind, § 50b I FGG. Bei Kindern nach Vollendung des 14. Lebensjahres hört das Gericht im Personensorgeverfahren stets persönlich an, § 50b II FGG.[15] Bei vermögensrechtlichen Angelegenheiten kommt eine persönliche Anhörung nur in Frage, wenn sie angezeigt erscheint, § 50b II 2 FGG. Die Anhörung soll so erfolgen, daß das Kind ohne Nachteile für seine Entwicklung oder Erziehung über das Verfahren als solches unterrichtet wird, wobei Gelegenheit zur Äußerung gegeben werden soll, § 50b II 3 FGG. Wegen der Schädigungsgefahr soll vermieden werden, daß das Kind totale Aktenkenntnis erlangt.[16] In Fällen der zwingenden Anhörung wegen Neigung, Bindung oder Wille des Kindes sowie nach Vollendung des 14. Lebensjahres darf nur aus schwerwiegenden Gründen davon abgesehen werden, § 50b III 1 FGG. Sie muß nachgeholt werden, wenn sie nur wegen Gefahr im Verzuge unterblieben ist. Die Anhörung der Pflegeperson[17] hat zu erfolgen. Wenn eine Aufklärung nicht erwartet werden kann, darf sie unterbleiben, § 50c FGG. Die Anhörung des Jugendamtes richtet sich nach § 48a JWG. Eine Anhörung von Dritten kann aus Gründen der Amtsaufklärung in Frage kommen, § 12 FGG. Bei vermögens- rechtlichen Fragen ergibt sich die Verpflichtung zur Anhörung der Pflegeperson nicht aus § 50c FGG. Sie kann aber hier auch aus § 12 FGG in Betracht kommen.

---

12 Weitere Beispiele für Stärkung der Kindesposition: § 1671 BGB, beachtlicher Kindeswille bei der Entscheidung über Sorgerecht bei Scheidung *(RNr. 147);* § 1634 BGB, gegen Kindeswille ist ein Umgang des nichtsorgeberechtigten Elternteils unmöglich *(siehe RNr. 103)*

13 Gernhuber S. 707

14 OLG Karlsruhe Rpfl. 50, 566 f.

15 Die Altersgrenze ist mit § 59 FGG abgestimmt

16 Vgl. Bundestagsdrcks. 8/2788 S. 74

17 Z. B. bei Maßnahme nach § 1632 IV BGB

4.1.2 Inhalt des Sorgerechts

86 Inhaltlich umfaßt das elterliche Sorgerecht – wie schon bei der elterlichen Gewalt –   **86**
die **Personensorge** und die **Vermögenssorge**, §§ 1626 I BGB. Darunter fällt auch die
Gesamtvertretung bei Rechtsgeschäften. Beide Elemente des Sorgerechts sind Bestandteil des unverzichtbaren Elterngrundrechts aus Art. 6 II GG.
Ein bestimmtes Erziehungsziel wird im Gesetz nicht ausdrücklich genannt.[18] Erwähnt
wird lediglich der Weg, § 1626 II BGB: Die Eltern müssen bei der Erziehung die
wachsenden Fähigkeiten des Kindes berücksichtigen und das wachsende Bedürfnis
des Kindes zu selbständigem verantwortungsbewußtem Handeln.[19]
Die Eltern besprechen mit dem Kind, wenn es nach dem Entwicklungsstand angezeigt ist, Fragen der elterlichen Sorge und streben Einverständnis an.
Inhaltlich besteht die Notwendigkeit, die elterliche Sorge(pflicht) zu präzisieren. Das
GG gibt mit Art. 6 II GG in seinem Grundrechtskatalog eine wesentliche Orientie-
rungshilfe. Danach gilt: Die elterliche Sorge ist Ausfluß und Betätigungsrahmen der
natürlichen Verbindung und Zuneigung zum Kind.[20] Im Vordergrund steht die
Entwicklung des Kindes zu einer selbständigen Persönlichkeit und einem tauglichen
Glied der Gesellschaft.[21] Die elterlichen Befugnisse und Pflichten sind am »Wohl des
Kindes« zu orientieren. Dazu gehören zweifelsfrei eine höhere Bildung und das
Aufwachsen in Harmonie.[22, 23] Diese Werte als Bestandteil des Kindeswohl müssen
innerhalb einer gewissen Kontinuität der elterlichen Entscheidungen herbeigeführt
werden. Die Kontinuität sollte nur in Ausnahmefällen abgelegt werden.
Elterliche Sorge ist nicht für Angelegenheiten gegeben, in denen dem Kind ein
Pfleger bestellt ist, § 1630 BGB. Der Sorgerechtspfleger kommt in Betracht bei
§§ 1629 II, 1638, 1666–1670, 1671 IV, 1672, 1693 BGB. Die entspr. Formen der
Sorgerechtspflegschaft werden näher im jeweiligen Sachzusammenhang erörtert.[24]
Besteht Streit zwischen Eltern und Pfleger, so entscheidet das VG, § 1630 II BGB.[25]
Zuständig ist der Richter, § 14 Ziff. 5 RpflG.

4.1.3 Elterneinigung

87 Bereits einleitend ist klargestellt worden, daß beide Elternteile bei der Ausübung der   **87**
elterlichen Sorge gleichberechtigt nebeneinander stehen.[26] Das bedeutet aber keineswegs, daß immer beide Eltern die jeweiligen Einzelentscheidungen treffen müssen.
Faktisch obliegen dem die tatsächliche Personensorge Ausübenden die Kompetenzen

---

18 Vgl. Bundestagsdrcks. 7/2060 S. 15
19 Hier wird die Pflichtbindung der elterlichen Sorge sichtbar
20 Mit absolutem Rechtscharakter (Schadensersatzanspr. oder Unterlassungsanspr. gegen stö-
   rende Dritte gem. §§ 823, 1004 BGB)
21 Beitzke § 26 II; Gernhuber S. 709
22 Gernhuber a. a. O.
23 An dieser Stelle geht es ausschließlich um die allen Bereichen der elterlichen Sorge eigenen
   Wertmaßstäbe. Die einzelnen Fälle der elterlichen Sorge werden gesondert dargestellt.
   Siehe RNr. 96 ff.
24 *Siehe z. B. RNr. 106, 118, 151, 161 ff.*
25 Zur Ausnahme bei der religiösen Erziehung vgl. § 3 I REG. *Siehe RNr. 98*
26 *Siehe RNr. 84 ff.*

häufig allein (z. B. Mutter bestimmt die Mahlzeiten, Vater kauft Geburtstagsgeschenk). Man spricht in diesem Zusammenhang von vereinbarter oder natürlicher Aufgabenteilung.[27] Im übrigen bedarf es der Elterneinigung.

Dabei handelt es sich um ein Rechtsgeschäft – oder, wenn ein solches nur vorbereitet wird – um eine rechtsgeschäftsähnliche Handlung, für die die Regeln über Rechtsgeschäfte sinngemäß gelten.[28] Gegenstand der Einigung kann eine einzelne Frage oder ein ganzer Komplex sein. Gebunden sind die Eltern an ihre Einigung nicht, da Kindesinteresse insoweit eine Stabilität nicht erfordert. Etwas anderes gilt nur, wenn die Maßnahme bereits eingeleitet ist. Dann kommt allerdings der Widerruf in Frage.[29]

Bei Meinungsverschiedenheiten sind die Eltern zunächst zur gütlichen Einigung verpflichtet. Wegen des Fehlens der väterlichen Stichkompetenz gibt es im Nichteinigungsfalle nunmehr die Möglichkeit, den Staat als neutrale Instanz anzurufen, § 1628 BGB. Allerdings geht die staatliche Einflußnahme nicht weiter als nötig. Das VG kann nicht selbst entscheiden. Es legt fest, wer entscheidet (sog. Kompetenz-Kompetenz).

Die Hilfe des VG kann nur bei **Angelegenheiten von erheblicher Bedeutung** in Anspruch genommen werden. Diese Einschränkung soll verhindern, daß die Eltern in belanglosen Fragen das VG einschalten, um sich der Verantwortung zu entledigen.[30, 31] Das VG darf nur auf Antrag eines Elternteils tätig werden. Ein Antragsrecht des Kindes gibt es nicht, da es sich um einen **Erwachsenenkonflikt** handelt.[32] Das Gericht entscheidet nur eine Einzelfrage. Eine generelle Zuweisung käme dem Entzug der elterlichen Sorge für den anderen Elternteil gleich. Mit der Übertragung der Entscheidungskompetenz können Beschränkungen und Auflagen verbunden werden. Maßgebliches Entscheidungskriterium ist das Kindeswohl.[33, 34]

4.1.4 Ausübung durch Dritte

Elterliche Sorge ist ein höchstpersönliches Recht der Eltern, das aus einer unverzichtbaren Rechtsposition folgt. Allerdings kann das Recht zur Ausübung an Dritte überlassen werden. Das geschieht im allgemeinen durch formlosen Vertrag (z. B. Internatserziehung). Jede Abrede ist widerruflich, jede Klausel, die einen Widerruf der Vereinbarung ausschließt, ist nichtig.[35] Bei Familienpflege kann das VG auf Antrag der Eltern das Sorgerecht auf die Pflegeperson übertragen. Diese erhält dann die Stellung eines Pflegers, § 1630 III BGB. **88**

---

27 Der Handelnde muß den mutmaßlichen Willen des Nichtbeteiligten berücksichtigen
28 MünchnerK § 1627 BGB Anm. 8; Staudinger § 1627 BGB Anm. 18
29 MünchnerK a. a. O.; Soergel § 1627 BGB Anm. 4
30 Vgl. Bundestagsdrcks. 7/2060 S. 20
31 Z. B. bei Aufenthaltsbest. (OLG Frankurt FZ 61, 125), Vornamen (OLG Frankfurt FZ 57, 55)
32 Gernhuber S. 757
33 *Siehe RNr. 86*
34 Verfahrensrecht: Zuständigkeit §§ 43, 36 FGG; Richterzust. § 14 Ziff. 5 RpflG; Anhörung nach § 50a FGG; Änderung der Entscheidung, 1696 BGB; Rechtsmittel einf. Beschw. § 19 FGG
35 Gernhuber S. 706 m. w. Nachw.

4.1.5 Haftung

89 Soweit die Eltern das Kind kraft Gesetzes zu vertreten haben, sind sie **Sachwalter** des Kindes. Das Kind haftet nach § 278 BGB. Möglich ist allerdings ein Rückgriff gegen den eigentlichen Sorgeberechtigten, wenn das Sorgerecht nur beim anderen Elternteil oder bei einem Dritten liegt.[36] Eine Haftung aus § 831 BGB trifft dagegen das Kind nicht, da die Eltern keine Verrichtungsgehilfen sind.[37]

Ausübung der Sorge kann Fehlverhalten und Schäden mit sich bringen. Die Haftung des Sorgeberechtigten regelt § 1664 BGB. Die Eltern haften nur, wenn sie die Sorgfalt in eigenen Angelegenheiten vernachlässigt haben. Das gilt gem. § 277 BGB jedoch nur für den Fall der leichten und mittleren Fahrlässigkeit. Die Haftung für grobe Fahrlässigkeit und Vorsatz bleibt von § 1664 BGB unberührt. Sind beide Elternteile verantwortlich, so haften sie als Gesamtschuldner, § 1664 II BGB. Der Ausgleich findet nach § 426 II BGB statt.

Grund für die Haftungsmodifikation des § 1664 BGB ist die Familiengemeinschaft. Die Familiengemeinschaft ist zugleich Haftungsgemeinschaft. Obwohl die Vorschrift lediglich auf einen Haftungsmaßstab hinweist, gibt sie einen eigenen Anspruch auf Schadensersatz bei Verletzung der Verpflichtungen aus dem Sorgerecht. Es handelt sich also insoweit um subjektives Recht. Für andere Anspruchsgrundlagen aus dem Deliktsrecht hat § 1664 BGB haftungskorrigierende Funktion.

Besondere Probleme bringt die Geltendmachung des Anspruchs während des Bestehens der elterlichen Sorge mit sich. Sind beide Eltern Anspruchsgegner, so ergibt sich die Notwendigkeit eines Pflegers zwanglos. Aber auch wenn nur ein Elternteil passiv legitimiert ist, scheidet die Geltendmachung des Anspruchs durch den anderen Elternteil wegen §§ 1629 II BGB, 1795 Ziff. 3 (Interessenkollision) aus.[38] Es muß ein Pfleger bestellt werden.[39]

Dritten gegenüber haften die Eltern mit Ausnahme vom Sonderfall der Aufsichtspflichtverletzung nach § 832 BGB nicht. Insbesondere sind die §§ 1626 ff. BGB keine Schutzgesetze i. S. § 823 II BGB, die ziel- und zweckgerichtet den Schutz potentiell Geschädigter beabsichtigen.[40]

4.1.6 Aufwendungen

90 Eltern, die in Ausübung der elterlichen Sorge Aufwendungen gemacht haben, die nach den Umständen erforderlich waren, können vom Kind Aufwendungsersatz verlangen, sofern sie die Aufwendungen nach anderen Vorschriften nicht selbst tragen müssen (z. B. nach Unterhaltsrecht). Das ergibt sich aus § 1648 BGB. Ersatz von Aufwendungen bedeutet aber nicht, daß elterliche Sorge gegen Entgelt ausgeübt wird. Zeitverluste und Dienste werden nicht vergütet. Entschädigungsfähig bleiben z. B. Aufwendungen für den Erhalt des Vermögens. Die Eltern können die geschuldeten Beträge aus dem Vermögen des Kindes selbst entnehmen. § 181 BGB steht

---

36 Beitzke § 26 II 3
37 Allg. A. vgl. Erman § 1629 BGB Anm. 9; Soergel § 1626 BGB Anm. 22
38 *Siehe RNr. 115 f*
39 Palandt § 1664 BGB Anm. 1
40 Palandt § 1626 BGB Anm. 3; Erman § 1626 BGB Anm. 12

nicht entgegen.[41] Es wird lediglich eine Verbindlichkeit erfüllt. In der Praxis wird der Aufwendungsanspruch häufig erlassen, § 398 BGB. Das Verbot des In-sich-Geschäfts aus § 181 BGB steht auch diesem Erlaßvertrag nicht entgegen, da das Rechtsgeschäft für das Kind lediglich rechtlich vorteilhaft ist.

Für die Durchsetzung des Anspruchs ist nach Beendigung der elterlichen Sorge Leistungsklage vor dem Prozeßgericht erforderlich. Eine diesbezügliche Zuständigkeit des VG ist nicht ersichtlich.

4.1.7 Zwangsmaßnahmen

Elterliche Sorge muß durchsetzbar sein. Nur erzwingbaren Rechtsnormen haftet eine **91** größere Effektivität an.[42] Allerdings findet man im Sorgerecht eine größere Anzahl von Normen, dort wo es um Ausübung elterlicher Sorge gegenüber Kindern geht, die von den Eltern nicht mit staatlicher Hilfe in der Zwangsvollstreckung durchgesetzt werden können. Gleichwohl muß auch diesen Vorschriften vorwiegend aus dem Personensorgerecht Erzwingbarkeit anhaften. An die Stelle des Staatszwang ist der **Selbstschutz** getreten. Es gibt z. B. keine Klage der Eltern gegen das die elterliche Sorge mißachtende Kind. Sie ist selbst dann nicht möglich, wenn eine andere Rechtsgutverletzung mit der Sorgerechtsmißachtung geltend gemacht wird[43] (z. B. Eigentumsverletzung). Die Eltern üben vielmehr Rechtszwang in eigener Sache selbst aus. Diese Rechtsausübung ist begrenzt durch die geltenden Sittengesetze. Unzulässig sind mithin Zwangsmaßnahmen, die die Würde des Menschen tangieren.[44] § 1631 II BGB hebt diesen in der Verfassung wurzelnden Anspruch nunmehr deutlich hervor. Als entwürdigende Zwangsmaßnahmen kommen vorwiegend Leibesstrafen in Betracht. Aber auch freiheitsentziehende Maßnahmen oder völlige Mißachtung werden herkömmlicherweise zur Durchsetzung der Sorge eingesetzt. Nicht jede dieser Zwangsmaßnahmen ist schon von vornherein entwürdigend. Die Zulässigkeit hängt von der Dauer der Strafe und der Verhältnismäßigkeit ab. Auch körperliche Züchtigung soll nach h. M. durchaus geeignet sein, elterliche Sorge durchzusetzen.[45] Die gängige Form in der Rspr. lautet: Es geht nicht immer ohne Schläge ab.[46] Freilich soll das Recht zur Züchtigung begrenzt sein durch das Prinzip der Verhältnismäßigkeit und durch die Verfassung des Kindes. In schweren Fällen wird eine vorherige Abstimmung der Eltern gefordert.[47] Im Hinblick auf die Vielzahl der vorkommenden Kindesmißhandlungen erscheint diese Ansicht erheblichen Bedenken ausgesetzt, denn es werden schwierigere Abgrenzungsprobleme geschaffen.

---

41 MünchnerK § 1648 BGB Anm. 7; Soergel § 1648 BGB Anm. 2; Staudinger § 1648 BGB Anm. 11; Erman § 1648 BGB Anm. 4

42 Zu den Ausnahmen vgl. § 888 II ZPO

43 Palandt § 1631 BGB Anm. 5; Staudinger § 1632 BGB Anm. 5; Die fehlende Erzwingbarkeit durch staatliche Zwangsvollstreckung ergibt sich im jeweiligen Zusammenhang aus der Natur der Sache. Bei Erziehungsaufgaben der Eltern entspricht unsere Rechtsordnung dem Verlangen nach einer von staatlicher Beeinflussung freien Familie; *siehe RNr. 1 ff.*

44 *Siehe dazu RNr. 86*

45 Palandt § 1631 BGB Anm. 5; Diedrichsen FZ 78, 47

46 BGH JZ 77, 653

47 Palandt § 1631 BGB Anm. 5

Es stellt sich dann immer neu die Frage, wann sollen Eingriffe in die körperliche Integrität gerechtfertigt sein. So ist in der Rspr. das Festbinden der sittlich gefährdeten Tochter und das Kurzschneiden der Haare toleriert worden.[48] Eine ähnliche Entscheidung wäre vor dem Hintergrund der Rechtsauffassung unserer heutigen Zeit wahrscheinlich nicht mehr denkbar. Es erhebt sich aber sogleich die Frage, ob Zwangsmaßnahmen der angesprochenen Art überhaupt vor dem jeweiligen Zeitgeschmack zu beurteilen sind. Der Zeitgeschmack kann sich verirren und ist leicht beeinflußbar, wie die Geschichte gezeigt hat. Die körperlichen Zwangsmaßnahmen erscheinen vielmehr davon unabhängig immer an einer gleichbleibenden Vorstellung von der Kindeswürde meßbar zu sein. Danach scheiden aber Eingriffe in die körperliche Integrität ganz aus.[49]

Ein pädagogisches Argument ergänzt die verfassungsrechtlichen Bedenken. Die moderne Kinderpsychologie hat nachgewiesen, daß körperliche Züchtigungen nicht notwendig zur positiven Entwicklung der Persönlichkeit beitragen. Andere Erziehungsmaßnahmen erscheinen durchaus geeignet und ausreichend, den oben angesprochenen elterlichen Selbstschutz bei der Durchsetzung des Sorgerechts zu verwirklichen.[50]

4.1.8 Staatliche Unterstützung nach § 1631 III BGB

92 Wegen der fehlenden Möglichkeit der Eltern, ihre Kinder in Erziehungsfragen zu verklagen, stellt der Staat seine Organisation zur Unterstützung der Eltern bei Ausübung ihrer Sorge zur Verfügung. Gem. § 1631 III BGB hat das VG die Eltern auf Antrag bei der Ausübung der Sorge in geeigneten Fällen zu unterstützen. Bemerkenswert ist, daß sich der Staat in diesem Zusammenhang lediglich zur Unterstützung des privaten Erziehungsrechtes zur Verfügung stellt. Es handelt sich um eine Justizgewährung rein privatrechtlicher Natur.[51] Aus diesem Grund sind auch Eingriffe in das Sorgerecht eines widerstrebenden Elternteils verwehrt.[52]

Voraussetzung staatlichen Handelns ist zunächst in formeller Hinsicht ein Antrag eines personensorgeberechtigten Elternteils. Jeder Elternteil kann selbständig die staatliche Unterstützung in Anspruch nehmen, denn bei der Erziehung tritt er dem Kind als selbständige Erziehungspersönlichkeit gegenüber.[53] Der Antrag ist jederzeit frei widerruflich, was sich aus der privatautonomen Ausübung des Erziehungsrechtes ergibt. Die Unterstützung des VG muß nach dem Gesetzeswortlaut inhaltlich auf »geeignete Fälle« beschränkt bleiben. Das Gericht hat deshalb seine Hilfe zu versagen, wenn die beantragte Maßnahme dem Kindeswohl nicht entspricht. Eine eingehende Prüfung der gewollten Maßnahme wird daher notwendig.[54] Nicht erst im

---

48 BGH NJW 53, 1440
49 Zur Diskussion ausführlich Staudinger § 1631 BGB Anm. 33
50 Petri ZPO 76, 64; a. A. die h. M. Vgl. Palandt § 1631 BGB Anm. 5, der von der »verdienten Tracht Prügel« spricht. S. auch dort weitere Nachw.
51 Ganz anders motiviert ist sein Eingreifen im Rahmen der öffentlichen Jugendhilfe. Dort steht nicht private Elternunterstützung im Vordergrund, sondern das Interesse des Staates an einer funktionierenden Jugend. S. *RNr. 1 ff.*
52 OLG Hamm FZ 76, 285
53 Bundestagsdrcks. 8/2788 S. 49
54 OLG Karlsruhe OLGZ 66, 583; KG NJW 65, 870; Gernhuber S. 732

Mißbrauchsfalle darf das Gericht die Maßnahme ablehnen, sondern auch, wenn es der Meinung ist, die geplante Maßnahme sei unzweckmäßig oder nicht geboten.[55] Die vom VG zu ergreifenden Maßnahmen sind nicht alle aufgeführt. Es kommen nur zulässige Maßnahmen in Betracht, die nicht vorrangig anderer staatlicher Tätigkeit vorbehalten sind. So scheiden Strafmaßnahmen nach JGG[56], Fürsorgeerziehung[57] und Arrest[58] aus. In Frage kommen dagegen namentlich **Ermahnungen, Verweise und Vorladungen.** Auch die Unterbringung in geeigneten Familien oder im Heim sind taugliche Unterstützungsmaßnahmen. Das gleiche gilt für die Anordnung und Vollstreckung der Rückkehr in das Elternhaus.
In verfahrensrechtlicher Hinsicht ist noch bedeutsam, daß über den Antrag der Rpfl. entscheidet, § 3 Ziff. 2a RpflG. Das Unterstützungsverfahren unterliegt den Regeln des FGG. Mit der Ausführung der Anordnungen des VG kann das Jugendamt betraut werden, § 48c JWG. Im übrigen erfolgt die Vollstreckung der beschlossenen Maßnahme nach § 33 II FGG. Nach dieser Vorschrift hat der Vollstreckungsbeamte die Möglichkeit um **Unterstützung bei der Polizei** nachzusuchen. Das VG selbst kann die Polizei nicht anweisen.[59] Auch eine mittelbare Anweisung der Polizei durch Ermächtigung der Eltern scheidet aus.[60] Das ergibt die gesetzeshistorische Auslegung der Norm. Der Gesetzgeber hat eine zunächst vorgesehene Verpflichtungsmöglichkeit der Polizei später bewußt beseitigt.[61] Liegt allerdings ein Sachverhalt vor, der ein nach Polizeirecht rechtfertigt, wird ein entsprechender Hinweis des VG an die Polizei notwendig sein.

4.1.9 Dauer der elterlichen Sorge

4.1.9.1 Beginn und Ende der elterlichen Sorge

Die elterliche Sorge beginnt mit der Geburt des Kindes.[62]   **93**
Die Erlöschensgründe sind im jeweiligen Sachzusammenhang im Gesetz enumerativ aufgeführt. Sie erlischt z. B. durch Entzug durch das VG bei Mißbrauch, § 1666 BGB. Das Sorgerecht kann bei Vorliegen der Tatbestandsvoraussetzungen ganz oder teilweise entzogen werden.[63] Es kommt auch eine Entziehung nur der Personen- oder Vermögenssorge in Betracht. Das Sorgerecht kann in diesem Fall auch wieder aufleben. Darüber hinaus endet die elterliche Sorge mit Eintritt der Volljährigkeit,

---

55 OLG Neustadt FZ 64, 575; die Änderung des Gesetzestextes von »geeignete Maßregel« in »geeignete Fälle« hat die abweichende Ansicht überholt
56 Palandt § 1631 BGB Anm. 6
57 Beitzke § 27 II
58 Erman § 1631 BGB Anm. 10; Staudinger § 1631 BGB Anm. 40
59 Vgl. Gernhuber S 733 Fußn. 15; MünchnerK § 1631 BGB Anm. 31 Fußn. 83 a. A. OLG Düsseld. NJW 68, 454. Die Entscheidung verkennt den rein privatautonomen Charakter des Unterstützungsverfahrens. Eine Rechtsgrundlage für Anweisung der Polizei durch das *Gericht* ist nicht ersichtlich
60 So aber OLG Neustadt NJW 64, 575
61 Protokolle IV 574
62 Bereits vor der Geburt sind die Eltern zur Fürsorge gegenüber der Leibesfrucht verpflichtet (»Vorwirkung der elterlichen Sorge«)
63 *Siehe dazu ausführlich RNr. 161*

§ 1626 BGB.[64] Die elterliche Sorge ist auch bei Tod eines Ehegatten bzw. mit seiner Toderklärung beendet, § 1681 BGB.[65] Ist die Todeserklärung unrichtig, so kann der Ehegatte durch Erklärung an das VG die elterliche Sorge wiederherstellen. Die elterliche Sorge hat dann nur geruht. Eine automatische Verwirkung der elterlichen Sorge ist im Gegensatz zum früheren Recht nicht mehr vorgesehen. Vor dem 1. 1. 80 war die elterliche Gewalt bei Vergehen bzw. Verbrechen gegen das Kind verwirkt. In diesen Fällen kommt heute ein Verfahren nach § 1666 BGB in Betracht.[66]

Bei einem Minderjährigen, der verheiratet ist, beschränkt sich die Personensorge auf die Vertretung in persönlichen Angelegenheiten, § 1633 BGB.[67] Die tatsächliche Personensorge entfällt ersatzlos und geht nicht etwa auf den Ehegatten über. Bei Wiederauflösung der Ehe noch vor Eintritt der Volljährigkeit ändert sich daran nichts. Die tatsächliche Personensorge der Eltern lebt nicht wieder auf.

4.1.9.2 Konkurs der Eltern

94 Die Vermögenssorge endet als Bestandteil der elterlichen Sorge, wenn die elterliche Sorge insgesamt oder wenn nur die Vermögenssorge entzogen worden ist. Darüber hinaus enthält § 1670 BGB einen Sonderfall. Die Vermögenssorge eines Elternteils endet automatisch mit der Eröffnung des Konkursverfahrens über sein Vermögen. Hat er selbst das KO-Verfahren beantragt, so ist die Vermögenssorge schon ab seiner Antragsstellung beendet, da eine Gefährdung des Kindesvermögens schon ab diesem Zeitpunkt zu befürchten ist. Auch wenn eine Personengesellschaft in Konkurs fällt, an der ein Elternteil beteiligt ist, tritt die Rechtsfolge des § 1670 BGB ein. Wegen der persönlichen Haftung ist auch in diesem Fall von einer Gefährdung des Kindesvermögens auszugehen.

Ist der Konkurs beendet, so erlangt der ehemals Vermögenssorgeberechtigte nicht automatisch die Vermögenssorge zurück. Das Gesetz hat einen staatlichen Prüfungsakt dazwischengeschaltet. Der Rpfl. beim VG[68] überträgt dem Elternteil die Vermögenssorge durch Beschluß zurück, falls dies den Vermögensinteressen des Kindes nicht widerspricht, § 1670 II BGB. Die Entscheidung steht nicht im Ermessen des VG. Der Rpfl. muß die Vermögenssorge wieder erteilen, wenn besondere Anhaltspunkte für die Negativvoraussetzungen des § 1670 II BGB nicht gegeben sind.[69] Bei schlechter Vermögenslage der Eltern ist eine besonders sorgfältige Prüfung der Kindesinteressen angezeigt. U. U. kommt eine Rückübertragung unter gleichzeitiger Anordnung milderer Kontrollmaßnahmen in Betracht.

---

64 Im Adoptivfall erlischt die elterliche Sorge, da das Verwandtschaftsverhältnis zu den Eltern endet, § 1755 BGB. Mit der Aufhebung der Adoption lebt das Verwandtschaftsverhältnis wieder auf. Das hat jedoch nicht zur Folge, daß automatisch auch das Sorgerecht wieder auflebt. Vielmehr muß das VG die elterliche Sorge wieder zurückübertragen.

65 *Siehe RNr. 142*

66 *Siehe RNr. 161*

67 *Zur Vertretung in Personensorgeangelegenheiten siehe RNr. 96 f., 114*

68 Vgl. §§ 3 Ziff. 2a RpflG, 43, 36 FGG

69 Die Entscheidung ist deshalb auch gerichtlich überprüfbar, vgl. Gernhuber S. 746; Palandt § 1670 BGB Anm. 2

Ist nur bei einem Elternteil durch Konkurs die Vermögenssorge beendet, so kommt eine ausdrückliche Übertragung der Vermögenssorge auf den anderen Elternteil in Frage, § 1680 I3 BGB.[70]

4.1.9.3 Beispielbeschluß gem. § 1670 II BGB

Amtsgericht Kassel AZ: XYZ **95**

1. Beschluß
Dem Kaufmann Werner Appell geb. 31. 8. 1948
3500 Kassel, Hauptstr. 4
wird die Verwaltung des Vermögens seiner Kinder Heinz und Maria Appell, wohnhaft ebenda, rückübertragen.
Die am 1. 8. 1980 insoweit eingerichtete Pflegschaft des
Kurt Werner
3500 Kassel, Poststr. 5
wird aufgehoben.

2. Beschluß an:[71]
a) Werner Appell, w.o.
b) Pfleger, mit dem Ersuchen um Rückgabe der Bestallung und Schlußbericht.

3. WV: 4 Wo.

Kassel, den 8. 8. 1982 Rpfl.

4.2 Personensorge

4.2.1 Allgemeine Einführung

Gem. § 1631 BGB umfaßt die Personensorge insbesondere das Recht und die Pflicht, **96** das Kind zu pflegen, zu erziehen, zu beaufsichtigen und seinen Aufenthalt zu bestimmen. Der Gesetzgeber hat diese Aufzählung, wie sich aus dem Wort »insbesondere« ergibt, nicht abschließend gemeint. Herausgegriffen sind lediglich die klassischen Bereiche der Personensorge. § 1632 BGB erweitert ausdrücklich den Bereich der Personensorge. Die Personensorge umfaßt auch das Recht, das Kind von demjenigen herauszuverlangen, der es widerrechtlich vorenthält, § 1632 I BGB. Ferner beinhaltet sie nach § 1632 II BGB das Recht, den Umgang des Kindes zu bestimmen.

---

70 *Siehe dazu ausführlich RNr. 163;* für die gem. § 1671 II BGB vergleichbare Rechtslage bei Entzug der Sorge bei einem Elternteil, der nach §§ 1671f BGB allein sorgeberechtigt war, *siehe RNr. 153*
71 Die Entscheidung des VG ist durch Beschwerde überprüfbar, vgl. Palandt § 1670 BGB Anm. 2

Durch die exemplarische Aufzählung bleibt für die praktische Rechtsanwendung Gelegenheit, den jeweiligen individuellen Verhältnissen gerecht zu werden.[1] Vor dem Hintergrund der gesetzlich aufgezählten Begriffe haben sich in der Literatur und Rspr. 5 Bereiche herausgebildet, die den gesamten Inhalt der Personensorge herkömmlich abdecken: Fürsorge, Erziehung, Beaufsichtigung, Aufenthaltsbestimmung einschließlich Geltendmachung des Herausgabeanspruchs und Umgangsregelung.

4.2.2 Fürsorge

97 Fürsorge ist die Sorge um das leibliche Wohl des Kindes, seine Unterbringung, Verpflegung, Bekleidung und Gesundheit. Fürsorge umfaßt insbesondere auch das Recht und die Pflicht, für ärztliche Behandlung Rechnung zu tragen. Diese Pflicht besteht auch bei gegensätzlicher religiöser Überzeugung.[2] In der Regel wird die ärztliche Behandlung durch Abschluß eines Vertrages in Gang gesetzt, der die Eltern berechtigt und verpflichtet.[3] Allerdings ist auch das Kind selbst aus diesem Vertrag zugunsten Dritter berechtigt, § 328 BGB.[4] Die Eltern können allerdings auch als Vertreter des Kindes auftreten.[5] Dann ist das Kind selbst Vertragspartei.
Dem Kind muß grundsätzlich Unterkunft und Verpflegung im eigenen Haus gewährt werden. Darüber hinaus umfaßt die Fürsorgepflicht auch angemessene Bekleidung.[6] Auch die Vertretung des Kindes in Personensorgesachen gehört zur elterlichen Fürsorge. Dazu zählen z. B. Einwilligung zur Operation, Stellung eines Strafantrags nach § 77 III StGB, Ermächtigungen nach §§ 111, 112 BGB und das Führen von Rechtsstreitigkeiten, die Fragen der Personensorge betreffen.[7]
Es kann aber auch die Unterbringung in einer geschlossenen Anstalt anstehen. Dann haben die Fürsorgepflichtigen alles dazu Erforderliche zu veranlassen. Gem. § 1631b BGB ist für die Unterbringung die Genehmigung des VG erforderlich. Bloße Freiheitsbeschränkungen (z. B. Krankenhausaufenthalt) sind nicht genehmigungspflichtig. Die Genehmigung ist zu erteilen, wenn das Kindeswohl die Unterbringung erfordert. Läuft die Unterbringung dem Kindeswohl zuwider, so ist die Genehmigung zu versagen. Bei Gefahr im Verzuge kann sie nachträglich eingeholt werden. Das Verfahren richtet sich nach § 64a ff. FGG. Zuständig ist der Richter, § 14 Ziff. 10 RpflG. Örtlich zuständig ist das VG des Wohnsitzes, § 36 FGG. Eine Anhörung ist obligatorisch und kann nur ausnahmsweise unterbleiben, § 64a FGG. Immer ist die Einholung eines Sachverständigengutachtens erforderlich.[8]
Wesentliche Bedeutung im Rahmen der Fürsorge hat auch die Erteilung eines Vornahmens[9] und die Zustimmung zur Eheschließung bei Minderjährigkeit, § 3 EheG.

---

1 So gehört z. B. die Geltendmachung eines Unterhaltsanspr. zur Personensorge, vgl. BGH NJW 55, 217
2 OLG Hamm FZ 68, 221
3 Beitzke § 27 I
4 Zur stdg. Rspr. vgl. BGH VRS 55, 279; Erman § 328 BGB Anm. 19
5 *Siehe RNr. 114 ff.*
6 Insoweit kommt es zu Überschneidungen mit dem Unterhaltsrecht. *Siehe dazu RNr. 58*
7 Palandt, § 1626 BGB Anm. 4a bb)
8 Zum Verfahren i. E. Palandt § 1800 BGB Anm. 3
9 *Siehe RNr. 41*

4.2.3 Erziehung

Kern der Personensorge ist das Erziehungsrecht bzw. die Erziehungspflicht. Ziele der **98** privaten Erziehung sind wie bei der öffentlichen Jugendhilfe die leibliche, seelische und gesellschaftliche Tüchtigkeit, § 1 JWG. Dazu gehört zunächst die ausgewogene religiöse Erziehung des Kindes zwischen Selbstbestimmung durch das Kind und Fremdbestimmung durch die Eltern. Diesem Spannungsverhältnis trägt das REG hervorragend Rechnung[10], indem es das Maß der religiösen Selbstbestimmung vom Heranwachsen abhängig macht.[11]

Die **Religion** des Kindes wird zunächst vom Sorgeberechtigten festgelegt. Die Eltern entscheiden sich in einer freien widerruflichen Einigung, § 1 REG.[12, 13]

Ab dem 10. Lebensjahr ist das Kind vom VG in bestimmten Zusammenhängen anzuhören, §§ 2 III, 3 II 5 REG.[14] Nach Vollendung des 12. Lebensjahres darf es gegen seinen Willen nicht mehr in einer neuen Bekenntnisform erzogen werden. Mit 14 Jahren erhält es die volle Religionsmündigkeit, § 5 REG. Mit der Religionsmündigkeit erhält das Kind auch das Recht, über die Teilnahme am Religionsunterricht frei zu entscheiden.

Steht die Personensorge einem Pfleger zu, so bedarf dieser zur Bestimmung der Religion des Kindes der Zustimmung des VG, § 3 II REG. Über diese Genehmigung entscheidet der Richter, § 14 Ziff. 10 RpflG.

Steht Vater und Mutter die Personensorge neben einem Pfleger zu, so haben sie sich mit diesem zu beraten. Die Entscheidung des Elternteils geht im Nichteinigungsfalle vor, § 3 I REG. Eine von den Eltern wirksam getroffene Religionsbestimmung kann vom Pfleger/Vormund nicht mehr geändert werden, selbst wenn er allein sorgeberechtigt ist, § 3 III 6 REG. Bei Konfessionswechsel zur Erziehung in einem anderen als dem Elternbekenntnis und zur Abmeldung vom Religionsunterricht ist die Zustimmung auch des anderen Elternteiles erforderlich, § 2 II REG. Die fehlende Zustimmung kann vom VG ersetzt werden, § 2 III REG. Verfahrensrechtlich ist ein Antrag erforderlich. Es gilt der Ermittlungsgrundsatz. Eltern, Verwandte und der Lehrer können angehört werden. Die Zuständigkeit des Vormundschaftsrichters ergibt sich aus § 7 REG in Verb. mit § 14 Ziff. 19 RpflG. Sachlicher Entscheidungs-

---

10 Gesetz zur religiösen Kindererziehung, abgedruckt bei Palandt, Anhang zu § 1631 BGB
11 Das hier praktizierte Wechselspiel zwischen Selbst- und Fremdbestimmung sollte beispielhaft für das gesamte Sorgerecht sein
12 Bei Elternstreit gilt § 1628 BGB. *Siehe dazu RNr. 87.* Vgl. Staudinger § 2 REG Anm. 4; Palandt § 2 REG Anm. 3; Erman § 1631 BGB Anm. 25; Soergel § 1631 BGB Anm. 7; MünchnerK. § 2 REG Anm. 3; a. A. für das erste Kind Bosch FZ 59, 411; Hoffman FZ 65, 64. Diese Mindermeinung vertritt zu Unrecht, daß beim ersten Kind die Elternentscheidung nicht zu überprüfen ist. Für weitere Kinder könne bei einer Überprüfung auf Gesichtspunkte der Erziehungskontinuität zurückgegriffen werden. Es kann aber auch beim ersten Kind eine neutrale Entscheidung gefunden werden, denn sachliche am Kindeswohl orientierte Entscheidungskriterien sind denkbar. (Z. B. Herkunft der Familie.) Vgl. auch LG Mannheim FZ 66, 517: Entscheidung des VG nur bei Pflichtwidrigkeit i. S. § 1666 BGB möglich
13 Wegen dieser Freiheit der Entscheidung fehlt allen Verträgen im religiösen Zusammenhang die bürgerlich-rechtliche Wirkung, § 4 REG
14 § 2 REG, Ersetzung der Elternzustimmung bei Religionsänderung durch das VG; § 3 II 5 REG. Genehmigungsverfahren bei Religionsbestimmung durch einen Pfleger; *siehe weiter im Text*

maßstab ist auch hier wieder das Kindeswohl.[15] Darüber hinaus gilt das zur Justitiabilität des Elternstreits bei der Erstbestimmung Ausgeführte auch hier.

99 Zur Erziehung gehört neben der Anleitung zum Sport und zur Unterhaltung weiter die positive Beeinflussung und Betreuung der **Schul- und Berufswahl**.[16] Gem. § 1631a I 1 BGB haben die Eltern auf die Eignung und Neigung des Kindes Rücksicht zu nehmen. Durch dieses für die meisten Eltern selbstverständliche Postulat soll eine Über- oder Unterforderung bei der Berufsausbildung verhindert werden, die durch falsches Prestigedenken oder unausgereifte Kindeswünsche zustandekommen kann. Eignung bedeutet Begabung und Neigung berührt den Interessenkreis des Kindes, der nicht immer mit dem momentan geäußerten Wunsch identisch ist. In Zweifelsfällen soll der Rat eines Lehrers oder einer anderen geeigneten Person eingeholt werden, § 1631a I 2 BGB.

§ 1631a II BGB enthält eine für Berufsfragen eigens normierte Eingriffsmöglichkeit des Staates.[17] Nehmen die Eltern offensichtlich keine Rücksicht auf Eignung und Neigung des Kindes, und wird dadurch eine Besorgnis begründet, daß die Entwicklung des Kindes nachhaltig und schwer beeinträchtigt wird, so entscheidet das VG. Das Gericht kann erforderliche Erklärungen der Eltern oder eines Elternteils ersetzen. Die Formulierung des Gesetzes mit den Worten »offensichtlich, schwer und nachhaltig« garantiert den Eltern einen Ermessensbereich. Staatliche Eingriffe sind also auf Fälle offensichtlicher Fehleinschätzung beschränkt. Das entspricht auch der grundgesetzlichen Rechtslage.[18] Das VG wird von Amts wegen tätig und entscheidet hier im Gegensatz zu § 1628 BGB selbst. Zuständig ist der Richter, § 14 Ziff. 6a RpflG. Die notwendigen Maßnahmen (z. B. Verbleib auf einer weiterführenden Schule, Fortsetzung der Berufsausbildung) werden in Beschlußform erlassen.

4.2.4 Aufsicht

100 Die Pflicht zur Beaufsichtigung des Kindes ist Bestandteil des Personensorgerechts. Diese Verpflichtung soll zur Vermeidung von Selbstbeschädigungen und Drittschäden beitragen. Die Pflicht besteht nur dem Kind als Sorgeempfänger gegenüber.[19] Dritten gegenüber gilt bei Verletzung der Aufsichtspflicht der § 832 BGB als deliktische Haftungsnorm. Jedoch können auch für das Verhältnis Eltern–Kind für die Frage der Haftung aus § 832 BGB von der Rspr. entwickelte Grundsätze übernommen werden:
Das Maß der geschuldeten Aufsicht hängt vom Einzelfall ab. Es gibt keine allgemeingültigen Kriterien. Anhaltspunkte sind der Reifegrad sowie das Alter des Kindes.

---

15 Zu den Entscheidungskriterien Staudinger, § 2 REG Anm. 5
16 Das elterliche Sorgerecht findet bei Ausbildungsfragen seine Grenze oft im öffentlichen Recht. Trotz Vorrangigkeit der elterlichen Erziehung ist der gesamte schulische Bereich durch die Schulgesetze dem Staat vorbehalten
17 Zu den allgemeinen Eingriffstatbeständen *siehe RNr. 161 ff.*
18 *Siehe RNr. 1 ff.;* die Schaffung eines von § 1666 BGB losgelösten, auf Ausbildungsfragen zugeschnittenen Eingriffstatbestands war erforderlich, weil § 1666 BGB eine gegenwärtige Gefahr voraussetzt. In Ausbildungszusammenhängen werden Schäden jedoch vielfach erst erheblich später sichtbar
19 *Siehe RNr. 86, 89*

Berufliche und soziale Stellung der Eltern und örtliche Situationen sind weitere Gesichtspunkte. Ständige Aufsicht wird allein dem Kleinkind geschuldet.[20] Beim älteren Kind wandelt sich die Beaufsichtigung in Überwachung der Freizeit.[21] Bei gefährlichen Spielen ist ein höheres Maß an Aufsicht notwendig als bei vergleichbar harmlosen Zusammenhängen. Jeder Elternteil ist für sich selbst zur Aufsicht verpflichtet. Unterschiedliche Lebenssituationen können jedoch unterschiedliche Pflichten nach sich ziehen. Die Überwachungspflicht ist jedoch immer gleich. Die Haftung der Eltern ist in anderem Zusammenhang bereits ausführlich dargelegt worden.[22]

4.2.5 Bestimmung des Aufenthaltes

Die Eltern haben den Aufenthalt des Kindes zu bestimmen. Sie können das Kind bei **101** verwandten, in einem Heim[23] oder sonst irgendwie unterbringen. Auch dabei sind die Eltern berechtigt, die Hilfe des VG in Anspruch zu nehmen, § 1631 III BGB.[24] Öffentliches Recht begrenzt wiederum elterliche Sorge. Die Eltern sind nicht berechtigt, dem Kind Ausnahmen von der Schulpflicht zu gestatten. Bestandteil des Aufenthaltsbestimmungsrecht und in der Praxis dessen wichtigste Erscheinungsform ist der **Herausgabeanspruch** der Eltern. Die Eltern können das Kind von jedem, der es ihnen widerrechtlich vorenthält, herausverlangen, § 1632 BGB. Voraussetzung für die Geltendmachung des Anspruchs ist, daß dem Kläger das Sorgerecht zusteht. Nicht zu den Anspruchsberechtigten zählen also Dritte (Großeltern) gegenüber Eltern, denen ein Sorgerecht zusteht. Berechtigte Eltern können den Anspruch allein oder gemeinsam geltend machen. Der Antrag lautet auf Herausgabe an beide Eltern gemeinsam. Nur wenn der andere Elternteil nicht mitwirkungsbereit ist, darf der Antrag auf Herausgabe an den Kläger allein lauten.[25] Herausgabepflichtig ist der Elternteil oder ein Dritter, der das Kind widerrechtlich vorenthält. Vorenthalten bedeutet, daß der Nichtberechtigte den Eltern die Möglichkeit nimmt, ihr Aufenthaltsbestimmungsrecht auszuüben.[26] Die Widerrechtlichkeit entfällt, wenn ein Rechtfertigungsgrund[27] für die Vorenthaltung vorhanden ist. In diesem Zusammenhang kommen vor allem öffentlich-rechtliche Grundlagen in Betracht (z. B. Strafhaft nach JGG, Fürsorgeerziehung, freiwillige Erziehungshilfe). Der Dritte als Anspruchsgegner kann dem Herausgabeverlangen der Eltern nicht erfolgreich entgegenhalten, der Aufenthalt bei ihm diene dem Kindeswohl. Er kann sich allein an das VG wenden und Amtsermittlungen für ein Verfahren nach § 1666 BGB anregen. Der Dritte kann möglicherweise Einwendungen aus eigenem Recht haben. Er kann sich z. B. auf Rechtsmißbrauch berufen, wenn der Herausgabeanspruch nur geltend gemacht wird, um den Dritten zu kränken oder zu schikanieren. Dagegen besteht kein Zurückbehal-

20 LG Limburg FZ 72, 471
21 BGH FZ 61, 523
22 Siehe RNr. 89
23 Für Freiheitsentziehungen ist aber § 1631b BGB zu beachten, siehe RNr. 97
24 Zu § 1631 III BGB siehe RNr. 92
25 OLG Celle FZ 70, 201
26 Vor Schaffung des § 1632 BGB wurde der Anspruch aus einer Analogie zu § 985 BGB hergeleitet. Der neue Herausgabeanspruch ist von der Systematik dem sachenrechtlichen Anspruch gem. §§ 985, 986 BGB nachgebildet
27 Vgl. mit § 986 BGB; siehe 4.2.5/26

tungsrecht wegen gewährtem Unterhalt. Das liegt in dem rein personenrechtlichen Charakter des Anspruchs begründet, wogegen sich derartige Gegenrechte nicht einwenden lassen.[28]

Stehen sich Eltern, die beide Inhaber des Sorgerechts sind, gegenüber, entscheidet über die Widerrechtlichkeit allein das Kindeswohl. Das Gericht kann also anders als beim Verlangen gegen Dritte die Herausgabe zurückweisen, da sie im Augenblick dem Kindeswohl nicht hinderlich sei.[29]

Ist einem Elternteil das Sorgerecht allein zugewiesen, so wird bei der Überprüfung seines geltendgemachten Herausgaberecht nicht die gesamte Entscheidung über das Sorgerecht neu getroffen. Es ist vielmehr maßgeblich, ob im Zeitpunkt der Geltendmachung des Anspruchs neue gegenwärtige Gesichtspunkte vorhanden sind, die im Interesse des Kindes eine Herausgabe unmöglich erscheinen lassen.[30] Das kann namentlich Mißbrauchsverhalten des herausverlangenden Elternteils i. S. von § 1666 BGB sein. Ein Sorgerechtsmißbrauch des Herausverlangenden liegt z. B. dann vor, wenn ein Kind in seiner Entwicklung durch unvermitteltes Herausreißen aus dem bisherigen Lebenskreis gefährdet wird. Darüber hinaus kann ein Mißbrauch dann vorliegen, wenn zwischen dem die Herausgabe verlangenden Elternteil und dem Kind eine so starke Entfremdung eingetreten ist, daß das Kind in seiner persönlichen Entwicklung gestört werden könnte. Das gleiche gilt, wenn der Sorgeberechtigte aus tatsächlichen Gründen nicht mehr in der Lage ist, das Sorgerecht auszuüben.

Die verfahrensrechtliche Geltendmachung des Herausgabeanspruchs ist unterschiedlich geregelt. Soweit die Herausgabe von einem Dritten verlangt wird, ist der Antrag beim VG zu verfolgen,[31] § 1632 III BGB. Damit ist die staatliche Aufsichtsinstanz über das Verhältnis Eltern/Kind zur Entscheidung befugt. Funktionell ist der Richter zuständig, § 14 Ziff. 7 RpflG.

---

28 Erman, § 1632 BGB Anm. 1; MünchnerK § 1632 BGB Anm. 16; OLG Stuttgart FZ 72, 266; zur Familienpflege vgl. § 1632 IV BGB
29 HM: KG FZ 77, 475; Hamm FZ 67, 296; MünchnerK § 1632 BGB Anm. 22; Palandt § 1632 BGB Anm. 2; eine ständige Kontrolle des Personensorgeberechtigten durch das Gericht ist damit nicht verbunden. A. A. aber Gernhuber, S. 717, der einen Herausgabeanspruch der gleichermaßen sorgeberechtigten Eltern untereinander nicht schon dann abweisen will, wenn das Herausgabeverlangen gegen das Kindeswohl verstößt, sondern erst bei den Voraussetzungen des Mißbrauchs i. S. v. § 1666 BGB. Der Verstoß gegen das Kindeswohl wird auch bei dem von der h. M. vertretenem Ergebnis nur aus gegebenem Anlaß geprüft. Ein Ausweichen auf die wesentlich engeren Fälle des Mißbrauchs würde u. U. treuwidrige Entscheidungen nach sich ziehen. Es besteht kein Grund in der Rechtsordnung dafür, daß ein vom anderen Elternteil weggenommenes Kind ohne Rücksicht auf sein Wohl wieder zurückgebracht werden müßte, wenn beide Eltern das Sorgerecht haben. Bei eigenmächtiger Wegnahme durch einen Elternteil während des Scheidungsstreites wird eine Verbindung der Herausgabeanordnung mit einer vorläufigen Anordnung über die Verteilung der elterlichen Sorge von Amts wegen nach § 620 Ziff. 1, 3 ZPO empfohlen; vgl. Palandt a. a. O.
30 Wird die Widerrechtlichkeit der Vorenthaltung verneint, kommt danach allerdings in den meisten Fällen eine grundsätzliche Korrektur des Sorgerechts in Betracht oder ein Eingreifen des VG über § 1666 BGB
31 Bis zu Sorgerechtsreform Zuständigkeit des Prozeßgerichts

Über ein Herausgabeverlangen unter Eltern entscheidet das Familiengericht.[32] Beide   **102**
Verfahren richten sich nach FGG.[33] Die Entscheidung ergeht nach Anhörung des
Jugendamtes, § 48a I Ziff. 3 JWG. Des weiteren müssen die Eltern, das Kind und
gegebenenfalls die Pflegeeltern angehört werden, §§ 50a ff. FGG. Rechtsmittel im
Verfahren gegen Dritte ist die einfache Beschwerde, § 19 FGG, bei Entscheidungen
des Familiengerichts innerhalb des Entscheidungsverbundes Berufung oder Revision.
Handelt es sich um eine selbständige Familiensache, ist Beschwerde innerhalb eines
Monats zum OLG gegeben, §§ 621e, 629a ZPO.
Im Rahmen des Herausgabeverfahrens können Eilmaßnahmen erforderlich werden.
Einstweilige Anordnungen sind zulässig, wenn eine Entscheidung nicht ohne Gefähr-
dung des Kindeswohls aufgeschoben werden kann. Bei Anhängigkeit eine Ehesache
zwischen den Eltern richtet sich die Anordnung nach §§ 621a, 620 Ziff. 3, 606 ZPO.
Sonst handelt es sich, weil das Verfahren nach FGG abläuft, um eine Anordnung
nach den allgemeinen Regeln der freiwilligen Gerichtsbarkeit.[34]
Die **Vollstreckung** richtet sich sowohl beim Familiengericht als auch beim VG
nunmehr einheitlich nach § 33 FGG.[35] Erzwungen wird die Herausgabe durch
Zwangsgeld oder **Gewalt**[36]. Wird vom Kind Gewalt entgegengesetzt, so darf diese
nicht im Wege der Zwangsvollstreckung gebrochen werden, sondern nur durch
direkte Einwirkung der Eltern auf das Kind[37], möglicherweise durch das VG unterstützt[38] oder auch durch das Familiengericht in analoger Anwendung von § 48c JWG.
Das Kind ist nämlich nicht Vollstreckungsschuldner.
Ordnet das Gericht die Herausgabe des Kindes an, so kann es sogleich durch eine
einstweilige Anordnung die Herausgabe der persönlichen Sachen des Kindes verfü-
gen, § 50d FGG. Einen besonderen Schutz vor Herausgabeverlangen gegen Dritte
genießen **Pflegekinder**. Lebt das Kind seit längerer Zeit in der Pflegefamilie und
wollen die Eltern das Kind von dort wegnehmen, so kann das VG auf Antrag oder
von Amts wegen anordnen, daß das Kind bei der Pflegeperson bleibt, wenn und
solange für eine solche Anordnung die Voraussetzungen des § 1666 BGB insbesondere im Hinblick auf Anlaß oder Dauer der Familienpflege gegeben sind, § 1632 IV
BGB. Das Personensorgerecht muß also dann zurücktreten, wenn das Kind seinen
leiblichen Eltern entfremdet ist, bei den Pflegeeltern eine neue Bezugswelt gefunden
hat und durch die Herausgabe zur Unzeit das seelische Wohl des Kindes gefährdet
würde.

---

32 Gegen den offenen Wortlaut des Gesetzes ist eine Zuständigkeit des Familiengerichts bei
   nichtehelichem Kind nicht gegeben. Das ergibt die teleologische Reduktion. Die Familiengerichtsbarkeit soll im Kindschaftsrecht ausschließlich den ehelichen Kindern vorbehalten
   bleiben, vgl. OLG Köln FZ 78, 707; OLG Hamm FZ 79, 314. Über das Herausgabeverlangen des Vormundes/Pflegers entscheidet wegen des Sachzusammenhangs das Familiengericht, wenn Vormundschaft/Pflegschaft Folge der Scheidung ist. (KG FZ 78, 351.) Das VG
   entscheidet bei Herausgabeverlangen durch Jugendamt als Pfleger, wenn von Eltern, denen
   die Personensorge entzogen worden ist, die Herausgabe geltend gemacht wird. (OLG
   Hamb. FZ 78, 792.) In diesem Fall besteht kein Scheidungsbezug
33 Für Familiengericht §§ 621a, 621 I 3 ZPO
34 Vgl. Habscheid, S. 119
35 Vor der Reform erfolgte die Vollstreckung nach §§ 883, 888 ZPO
36 Dann ist keine besondere Verf. des Gerichts notwendig
37 BGH FZ 75, 276
38 KG FZ 66, 155

4.2.6 Umgangsbestimmungsrecht

103 Die Personensorge umfaßt ferner das Recht, den Umgang des Kindes auch mit Wirkung für und gegen Dritte zu bestimmen, § 1632 II BGB. Das Umgangsbestimmungsrecht resultiert aus dem Erziehungs- und Beaufsichtigungsrecht. Es hat enorme praktische Bedeutung. Grundsätzlich ist es den Eltern vorbehalten, den Umgang des Kindes i. E. zu bestimmen. Nur bei groben Fehlentscheidungen kann das VG über § 1666 BGB eingreifen. Der Verkehr mit dem Dritten wird durch sog. **Umgangsverbote** unterbunden. Die Grenze des elterlichen Bestimmungsrecht bildet die Fähigkeit des Jugendlichen zu einer verantwortungsbewußten Selbstentscheidung. Es bleibt den Eltern ein erheblicher Ermessensspielraum, der erst mit dem Älterwerden des Jugendlichen schrumpft. Als sachgerechte Gründe für ein elterliches Umgangsverbot kommen z. B. in Betracht der Umgang mit einem wesentlich älteren Partner (sog. Lebensphasenverschiebung)[39], Verurteilung des Partners zu einer Freiheitsstrafe wegen Raubes,[40] Rauschgiftmilieu[41] und sexuelle Beziehungen zu einem wesentlich älteren Mann.[42]

Während nach bisherigem Recht die Durchsetzung von Umgangsverboten Dritten gegenüber im Wege der einstweiligen Verfügung und Unterlassungsklage analog §§ 1004, 823 BGB erfolgte, entscheidet das VG nunmehr ausdrücklich auch gegen Dritte. Die Entscheidung ergeht durch den Richter, § 14 Ziff. 16 RpflG. Es reicht aus, wenn nur ein Elternteil dies beantragt. Unberührt bleibt von der Möglichkeit der Umgangsbestimmung durch das Gericht die Möglichkeit, Schadensersatz vor dem Prozeßgericht zu verlangen, wenn der Umgang des Dritten als ein rechtswidriger, schuldhafter Angriff angesehen werden kann, der einen Vermögensschaden nach sich gezogen hat. Das Umgangsbestimmungsrecht ist wie das Sorgerecht schlechthin absolutes Recht i. S. § 823 BGB.

Der Elternteil, dem die Personensorge nicht zusteht, behält aber die Befugnis zum persönlichen Umgang mit dem Kind, § 1634 BGB.[43] Diese Bestimmung ist Ausfluß des natürlichen Elternrechts, das auch bei Verlust der Personensorge bestehen bleibt.[44] Berechtigt sind nur Elternteile, nicht dagegen andere Verwandte wie Geschwister oder Großeltern. Das Umgangsrecht dient allein in der Pflege der verwandtschaftlichen Beziehung, der Aussprache und der Information, nicht dagegen der Erziehung. Religiöse Beeinflussung durch den Inhaber des Rechts ist deshalb unzulässig.[45]

Zum Umgangsrecht des nichtsorgeberechtigten Elternteiles gehört auch das Recht zum Austausch von Briefen mit dem Kind. Kontrolle des Sorgeberechtigten kommt allerdings in Betracht.[46]

Die Eltern sind im Zusammenhang mit dem Umgangsrecht zu gegenseitigem Wohlverhalten verpflichtet, § 1634 I 2 BGB. Diese Vorschrift trägt dem Umstand Rech-

---

39 OLG Nürnberg FZ 59, 71
40 KG MDR 60, 497
41 OLG Hamm FZ 74, 136
42 LG Hamb. FZ 58, 141; a. A. OLG Bremen FZ 77, 555
43 Diese Vorschrift gilt entspr. für den Fall, daß beiden Eltern Personensorge zusteht, sie aber getrennt leben, § 1634 IV BGB
44 BGHZ 42, 370; Erman § 1634 BGB Anm. 4; Soergel § 1634 BGB Anm. 2
45 BayObLG FZ 61, 381
46 Erman § 1634 BGB Anm. 10; MünchnerK § 1634 BGB Anm. 28

nung, daß es bei den vorausgesetzten Verhältnissen häufig zu Spannungen kommt. Mit dem Umgangsrecht läuft bei Vorliegen berechtigter Interessen ein **Auskunfts- recht** einer über die persönlichen Verhältnisse des Kindes, § 1634 III 1 BGB. Das Auskunftsrecht findet allerdings seine Grenze dort, wo es dem Wohl des Kindes zuwiderläuft, § 1634 III BGB. Es ist als Ausgleich für den eingeschränkten Umgang gedacht. Entsteht zwischen den Eltern Streit über Berechtigung oder Umfang des Auskunftsanspruchs, so entscheidet das VG, § 1634 III 2 BGB. Zuständig ist auch in diesem Zusammenhang der Richter, § 14 Ziff. 16 RpflG. Es gelten die allgemeinen Verfahrensgrundsätze der freiwilligen Gerichtsbarkeit. Entscheidungsmaßstab ist auch hier das Kindeswohl. Einigen sich die Eltern dagegen über den **Umfang des Umgangsrechtes** nicht, so entscheidet das Familiengericht. An dieser Stelle werden die unerfreulichen Begleiterscheinungen des gerichtlichen Dualismus im Kindschafts- recht wiederum deutlich. Innerhalb eines Sachzusammenhangs (Auskunft/Umgang) entscheiden im Streitfalle zwei verschiedene Gerichte. Die Gefahr der unterschiedli- chen Beurteilung des Kindeswohls ist dieser Zweispurigkeit immanent.
Das Familiengericht entscheidet über den Umfang des Umgangs auch mit Wirkung gegenüber Dritten, die an dem Umgang des Nichtsorgeberechtigten teilhaben wollen. Als Dritte kommen häufig Großeltern in Betracht[47]. Hat das Familiengericht zu dieser Frage nichts entschieden, so steht das Bestimmungsrecht insoweit während des Umgangs dem Nichtsorgeberechtigten zu.
Nach allgemeiner Rspr. wird dem Nichtsorgeberechtigten vom Umfang her ein Sonntagsbesuch monatlich bewilligt. An den Hauptfeiertagen ist der Personensorge- berechtigte umgangsbefugt. Grundsätzlich wird in der Rspr. periodischer Umgang von kurzer Dauer gegenüber Umgangsregelungen in Zeitblöcken bevorzugt.[48] Das soll eine Entfremdung des Kindes verhindern. Das Familiengericht kann ferner die Umgangsbestimmungsbefugnis einschränken oder ganz ausschließen, wenn das dem Wohle des Kindes dient. Als Ausschlußgrund sind z. B. das Ausnutzen des Besuches durch den Berechtigten für die Verfeindung mit dem anderen Elternteil oder Gesund- heitsgefahr.[49] Einem entgegenstehenden Kindeswille muß das Gericht i. E. nachge- hen.
Das Familiengericht entscheidet im FGG-Verfahren, §§ 621a, 621 Ziff. 2 ZPO. Zuständig ist der Richter, § 14 Ziff. 16 RpflG.
Die allgemeinen Anhörungen sind auch in diesem Verfahren sorgfältig durchzufüh- ren. Die Entscheidung wird mit der Bekanntgabe wirksam, § 16 FGG.
Vorläufiger Rechtsschutz ist durch eine einstweilige Anordnung möglich, § 620 Ziff. 2 ZPO. Auch insoweit ist die Zuständigkeit des Familiengerichts gegeben. Das Verfahren ist auch im AO-Verfahren FGG-Verfahren, so daß das Gericht die getroffenen Anordnungen jederzeit wieder ändern kann. Auch einen vor dem Prozeßgericht von den Eltern über diesen Streitgegenstand geschlossenen Vergleich kann das FG jederzeit ändern.[50]

---

47 Insoweit ist eine Entscheidungskompetenz des Familiengerichts auch gegenüber an der Ehe nicht Beteiligten gegeben
48 KG FZ 78, 728; KG FZ 79, 70
49 LG Mannheim NJW 72, 950
50 BayObIG NJW 65, 399

Die Beschlüsse des Familiengerichts werden durch die Beitreibung von Zwangsgeld gem. § 33 FGG bis zu einer Höhe von 1000 DM[51] durchgesetzt. Das Zwangsgeld muß, wenigstens der Höhe nach umrissen, schon im Beschluß aufgenommen sein.[52] Eine Gefahr der Zuwiderhandlung braucht für die Androhung nicht zu bestehen.[53] Die Androhung muß im Tenor eindeutig Gebot und Verbot enthalten. Es müssen also Zeit und Ort des Verkehrs bekannt sein, damit der für die Festsetzung erforderliche Schuldvorwurf gemacht werden kann.[54] Die Ordnungsstrafe ist vor der Festsetzung entweder durch besonderen Beschluß oder innerhalb der zu vollziehenden Verfügung anzudrohen.

Häufig werden diese Fragen den Rpfl. der Rechtsantragsstelle beschäftigen, da Umgangsregelungen und deren Durchsetzbarkeit typische Protokollierungsmaterie im Eilverfahren darstellen.

4.2.7 Antrag auf Erlaß einer einstweiligen Anordnung gem. § 621 Ziff. 2 ZPO[55]

104 An das Familiengericht Kassel
In PP Rubrum
wird beantragt, dem Antragsgegner
wegen Dringlichkeit ohne mündliche Verhandlung[56] im Wege der einstweiligen Anordnung gem. § 621 Ziff. 2 ZPO aufzugeben,
dem Antragsteller den Umgang mit dem Kind Werner Meier, Kassel, wohnhaft wie die Antragsgegnerin
an jedem ersten Sonntag des Monats
von 8–20 Uhr einzuräumen.

Begründung:
Der Antragsteller ist mit der Antragsgegnerin seit dem 2. 7. 1973 verheiratet. Aus der Ehe ist der jetzt 6 Jahre alte Sohn Werner hervorgegangen. Seit dem 22. 2. 1981 ist zwischen den Parteien ein Scheidungsverfahren anhängig.[57] Die Parteien leben seit dem 1. 7. 1981 getrennt. Das Sorgerecht für den Sohn Werner ist vom Familiengericht Kassel der Antragsgegnerin vorläufig übertragen worden (AZ: XY). Die Antragsgegnerin verweigert dem Antragsteller aus unerfindlichen Gründen jeden Kontakt mit dessen Sohn Werner.
Der Anspruch des Antragstellers beruht auf § 1634 BGB. Es sind keine Gründe ersichtlich dafür, daß ein angemessener Umgang mit dem Antragsteller das Kindeswohl gefährden könnte.
Die Richtigkeit der vorstehenden Angaben wird an Eides Statt versichert.

---

51 BGH FZ 73, 622
52 LG Berlin FZ 76, 285
53 KG FZ 66, 318
54 OLG Düssel. FZ 78, 619
55 Zu Protokoll des Rpfl. §§ 620a II 2 ZPO, 24 II RpflG
56 Vgl. § 620a I ZPO
57 Vgl. §§ 620a II ZPO, 294 ZPO

4.3 Vermögenssorge

4.3.1 Allgemeine Grundsätze

Die Vermögenssorge umfaßt das Recht und die Pflicht der Eltern, alle tatsächlichen **105** und rechtlichen Maßnahmen zu ergreifen, die darauf gerichtet sind, das Kindesvermögen zu vermehren, erhalten oder zu verwerten. Dabei ist gleichgültig, ob die Eltern im eigenen Namen oder im Namen des Kindes handeln. Vermögenssorge umfaßt auch das Recht zur Vertretung des Kindes in Vermögensangelegenheiten und die Prozeßvertretung bei Rechtsstreitigkeiten aus diesem Zusammenhang.

4.3.1.1 Verwaltungsbeschränkung gem. § 1638 BGB

Die Verwaltung erstreckt sich auf das gesamte Vermögen. Jedoch können die Eltern **106** durch andere Personen in der Verwaltung beschränkt sein. (Z. B. Testamentsvollstrecker/Pfleger.) Es ist auch möglich, daß einzelne Gegenstände und deren Surrogate von der Verwaltung ausgeschlossen sind, wenn sie dem Kind von Todes wegen als verwaltungsfreies Vermögen zugewendet worden sind, § 1638 BGB. Zur Verwaltung wird dann gem. § 1909 BGB ein Pfleger bestellt, dessen Person vom Zuwendenden bestimmt werden kann, § 1917 BGB. Die Eltern sind gegebenenfalls anzeigepflichtig, § 1909 II BGB. Zuständig für die Anordnung einer Verwaltungspflegschaft ist nach allgemeinen Grundsätzen der Rpfl.
Die Annahme bzw. die Ausschlagung des Zugewendeten sind Rechte, die von den Eltern geltend gemacht werden müssen, da in diesem Zusammenhang nicht Verwaltungsbefugnisse als solche geltend gemacht werden, die mit dem Vermögensgegenstand zusammenhängen, sondern allgemeines Elternrecht.[1]
Ist die Vermögenssorge für das Zugewendete nur einem Elternteil durch Verwaltungsanordnung entzogen, so verwaltet der andere das Vermögen allein, § 1638 III BGB. Auch bei Testamentsvollstreckung, die von dem Verwaltungsentzug zu unterscheiden ist, beschränkt elterliche Vermögenssorge §§ 2205, 2211 ff. BGB. Es kann zusätzlich eine Bestimmung nach § 1638 BGB vorliegen. Dann nimmt der Verwaltungspfleger die Rechte des Kindes gegenüber dem Testamentsvollstrecker wahr.[2]

4.3.1.2 Verwendungsanordnung gem. § 1639 BGB

Die Vorschrift des § 1639 BGB ergänzt § 1638 BGB. Der Zuwendende kann das **107** hinterlassene Vermögen auch der Verwaltung der Eltern unterstellen und zusätzlich bestimmte Anordnungen treffen. Die Eltern sind an die Anordnung gebunden. Es muß klar ersichtlich sein, daß es sich um Anordnungen handelt, bloße Wünsche

---

1 OLG Karlsr. FZ 65, 573; Soergel § 1638 Anm. 9; Palandt § 1638 BGB Anm. 2; die Gegenmeinung (RGRK § 1638 BGB Anm. 7) verkennt, daß der Wortlaut des Gesetzes die Notwendigkeit der Pflegschaft auf reine Verwaltungsakte beschränkt. Die Annahme oder Ausschlagung des Zugewendeten sind Rechtsgeschäfte, die die erbrechtliche Grundposition des Kindes berühren
2 OLG Frankfurt MDR 66, 414

reichen nicht. Die Eltern dürfen aber gem. § 1803 II, III BGB von der Anordnung bei Gefahr für das Kindeswohl mit Genehmigung des VG abweichen, § 1639 II BGB. Bei Zuwendungen eines noch lebenden Dritten ist allerdings auch dessen Zustimmung erforderlich oder die Ersetzung durch das VG, wenn der Dritte zur Genehmigung außerstande oder nicht auffindbar ist.

Die Befolgung der Verwendungsanordnung wird durch die Kontrolle des VG garantiert, § 1639 I 2 BGB. Die dazu erforderlichen Maßnahmen werden vom Rpfl. nach Ermessen angeordnet. Es kommen z. B. die Anordnung der Rechnungslegung/ Sicherheitsleistungen und u. U. die Entziehung der Verwaltung in Betracht. Auch der Entzug der Verwendungsbefugnis nach § 1649 II BGB kommt als mögliche Maßnahme in Frage.[3, 4, 5]

4.3.1.3 Musterbeschluß gem. § 1639 BGB

108 Kassel, den 15. 11. 1982   Az: YX

1.) Beschluß

In pp Rubrum
wird den Eheleuten Meier die Verwaltungsbefugnis über die Münzsammlung ihres Sohnes Werner entzogen.

Gründe:

Dem Kind Werner Maier ist von dem am 6. 6. 1978 verstorbenen Karl Meier die Münzsammlung, Katalognr. XY, 420teilig, von Todes wegen zugewendet worden. Der Erblasser hat die Sammlung unter die Verwaltung der Eltern bestimmt und zusätzlich angeordnet, daß die Eheleute Meier die Sammlung jedes Jahr amtlich schätzen lassen sollen, um ihr Kind vor möglichen Kursverfällen zu sichern. Die Eltern des Begünstigten haben keinerlei gutachtliche Schätzung vornehmen lassen. Es droht wegen der bekannten Kursschwankungen eine Gefahr für das Kindesvermögen.

Die Entziehung der Verwaltungsbefugnis war angezeigt, § 1639 BGB. Eine mildere Maßnahme kam nicht in Betracht. Die Eheleute sind bereits dreimal erfolglos zur Vornahme der angeordneten Schätzung aufgefordert worden.

2.) Beschluß an Klara und Kurt Meier

3.) Kosten

4.) Nach Rechtskraft:[6] (Pfleger bestellen)

                                                     Unterschrift: Rpfl.

---

3 Eine weitere Beschränkung der Vermögenssorge ergibt sich aus § 1641 BGB: Die Eltern können aus dem Vermögen des Kindes nicht in dessen Vertretung Schenkungen machen. Ausgenommen sind kleinere Anstandsschenkungen. Die gleichwohl vorgenommenen Schenkungen sind unwirksam, weil ein Verstoß gegen ein gesetzliches Verbot vorliegt, § 134 BGB

4 Staudinger § 1639 BGB Anm. 8

5 *Zur Erstellung eines Vermögensverzeichnisses, siehe RNr. 111*

6 Gemeint ist die formelle Rechtskraft, die Unanfechtbarkeit, die mit Wirksamkeit der Entscheidung der letzten Instanz eintritt. Vgl. Habscheid, S. 151

4.3.1.4 Kapitalanlage

Die Eltern haben das ihrer Verwaltung unterliegende Geld des Kindes nach den **109**
Grundsätzen einer **wirtschaftlichen Vermögensverwaltung** anzulegen, soweit es nicht
zur Bestreitung von Ausgaben bereitzuhalten ist, § 1642 BGB. Sie sind also im
Gegensatz zum Vormund[7] bei der Wahl der Anlageform frei. Insoweit räumt der
Gesetzgeber den leiblichen Eltern mehr Vertrauen ein als dem Vormund. Gleichzeitig wird eine zu starre Regelung vermieden. Allgemeiner Maßstab für die Anlage ist
die Wirtschaftlichkeit. Unabhängig von der rechtlichen Anlageform sind Rendite,
Sicherheit und Liquidität die entscheidenden Kriterien. Geld ist vornehmlich zinser-
tragend anzulegen. So kann ein Verstoß gegen § 1642 BGB vorliegen und ein
Einschreiten des VG nach § 1667 BGB rechtfertigen,[8] wenn eine große Summe ohne
sachlichen Grund auf einem Sparbuch mit gesetzlichem Zinssatz belassen wird. Auch
der Erwerb von Anteilen einer in wirtschaftlichen Schwierigkeiten befindlichen
GmbH entspricht den Anforderungen des § 1642 BGB nicht.
Die Überwachung der aus § 1642 BGB resultierenden Pflichten obliegt gem. § 1667
BGB dem Rpfl. Das erfordert in der Praxis eine lückenlose Information über
vorhandene Anlagemöglichkeiten und deren Modalitäten. Regelmäßiges Studium
der Literatur und einschlägigen Fachpresse erscheint unentbehrlich.[9]
Nach alter Rechtslage waren auch den Eltern nur die vorgegebenen Anlageformen
gestattet. Wegen der Starrheit der Regelung kam aber mit Genehmigung des VG
analog § 1811 BGB eine andere Anlageform in Betracht. Diese Einholung der
Genehmigung wird auch heute noch über § 1643 BGB hinaus empfohlen bei riskan-
ten, aber dennoch zulässigen Rechtsgeschäften. Auch für diese Genehmigung soll
über § 3 Ziff. 2a RpflG der Rpfl. zuständig sein. Durch diese Vorsorge könne ein
Regreß gegen die Eltern vermieden werden.[10] Dieser Vorschlag führt aber im
Ergebnis zur Abgabe der Verantwortung und zur Überbelastung der Gerichte. Das
war aber gerade durch die Einführung der freien Kapitalanlage gerade nicht gewollt.
Außerdem findet sich für den erörterten Vorschlag keine Stütze im Gesetz.

4.3.1.5 Rechenschafts- und Herausgabepflicht

Um die fremdnützige Vermögensverwaltung der Eltern für das Kind kontrollierbar zu **110**
machen, hat der Gesetzgeber bisweilen Rechenschaft und Herausgabe vorgesehen.
Beides ist i.d.R. am Ende der Verwaltung zu leisten. Nur bei Gefährdung des
Kindesvermögens durch Verfall oder pflichtwidriges Verhalten der Eltern besteht das
Recht des Kindes noch während der Vermögensverwaltung Rechenschaft zu verlangen, § 1667 II BGB.[11] Maßgeblicher Zeitpunkt ist also gem. § 1698 BGB das Ende[12]
oder eine Unterbrechung der elterlichen Vermögenssorge.[13]

---

7 Vgl. §§ 1807 f BGB
8 *Siehe RNr. 162*
9 Vgl. Zimmerer, S. 1 ff.
10 Palandt § 1642 BGB Anm. 2
11 *Siehe RNr. 162*
12 *Siehe RNr. 93*
13 *Siehe RNr. 138 ff.*

Inhaber des Anspruchs auf Rechenschaft und Herausgabe ist das Kind. Die Eltern haften als Gesamtschuldner. Vor Volljährigkeit wird das Kind bei der Geltendmachung des Anspruchs durch einen Pfleger vertreten. Danach macht das Kind den Anspruch selbst geltend. Das volljährig gewordene Kind erläßt bei richtiger Auslegung seines Verhaltens den Anspruch in der Regel stillschweigend.
Der Inhalt des Anspruchs auf Rechnungslegung und Herausgabe bestimmt sich nach allgemeinen Regeln des Schuldrechts. Die §§ 259ff BGB sehen vor, wie die Ansprüche auf Rechenschaft ganz allgemein vom Umfang her ausgestaltet sind.[14] Danach hat der Verpflichtete eine geordnete Aufstellung von Einnahmen und Ausgaben zu erstellen und Belege vorzulegen. Eine wesentliche Besonderheit kommt für das elterliche Sorgercht hinzu. Gem. § 1698 BGB II braucht die elterliche Rechenschaft nur Auskunft über die Nutzungen zu geben, wenn ein Grund für die Annahme besteht, daß die Nutzungen entgegen § 1649 BGB verwendet worden sind.[15] Der Grund für diese Beschränkung gegenüber der allgemeinen Auskunftspflicht liegt in dem Interesse eines gefestigten Familienfriedens.
Umfassende Rechenschaft setzt voraus, daß Kindesvermögen vom eigenen Vermögen getrennt verwaltet wird.

4.3.1.6 Inventarisierungspflichten

111   Rechenschaft bedeutet nicht Inventarisierung. Eine Verpflichtung zur Inventarisierung, d. h. zur Anfertigung eines Vermögensverzeichnis kennt das elterliche Sorgerecht nur in Ausnahmefällen, wenn eine gesteigerte Gefahr der Vermischung von Kindesvermögen mit dem elterlichen Vermögen besteht.
Gem. § 1640 BGB haben die Eltern das ihrer Verwaltung unterliegende Vermögen, das das Kind von Todes wegen erwirbt, zu verzeichnen, das Verzeichnis mit der Versicherung der Richtigkeit und Vollständigkeit zu versehen und bei Gericht einzureichen. Das gilt auch für Vermögen, welches das Kind sonst anläßlich eines Sterbefalls erwirbt[16, 17] sowie bei Unterhaltsabfindungen und unentgeltlichen Zuwendungen, wie Schenkungen. Die Inventarisierungspflicht für diese besonderen Tatbestände ist allerdings auf Vermögen ab 10 000 DM begrenzt, § 1640 II BGB. Entscheidend für die Begrenzung ist der Vermögenserwerb, nicht das Gesamtvermögen. Das gilt auch, wenn der Erblasser oder Zuwendende eine Befreiung erteilt hat, § 1640 II BGB.
Die Eltern haben das Aktivvermögen den einzelnen Gegenständen nach zu verzeichnen, wobei Haushaltsgegenstände aus Vereinfachungsgründen mit dem Gesamtwert angegeben werden dürfen, § 1640 I 3 BGB. Bei Erbengemeinschaft zwischen Eltern und Kind sowie bei Vor- und Nacherbschaft muß der gesamte Nachlaß angegeben werden. Bei Pflichtteilsansprüchen ist der Erbe zu nennen.[18] Forderungen sind mit Schuldner, Grund und Höhe anzugeben.

---

14 Z. B. Vorlage von Belegen, eidesstattliche Versicherung
15 *Siehe RNr. 81*
16 Z. B. durch einen Dritten an das Kind erfüllte Erbschaftsauflagen
17 Das Nachlaßgericht muß dem VG Mitteilung machen; § 50 FGG
18 Für die Berechnung des Pflichtteils ist Ergänzungspflegschaft notwendig, vgl. OLG Hamm FZ 69, 661

Grundsätzlich reicht einfache Form. Das Verzeichnis ist aber auch zu Protokoll des Rpfl. beim VG möglich. In der Praxis werden Formulare verwendet.[19] Reichen die Eltern das Verzeichnis nicht oder nur ungenügend ein, so kann das VG Ersatzvornahme durch eine Behörde oder den Notar bestimmen, § 1640 III BGB. Vorher ist die Anordnung von Zwangsgeld nach § 33 FGG denkbar. Bei Vermögensgefährdung ist ein Vorgehen nach § 1667 BGB und eine Pflegerbestellung angezeigt, um die öffentliche Inventarisierung herbeizuführen. Verspricht das Vorgehen nach § 1640 III BGB nicht erfolgreich zu sein, weil die Verhältnisse völlig ungeordnet sind und die Eltern auch nicht beabsichtigen, die Dinge zu ordnen, so kann das VG als letztes Mittel die Vermögenssorge entziehen, § 1640 IV BGB. Verschulden der Eltern ist hier ebensowenig erforderlich wie bei der Anordnung der öffentlichen Inventarisierung.[20]

Zuständig für das gesamte Verfahren ist der Rpfl. beim VG, § 3 Ziff. 2a RpflG, der im Wege der Amtsermittlung nach § 12 FGG vorgeht. Er nimmt das Verzeichnis entgegen, prüft, erteilt Auflagen und verfügt die Beschlüsse nach § 1640 III/IV BGB. Eine Inventarisierungpflicht hat ferner jeder Elternteil, der eine neue Ehe eingehen will, § 1683 BGB. Das Kindesvermögen muß festgehalten werden, weil eine Vermischung des Kindesvermögens mit dem Vermögen des neuen Ehegatten droht. Wenn eine Vermögensgemeinschaft besteht, so muß sie aufgehoben werden. Wenn Vermögen nicht vorhanden ist, so fehlt eine Vermögensgemeinschaft Eltern/Kind. Es genügt die Anzeige beim VG. Über eine erfolgte Auseinandersetzung ist vom Rpfl. des VG ein **Auseinandersetzungszeugnis** zu erteilen.

Für die Vermögensauseinandersetzung bei Vermögensgemeinschaft ist die Bestellung eines Ergänzungspflegers nach § 1909 BGB erforderlich, da Interessenkollision gem. §§ 1795, 1629 II BGB vorliegt. Es stehen sich die Vermögensinteressen des Kindes und die der Eltern gegenüber. Der Auseinandersetzungspfleger sorgt für die notwendigen Maßnahmen und Erklärungen, die für die jeweilige Auseinandersetzung seitens des Kindes notwendig sind. Dagegen fällt das Beitreiben von Auseinandersetzungsforderungen nicht in seinen Aufgabenbereich. Eine Auseinandersetzung wird z. B. notwendig bei Erbengemeinschaften unter Beerbung des anderen Elternteils, Bruchteilseigentum an einem Grundstück[21], Beteiligung an einer KG[22]. Ist die Auseinandersetzung nicht herbeigeführt, obwohl es erforderlich gewesen wäre, wird der Rpfl. das Auseinandersetzungszeugnis verweigern. Es besteht ein Eheverbot gem. § 9 EheG.[23] Das VG kann gestatten, das die Auseinandersetzung erst nach der Ehe-

---

19 Muster für die einzelnen Formulare vgl. Firsching, S. 402 ff. Da ausschließlich Vordrucke verwendet werden, wird auf die Wiedergabe eines Musters verzichtet, zur Vertiefung wird das Studium eines Verzeichnisses empfohlen, vgl. bei Firsching a. a. O.

20 Insoweit handelt es sich um einen gegenüber § 1667 BGB spezielleren Eingriffstatbestand, der freilich zum selben Ergebnis führen kann. Zu beachten sind allerdings die unterschiedlichen Tatbestandsvoraussetzungen. Bei einer Maßnahme nach § 1640 IV BGB braucht eine Gefährdung des Kindesvermögens nicht vorzuliegen. In dem von dieser Norm angesprochenen Verhalten kann allerdings eine Vermögensgefährdung liegen. Theoretisch könnte nach § 1640 IV BGB oder nach § 1667 BGB eingeschritten werden. Der Weg über § 1640 IV BGB ist wegen des spezielleren Charakters der staatlichen Eingriffsmöglichkeit der Generalklausel des § 1667 BGB vorzuziehen.

21 BayOblG NJW 65, 2299

22 LG Nürnb. FZ 61, 376

23 Vgl. zu den Einzelheiten Palandt, Anm. z. § 9 EheG

schließung vorgenommen wird, § 1683 II BGB. Durch diese Ausnahme soll eine Verzögerung der ehelichen Belange vermieden werden.[24] Es müssen bei dieser Ausnahme aber auch die persönlichen und vermögensrechtlichen Interessen des Kindes berücksichtigt werden. Nach § 1683 III BGB kann das VG ferner gestatten, daß die Auseinandersetzung ganz oder teilweise unterbleibt. Voraussetzung ist, daß dies den Vermögensinteressen des Kindes nicht widerspricht[25]. Bei Grundbesitz und Gesellschaften kann die Auseinandersetzung unverhältnismäßig hohe Kosten, finanzielle Nachteile und erhebliche Schwierigkeiten mit sich bringen. In diesem Fall kann sie unterbleiben. Einzelne Gegenstände können von der Auseinandersetzung ausgenommen werden, wenn damit keine Nachteile für das Kind verbunden sind.
Das Verfahren läuft wie bei der Inventarisierung nach § 1640 BGB. Auch hier kann das VG bei Nichterfüllung der Pflichten dem Elternteil die Vermögenssorge entziehen, § 1683 IV BGB.

112 Protokoll des Rpfl. mit anschließender Verfügung

AG Kassel

AZ: XY

Gegenwärtig: Karl Baier als Rpfl.

Es erschien der Arbeiter Willi Kurz, ausgewiesen durch BPA. Er erklärte: Ich will heiraten und beantrage dafür das Zeugnis des VG. Durch rechtskräftiges Urteil des FGs Kassel AZ: MN wurde meine Ehe mit Helma Kurz, geb. Wessel, am. 4. 4. 1979 geschieden.
Wir haben im gesetzlichen Güterstand gelebt.
Ich habe ein eheliches Kind namens Gerd, geb. am 31. 8. 1972. Das Kind befindet sich bei mir.
Das AG Kassel hat durch oben erwähntes Urteil die elterliche Sorge auf mich übertragen.
Mein Kind hat kein Vermögen. Mir ist nicht bekannt, daß ihm Vermögen (z. B. durch Erbschaft) zugefallen ist.
Mein monatliches Nettoeinkommen beträgt 2200 DM.
Ich versichere die Vollständigkeit und Richtigkeit der gemachten Angaben.

Unterschriften

Verfügung

1.) Auseinandersetzungszeugnis erteilen (keine Pflichten).
2.) Scheidungsurteil hat vorgelegen.
3.) Zeugnis nur gegen Kostennachweis.
4.) Wv: 1 Wo.
                                                          Rpfl.

---

24 Die Ausnahmen machen das Eheverbot verfassungsrechtlich erst haltbar. Andernfalls würde eine unverhältnismäßige Beschränkung des Grundrechts aus Art. 6 GG vorliegen
25 *Siehe dazu RNr. 112*

4.3.1.7 Surrogation gem. § 1646 BGB

Erwerben die Eltern mit Mitteln des Kindes bewegliche Sachen, so geht mit dem **113** Erwerb das Eigentum auf das Kind über, es sei denn, daß die Eltern nicht für die Rechnung des Kindes erwerben wollten, § 1646 I BGB. Das gilt nach § 1646 I 2 BGB insbesondere auch für Inhaberpapiere, Orderpapiere mit Blankoindossament und für alle durch Abtretungvertrag allein übertragbaren Rechte, § 1646 II BGB. Das sind vornehmlich verbriefte Forderungen.

Diese Vorschrift hat ihren Sinn in der Erhaltung des Kindesvermögens. Wenn die Eltern zwar im eigenen Namen aber auf Rechnung des Kindes handeln, wird das Kind ohne weiteren Übertragungstatbestand Inhaber des Rechts. Das Kind wird direkt Inhaber des Rechts. Ein Durchgangserwerb der Eltern findet nicht statt.[26] Dadurch ist das Kind im Konkursfalle der Eltern geschützt. Es hat das **Aussonderungsrecht** nach § 43 KO.

Handeln die Eltern dagegen bereits im Namen des Kindes, so findet § 1646 BGB entgegen seinem zu weiten Wortlaut keine Anwendung. Die gesetzliche Erwerbskonstruktion ist entbehrlich. Das Kind wird ja schon kraft Stellvertreterwille Partei des Verfügungsgeschäfts. § 1646 BGB bleibt also nur für den Fall der mittelbaren Stellvertretung anwendbar: Die Eltern handeln nicht im Namen des Kindes, die wirtschaftlichen Folgen des Geschäfts treffen aber das Kind.

Die beschriebene Surrogationswirkung findet nicht statt, wenn die Eltern des Kindes mit dessen Mitteln für sich selbst oder einen Dritten erwerben wollen. Wie die Eltern nach außen auftreten ist belanglos. Entscheidend ist entgegen § 164 II BGB der innere Wille. Das ergibt der insoweit eindeutige Gesetzeswortlaut. Bei der Beteiligung beider Eltern müssen beide diesen Willen haben.[27] Das ergibt sich aus dem Gedanken der elterlichen Gesamtvertretung nach § 1629 I BGB, der auch im Rahmen von § 1646 BGB einfließt.

Beweispflichtig für den Elternwillen ist derjenige, der sich darauf beruft.[28] Das werden regelmäßig wegen der Interessenlage die Eltern selbst sein.

Für Grundstücke gilt die beschriebene Surrogation nicht, weil die Eintragung im Grundbuch eindeutig klarstellt, wer Eigentümer geworden ist.

4.3.2 Vertretungsrecht

4.3.2.1 Gesamtvertretung

Zur Ausübung der Vermögenssorge gehört auch das Recht der Eltern, in Vermögens- **114** angelegenheiten rechtsgeschäftlich zu vertreten.[29] Die Rechtsbeziehungen zu Dritten werden im rechtsgeschäftlichen Bereich durch Handlungen der Eltern bestimmt,

---

26 MünchnerK § 1646 BGB Anm. 11; Erman, § 1646 BGB Anm. 2; Soergel, § 1646 BGB Anm. 2
27 Soergel, § 1646 BGB Anm. 3; MünchnerK § 1646 BGB Anm. 16; Erman § 1646 BGB Anm. 2; a. A. Gernhuber S. 842, der Miteigentum des Kindes mit dem Elternteil annimmt, der für sich handeln will. Diese Ansicht führt jedoch zu ungünstigen Ergebnissen für das Kind und ist deshalb mit dem Gesetzeszweck des § 1646 BGB nicht vereinbar
28 Staudinger, § 1646 BGB Anm. 5
29 *Zur Vertretung in Personensorgeangelegenheiten, siehe RNr. 96 ff.*

wenn diese im Namen des Kindes handeln, § 164 ff. BGB. Die dazu notwendige Vertretungsmacht ergibt sich aus § 1629 BGB. Die Eltern vertreten das Kind gemeinschaftlich.[30] Das folgt aus dem Umstand, daß beide Eltern das Sorgerecht gleichberechtigt ausüben und die Stellvertretung ein Teil der Sorge ist. Die Eltern werden in ihrer Verantwortung für das Kind verbunden. Ist eine Willenserklärung gegenüber dem Kind abzugeben (Passivvertretung), so genügt die Abgabe gegenüber einem Elternteil, § 1629 I 2 BGB. Ist ein Elternteil allein sorgeberechtigt,[31] so vertritt er das Kind allein. Das gleiche gilt, wenn ihm beim Elternstreit nach § 1628 BGB die Entscheidungskompetenz übertragen worden ist.[32] Leben die Eltern getrennt oder ist die Scheidung beantragt, so kann, wenn eine Regelung über die Personensorge noch nicht getroffen worden ist, der Elternteil, in dessen Obhut sich das Kind befindet, den Unterhaltsanspruch gegen den anderen Elternteil allein geltend machen, § 1629 III BGB. Mit dieser Ausnahme wird dem außergewöhnlichen Umstand des Kindes und der Eilbedürftigkeit der Durchsetzung des Anspruchs Rechnung getragen.

Vom Umfang her ist die Vertretungsmacht unbeschränkt. Insoweit unterscheidet sich die gesetzliche Vertretungsmacht nach § 1629 BGB von anderen Fällen der gesetzlichen Stellvertretung (z. B. §§ 49, 56 HGB). Es gibt aber zahlreiche rechtsgeschäftliche Handlungen, die wegen ihrer persönlichen Natur vom Kind selbst wahrgenommen werden müssen.[33] Dann ist Stellvertretung ausgeschlossen. Darüber hinaus ist bei bestimmten Geschäften die Genehmigung des VG erforderlich. Die vom Gesetz normierte Gesamtvertretung erscheint nur auf den ersten Blick unpraktisch zu sein. Erforderlich ist keineswegs, daß beide Elternteile zur gleichen Zeit ihre Willenserklärungen im Namen des Kindes abgeben. Vielmehr können sie auch nacheinander auftreten. Denkbar ist auch, daß sich ein Elternteil aus der Vertretung zurückzieht. Das ist aber nur im Einzelfall möglich. Dann muß er den anderen ermächtigen, im jeweiligen Rechtsgeschäft allein für das Kind zu handeln. Die Ermächtigung stellt keine Vollmacht dar, neben der Kindesvertretung auch den nicht auftretenden Elternteil zu vertreten. Die Ermächtigung begründet vielmehr punktuelle Einzelvertretungsmacht.[34] Handelt ein Elternteil allein ohne die Ermächtigung des anderen, so kann der andere noch nachträglich genehmigen. Insoweit gelten die §§ 177f BGB.

4.3.2.2 Ausschluß von der Vertretungsmacht

115 In gewißen Fällen sind die Eltern von der Vertretungsmacht ausgeschlossen, um einer möglichen Interessengefährdung des Kindes entgegenzutreten. Vater und Mutter

---

30 *Siehe RNr. 84 f.*
31 *Siehe RNr. 143*
32 *Siehe RNr. 87*
33 Z. B. § 1729 I BGB Einwilligung des 14 Jahre alten Kindes zur Ehelichkeitserklärung, *siehe RNr. 36 ff.*
34 BGH Z 64, 75; MünchnerK § 164 BGB Anm. 90. Die überkommene Lehre verstand die Ermächtigung zugleich als rechtsgeschäftliche Vollmacht für den anderen Elternteil, ihn zu vertreten. Im Ergebnis läuft die hier vertretene moderne Ansicht auf gleiche Ergebnisse heraus, da auch bei der oben angebotenen Konstruktion die Beteiligung des ausscheidenden Elternteils sichergestellt ist. Es handelt sich deshalb nur um eine Unterscheidung von vornehmlich theoretischer Natur. Vgl. zur entspr. Ermächtigung bei Gesamtprokura Ahlbrecht/Bengsohn, Handelsrecht I, RNr. 123 u. Fu. 29 dort

können zunächst insoweit das Kind nicht vertreten, als ein Vormund von der Vertretung des Mündels ausgeschlossen ist, §§ 1629 II, 1795 BGB. Aus dem Wort »und« im § 1629 II BGB ergibt sich, daß der Elternteil, bei dem die Voraussetzungen der in § 1795 normierten Interessenkollision an sich nicht vorliegen, ebenfalls – und zwar direkt aus § 1629 II BGB – von der Vertretung ausgeschlossen ist. Dadurch wird ein Konflikt des eigentlich nicht belasteten Elternteils zwischen Kindes- und Ehegatteninteressen von vornherein vermieden (sog. eheliche Befangenheit).[35]

4.3.2.2.1 § 1795 I Ziff. 1–3 BGB

§ 1795 BGB enthält drei Ausschlußtatbestände. Ein Elternteil kann das Kind nicht **116** vertreten, bei einem Rechtsgeschäft zwischen dem Kind und seinem Ehegatten oder einem Verwandten gerader Linie, es sei denn, daß das Rechtsgeschäft in der Erfüllung einer Verbindlichkeit besteht.
Wird lediglich eine schon bestehende Verbindlichkeit erfüllt, so besteht die Gefahr der Interessenkollision nicht, da das Erfüllungsgeschäft wertneutral ist.[36] Die Eltern sind ferner von der Vertretung des Kindes ausgeschlossen, wenn das Rechtsgeschäft die Übertragung, Minderung oder Aufhebung einer z. B. durch Hypothek, Schiffshypothek, Fahrnispfand oder Bürgschaft gesicherten Forderung gegen die Eltern bzw. ein entsprechendes Verpflichtungsgeschäft zum Gegenstand hat, § 1795 I 2 BGB. Verfügungen über ungesicherte Forderungen fallen nicht unter das Vertretungsverbot. Eine analoge Anwendung des Verbots ist aber auf Grundschulden erforderlich. Das ergibt sich aus der Funktionsgleichheit dieses Sicherungsmittels gegenüber der Hypothek. Es ist nicht ersichtlich, warum die durch Grundschuld gesicherte Forderung nicht unter das Verbot fallen sollte.[37]
Letztlich sind die Eltern gem. § 1795 I 3 BGB von der Prozeßvertretung ausgeschlossen bei Rechtsstreitigkeiten zwischen den unter Nr. 1 genannten Personen oder bei einem Rechtsstreit über eine in Nr. 2 genannte Angelegenheit.[38]

4.3.2.2.2 Elternschenkungen

Die Vertretungsmacht der Eltern ist aber auch gem. § 1795 II BGB in Verbindung **117** mit § 181 BGB beschränkt. Ausgeschlossen sind deshalb sog. Insichgeschäfte, bei denen der gesetzliche Vertreter des Kindes an dem Rechtsgeschäft einerseits als Partei andererseits als Vertreter des geschäftsunfähigen Kindes beteiligt ist.[39] Diese Beschränkung spielt in der Praxis vor allem bei Erbauseinandersetzungen, Schenkun-

---

35 BGH NJW 72, 1708; KG FZ 74, 380; Palandt § 1629 BGB Anm. 5; Soergel § 1629 BGB Anm. 25; Erman § 1629 BGB Anm. 17
36 Wegen der Einzelheiten wird auf die auch insoweit einschlägige Kommentierung zu § 181 BGB verwiesen, vgl. für viele Palandt § 181 BGB Anm. 4
37 Palandt § 1795 BGB Anm. 2; Erman § 1795 BGB Anm. 5; a. A. wegen des Gesetzeswortlaut Staudinger § 1795 BGB Anm. 10. Diese Mindermeinung ist vor dem Hintergrund der abstrakt-teleologischen Gesetzesauslegung zu eng und daher abzulehnen
38 Die Vertretung ist gleichwohl zulässig, wenn es um die Erfüllung einer Verbindlichkeit geht, *siehe dazu RNr. 117*
39 Für den anderen Elternteil gilt § 181 BGB nicht. Dieser ist aber schon über § 1795 I 1 BGB von der Vertretung ausgeschlossen. I. E. gilt: Ist der stellvertretende Elternteil selbst

gen und Familiengesellschaften eine wesentliche Rolle. Es geht in diesem Sachzusammenhang wie auch bei dem Vertretungsausschluß gem. §§ 1629 II, 1795 I BGB um die außerordentlich wichtige Frage, ob bei Fehlen der Vertretungsmacht ein Ergänzungspfleger bestellt werden muß oder die Eltern das Kind bei dem Rechtsgeschäft, an dem sie selbst beteiligt sind, wirksam vertreten können.

Zunächst ist festzuhalten, daß die Ausnahme vom Verbot des Insichgeschäfts bei Gestattung im elterlichen Vertretungsrecht mangels gestattungsbefugter Person ausscheidet. Weder der andere Elternteil noch das VG sind dazu berufen.[40] Allein die Zweckmäßigkeitserwägung darf aber nicht zur Entbehrlichkeit der Pflegschaft führen, da eine entsprechende Rechtsmacht des VGs auch nicht gewohnheitsrechtlich abgeleitet werden kann.

Eltern können aber als erlaubtes Insichgeschäft Verbindlichkeiten erfüllen. Insoweit gilt dasselbe wie bei § 1795 BGB im Rahmen von Rechtsgeschäften mit Verwandten oder dem Ehegatten.

Bei den rechtlich schwierig zu beurteilenden **Elternschenkungen** ist diese Ausnahme vom Verbot des Insichgeschäfts bisweilen als vorliegend angenommen worden. Zur Begründung dient in diesem Zusammenhang das Argument, daß Eltern durch die Schenkung an ihr Kind eine Unterhaltsverpflichtung erfüllen und deshalb auf beiden Seiten des Schenkungsvertrages Willenserklärungen abgeben können.[41] Dieser Argumentation kann nicht gefolgt werden. Erfüllung einer Verbindlichkeit i. S. von §§ 181, 1795 BGB bedeutet ganz allgemein Herbeiführung der sachenrechtlichen Übereignung. Eltern sind aber nicht verpflichtet, die dem Unterhalt dienenden Sachen dem Kind nach § 929 BGB zu übereignen. Die Unterhaltsverpflichtung bezieht sich lediglich auf das Gewähren von Unterhalt.

Mit dem Übergang von der formalen zur abstrakt-teleologischen Gesetzesauslegung bei § 181 BGB hat die Rspr. auch dann Insichgeschäfte zugelassen, wenn sie für das Kind rechtlich vorteilhaft sind. Damit hat die Judikatur dem Umstand Rechnung getragen, daß in solchen Fällen durch das Insichgeschäft keine Interessengefährdung herbeigeführt werden kann.[42] Dann ist die Bestellung eines Ergänzungspflegers ebenfalls entbehrlich.[43] Für den Vormundschaftsrechtspfleger, der über die Notwendigkeit einer Ergänzungspflegschaft zu entscheiden hat, erhebt sich die schwierige Frage, wann ein **rechtlicher Vorteil** gegeben ist und wann nicht. Die gleiche Problematik ist bei § 107 BGB bekannt, wonach ein beschränkt Geschäftsfähiger ohne die Vertreter handeln kann, wenn das Rechtsgeschäft für ihn rechtlich vorteilhaft ist. Die Rspr. und Lehre ist diesen Schwierigkeiten mit der Bildung von Fallgruppen entgegengetreten, die der Konkretisierung dienen. Es kommt nach ganz allgemeiner

---

Vertragspartei, so ist er über § 1795 II, 181 BGB ausgeschlossen. Ist sein Ehegatte Vertragspartei, so läßt sich der Vertretungsausschluß über §§ 1795 I 1 BGB herleiten. Ist z. B. sein Vater Vertragspartei, so ist er selbst über § 1795 I 1 BGB, sein Ehegatte direkt über § 1629 II BGB nach den Grundsätzen über die eheliche Befangenheit von der Vertretung ausgeschlossen

40 BGHZ 21, 234; Beitzke § 28 I 3d; OLG Hamm FZ 75, 510; Palandt § 1795 BGB Anm. 1; Staudinger § 1795 BGB Anm. 7

41 MünchnerK § 1629 BGB Anm. 26; Erman § 1629 BGB Anm. 13; Beitzke § 28 I 3d

42 BGH NJW 75, 1885; BayOblG FZ 74, 659; Soergel § 107 BGB Anm. 1

43 Das beschränkt geschäftsfähige Kind handelt in diesen Fällen ohnehin alleine, § 107 BGB. Zur Frage des Insichgeschäfts nach § 181 BGB kommt es nicht mehr

Ansicht nicht auf die wirtschaftlichen Vorteile an. Öffentlich-rechtliche Verpflichtungen wie Streupflicht oder Verkehrssicherungspflicht sind keine Nachteile, die aus dem Rechtsgeschäft selbst resultieren. Sie hängen mit dem dinglichen Vollzug der Verpflichtung zusammen.[44] Auch die Schenkung hypothekarisch gesicherter Forderungen wird ohne Ergänzungspfleger für zulässig gehalten, da der tatsächliche Nachteil Folge der dinglichen Rechtslage ist und nicht unmittelbar aus dem Rechtsgeschäft selbst fließt.[45] Das gilt auch, wenn die Belastungen den Wert des Grundstücks übersteigen.[46] Ein rechtlicher Nachteil für das Kind persönlich ist damit nicht verbunden. Die Haftung ist dinglich auf das Grundstück beschränkt. In der Literatur wird wohl z. T. die Kostenhaftung des Kindes im Falle einer Zwangsvollstreckung als nachteilhaft gewertet.[47] Doch ist auch diese Kostenhaftung wie etwa die Steuerpflicht kein unmittelbarer Nachteil, der durch die Schenkung selbst herbeigeführt wird, sondern sie kann mittelbare Folge des Schenkungsvollzugs sein. Das ergibt sich schon aus dem Umstand, daß eine Zwangsvollstreckung in das Grundstück nicht in jedem Falle stattfinden muß.

Als rechtlich vorteilhaft ist deshalb auch die Schenkung mit erbrechtlicher Ausgleichsanordnung nach § 2050 BGB III anzusehen, da keine schuldrechtliche Verpflichtung des Beschenkten damit verbunden ist.[48]

Führt die Schenkung dagegen zur persönlichen Verpflichtung oder zur Aufgabe eines Rechts, so ist sie nicht nur vorteilhaft. Das gilt z. B. für die Schenkung unter Auflage,[49] die schenkungsweise stille Beteiligung,[50] die Schenkung eines Grundstücks mit einer Reallast[51] und die geschenkte Vermögensübernahme.[52] Neutrale Geschäfte[53] sind wie vorteilhafte zu behandeln, da das Kind dann nicht schutzbedürftig ist.

4.3.2.2.3 Familiengesellschaften

Die genannten Ausschlußtatbestände der §§ 1629 II, 1795, 181 BGB haben neben der **118** »Elternschenkung« auch bei den sog. Familiengesellschaften[54] große praktische Bedeutung. Beim Abschluß eines Gesellschaftsvertrages zur Gründung einer Personalgesellschaft (BGB-Gesellschaft, §§ 705 ff. BGB, offene Handelsgesellschaft, §§ 105 ff. HGB und Kommanditgesellschaft, §§ 161 ff. HGB), an der auch minderjährige Kinder beteiligt sind, sind die Eltern grundsätzlich von der Vertretung der Kinder ausgeschlossen.

---

44 BGHZ 15, 168; Soergel § 107 BGB Anm. 1
45 Palandt § 1629 BGB Anm. 4; Erman § 1629 BGB Anm. 13
46 BayOblG Rpfl. 79, 197
47 Vgl. dazu Palandt § 1629 BGB Anm. 4
48 BGHZ 15, 171. Nach § 2050 BGB III sind Zuwendungen, die der Erblasser zu Lebzeiten gemacht hat, im Erbfalle auszugleichen, wenn der Erblasser den Ausgleich ausdrücklich angeordnet hat
49 Soergel § 107 BGB Anm. 3; MünchnerK § 107 BGB Anm. 24
50 BFH Betrieb 74, 365
51 BGHZ 53, 178
52 Z. B. Leistungsbestimmung als Dritter nach § 317 BGB; vgl. MünchnerK § 107 BGB Anm. 2
53 Für viele Erman § 181 BGB Anm. 4
54 Zur Familiengemeinschaft vgl. Wiedemann S. 118

Gründen die Eltern beispielsweise gemeinsam mit zwei minderjährigen Kindern eine OHG, so ist sowohl der Vater als auch die Mutter nach den §§ 1629 II, 1795 II, 181 BGB von der Vertretung ausgeschlossen. Für jedes Kind muß ein Ergänzungspfleger bestellt werden, da ein einziger Pfleger wiederum gemäß den §§ 1915, 1795 II, 181 BGB von der Vertretung ausgeschlossen wäre.

Die Beteiligung an einer Familien-Personalgesellschaft stellt auch für die minderjährigen Kinder nicht lediglich einen rechtlichen Vorteil dar, denn durch den Abschluß des Gesellschaftsvertrages werden sie regelmäßig verpflichtet, Beiträge zu erbringen und haften im übrigen grundsätzlich mit ihrem gesamten Vermögen für die Verbindlichkeiten der Gesellschaft.[55]

Die Eltern sind selbst dann von der Vertretung der Kinder ausgeschlossen, wenn sie ihnen diese Beteiligung schenkweise zuwenden. Durch die Schenkung übernehmen die Eltern zwar die Leistung der Beiträge; sie können jedoch die Kinder nicht mit Wirkung gegenüber dritten Personen von der Haftung für die Verbindlichkeiten der Gesellschaft freistellen. Diese Schenkung bringt den Kindern somit nicht lediglich einen rechtlichen Vorteil, sondern auch Nachteile.

Eine Ausnahme ergibt sich insoweit nur bei der Beteiligung als Kommanditist, bei dem die Haftung grundsätzlich auf die Einlage beschränkt ist.[56] In einem solchen Fall stellt die Schenkung lediglich einen rechtlichen Vorteil dar.

Etwas anderes ergibt sich letztlich auch nicht, wenn es sich bei der Beteiligung des Kindes um die **Erfüllung eines wirksamen Schenkungs- oder Ausstattungsversprechens** handelt. In einem solchen Fall geht es zwar um die »Erfüllung einer Verbindlichkeit«. Nach allgemeiner Auffassung ist der Sinn der Klausel »Erfüllung einer Verbindlichkeit« in §§ 1795 I Ziff. 1, 181 BGB, jedoch nur darin zu sehen, die reinen Erfüllungsgeschäfte dem Ausschlußtatbestand der genannten Vorschriften zu entziehen, weil sie dem Minderjährigen nur Vorteile bringen. Dem liegt der Gedanke zugrunde, daß es besser ist, das Geld oder die Sache selbst zu haben, als lediglich einen darauf gerichteten schuldrechtlichen Anspruch.[57] Bringt jedoch abweichend von diesem Grundgedanken das Erfüllungsgeschäft selbst nicht lediglich rechtliche Vorteile für den Minderjährigen mit sich, so muß eine Gesamtbetrachtung angestellt werden, die das schuldrechtliche und das dingliche Geschäft umfaßt.[58] Ergibt diese Sicht, daß nicht nur ein rechtlicher Vorteil vorliegt, – und das ist in den hier angeführten Schenkungs- oder Ausstattungsversprechen und deren Erfüllung wegen der persönlichen Haftung des Beschenkten der Fall – dann handelt es sich dabei nicht um die »Erfüllung einer Verbindlichkeit« im Sinne der §§ 1795 I Ziff. 1, 181 BGB.[59]

Die Eltern sind also bei dem Erfüllungsgeschäft (hier beim Abschluß des Gesellschaftsvertrages) von der Vertretung der Kinder ausgeschlossen.

---

55 Durch den Gesellschaftsvertrag werden die minderjährigen Kinder auch zur besonderen gesellschaftsrechtlichen Treue verpflichtet. Diese Verpflichtung kann aber in diesem Zusammenhang außer acht bleiben, da sie allein das Vorliegen eines rechtlichen Vorteils nicht ausschließen kann. Sie wird in diesem Zusammenhang als wertneutral angesehen

56 Vgl. aber auch § 176 HGB, der für gewisse Fälle eine unbeschränkte persönliche Haftung des Kommanditisten ausnahmsweise vorsieht

57 Harder Jus 1977, 149 (152 l. Sp. oben) weist darauf hin, daß es sich hierbei nicht um eine bloße ökonomische Binsenweisheit handelt, sondern um eine juristische Regel, die auf das römische Recht zurückgeht

58 So BGHZ 78, 34

59 Vgl. im übrigen dazu Palandt § 181 BGB Anm. 4b

Die vorstehenden Ausführungen gelten entsprechend, wenn ein Kind später einer bestehenden Personalgesellschaft beitritt, an der bereits seine Eltern beteiligt sind. Nicht von der Vertretung ausgeschlossen sind die Eltern allerdings dann, wenn dem Kind die Mitgliedschaft eines Dritten, der ebenfalls an der Gesellschaft der Eltern beteiligt ist, durch Vertrag zwischen dem Dritten und dem Kind übertragen wird.[60] In einem solchen Fall liegt keiner der Ausschlußtatbestände der §§ 1795, 181 BGB vor.[61]

Bei den Familienkapitalgesellschaften (einer GmbH oder Aktiengesellschaft) gilt hinsichtlich der Beteiligung von minderjährigen Kindern an der Gründung das zur Personalgesellschaft Ausgeführte entsprechend: Die Eltern sind grundsätzlich von der Vertretung der Kinder ausgeschlossen. Soweit die Kinder eine solche Beteiligung schenkweise oder in Erfüllung eines Schenkungs- oder Ausstattungsversprechens erwerben, sind die Eltern – von zwei noch zu erörternden Ausnahmen abgesehen – nicht von der Vertretung ausgeschlossen, da die Haftung immer auf den Geschäftsanteil oder die Aktie beschränkt und somit die Zuwendung immer ein rechtlicher Vorteil ist.

Eine Ausnahme ist für den Fall zu machen, daß sich das Kind an einer GmbH beteiligt, bei der noch nicht alle Stammeinlagen voll eingezahlt sind. Dann nämlich haftet das Kind bei Zahlungsunfähigkeit eines Gesellschafters mit seinem gesamten Privatvermögen entsprechend seiner Beteiligung für die Einlage des zahlungsunfähigen Gesellschafters gemäß § 24 GmbHG. Eine weitere Ausnahme wird man in den Fällen machen müssen, in denen die GmbH-Satzung eine Nachschußpflicht vorsieht, die auf einen bestimmten Betrag begrenzt ist, vgl. § 28 GmbHG. Dabei ist zu bedenken, daß diese Nachschußpflicht der Höhe nach ein Vielfaches des Wertes der Beteiligung ausmachen kann und jeder Gesellschafter insoweit für seinen Betrag mit seinem gesamten Vermögen haftet. Er kann sich auch nicht durch Preisgabe seines Geschäftsanteils von dieser Verpflichtung befreien[62], wie dies bei der unbeschränkten Nachschußpflicht möglich ist, vgl. § 27 GmbHG.

Liegt also einer dieser beiden Ausnahmefälle vor, so sind die Eltern beim Abschluß eines Gesellschaftsvertrages, an dem sie und ihre minderjährigen Kinder beteiligt sind, selbst dann von der Vertretung der Kinder ausgeschlossen, wenn diese die Beteiligung schenkweise oder in Erfüllung eines Schenkungs- oder Ausstattungsversprechens zuwenden.

Erwerben die Kinder diese Beteiligung an einer Kapitalgesellschaft, an der auch die Eltern beteiligt sind, später, so gilt das vorstehend Ausgeführte entsprechend, wenn die Kinder den Geschäftsanteil oder die Aktie von einem Elternteil erwerben. Erwerben sie den Geschäftsanteil oder die Aktie von einem Dritten, so liegt – selbst

---

60 Dies ist allerdings nur möglich, wenn der Gesellschaftsvertrag eine solche Übertragung der Mitgliedschaft gestattet bzw. vorsieht. Die Einzelheiten sind umstritten, vgl. z. B. Flume § 345 ff.
61 In einem solchen Fall muß allerdings überlegt werden, ob nicht der § 181 BGB analog anzuwenden ist. Denn der Sache nach ist es praktisch rein zufällig, ob die Mitgliedschaft nur durch Änderung des Gesellschaftsvertrages übertragen werden kann oder, weil der Gesellschaftsvertrag Entsprechendes vorsieht, durch Vertrag lediglich zwischen »Austretendem« und »Eintretendem«. Für die analoge Anwendung in diesem Zusammenhang Wiedemann, S. 182 f.
62 *Vgl. dazu beispielsweise RNr. 117*

wenn auch die Eltern dieser Gesellschaft angehören – keiner der Ausschlußtatbestände der §§ 1629 II, 1795, 181 BGB vor.

Die gleiche Frage, nämlich inwieweit die genannten Ausschlußtatbestände eingreifen, stellt sich auch, soweit es um die laufende Ausübung der Rechte des Kindes aus dem Gesellschaftsverhältnis geht und zwar unabhängig davon, ob es sich um eine Personal- oder Kapitalgesellschaft handelt.

Soweit es sich bei den Familiengesellschaften um Änderungen des Gesellschaftsvertrages handelt, sind die Eltern von der Vertretung der Kinder ausgeschlossen und zwar **gemäß den §§ 1629 Abs. II, 1795 I Ziff. 1 und 181 BGB.**[63]

Fraglich ist, was in diesem Zusammenhang hinsichtlich der laufenden Geschäftsführung auf der Grundlage des Gesellschaftsvertrages gilt. Auf den ersten Blick scheint eine Dauerpflegschaft erforderlich.

Der Begriff der »Dauerpflegschaft« ist insofern mißverständlich, als er den Anschein erweckt, daß ein Pfleger mit einem Wirkungskreis für alle gesellschaftsrechtlichen Angelegenheiten der minderjährigen Kinder bestellt wird. Eine Pflegschaft kann aber in diesem Zusammenhang gemäß § 1909 BGB nur für den Fall angeordnet werden, daß die Eltern aufgrund eines bestimmten Ausschlußtatbestandes von einem konkreten Rechtsgeschäft oder bei mehreren von der Vertretung ausgeschlossen sind. Soweit dies der Fall ist, tritt an die Stelle der Eltern gewissermaßen punktuell der Pfleger. Eine Beobachtungspflegschaft etwa dahingehend, daß der Pfleger ständig (bei gesellschaftsrechtlichen Angelegenheiten) darüber wacht, ob die Eltern die Interessen ihrer minderjährigen Kinder pflichtgemäß wahrnehmen, gibt es nicht.

Die Ausschlußtatbestände der genannten Vorschriften können nur dann eingreifen, wenn es sich um »Rechtsgeschäfte« handelt. Insoweit beschränkt sich die Fragestellung im wesentlichen auf Gesellschafterbeschlüsse. Gesellschafterbeschlüsse sind Rechtsgeschäfte.[64]

Wirken nunmehr die Eltern für sich und gleichzeitig für ihre minderjährigen Kinder an der Beschlußfassung mit, so ist in der Stimmabgabe eine Willenserklärung[65] zu sehen, die die Eltern als Vertreter des Kindes auch an sich selbst abgeben. Dieser Sachverhalt stellt dem Wortlaut nach ein typisches Insichgeschäft im Sinne des § 181 BGB dar. Trotzdem trifft dem Sinn und Zweck nach der Tatbestand des § 181 BGB auf die Beschlußfassung nicht zu. »Bei einem Rechtsgeschäft der in § 181 BGB gemeinten Art stehen zwei oder mehr Personen typischerweise in der Rolle von Geschäftsgegnern, von denen jeder zu Lasten des anderen seine eigene Rechtsposition zu verschieben oder zu stärken trachtet, jeweils auf verschiedenen Seiten.«[66] Bei der Beschlußfassung geht es aber gerade nicht um die Austragung individueller Interessengegensätze, deren Zusammentreffen in derselben Person § 181 BGB verhindern will. Alle Gesellschafter verfolgen vielmehr gemeinsam (also nicht auf jeweils verschiedenen Seiten) den gleichen, nämlich den Gesellschaftszweck. Die Interessen der am Beschluß beteiligten Gesellschafter sind gleichgerichtet. Die

63 *Vgl. dazu auch 4.3.2.2.3/61.* Hinsichtlich der Kapitalgesellschaften wird z. T. die Ansicht vertreten, daß § 181 BGB auch bei Satzungsänderungen nicht anwendbar ist, vgl. z. B. R. Fischer, in: Festschrift für Fritz Hauß (1978), S. 61, 78
64 Vgl. für die herrschende Meinung Wiedemann, S. 179, mit zahlreichen Literatur- und Rechtsprechungshinweisen dazu
65 Auch dies ist herrschende Meinung, vgl. Wiedemann, a. a. O.
66 So wörtlich der BGH in seinem Beschluß vom 18. 9. 1975, NJW 1976, 49 (50, l. Sp.)

Beschlußfassung dient nur dazu, unter den verschiedenen Meinungen der Gesellschafter über die Verwirklichung des gemeinsamen Interesses diejenige verbindlich auch für die Minderheit festzulegen, die von der Mehrheit für richtig gehalten wird.[67] Aus dem Sinn und Zweck des § 181 BGB – und das gilt ebenso für § 1795 I Ziff. 1 BGB – ergibt sich also, daß der Ausschlußtatbestand nicht auf Gesellschafterbeschlüsse[68] anwendbar ist und somit die Eltern zugleich auch für ihre minderjährigen Kinder mitwirken können.[69]

4.3.2.2.4 Erbauseinandersetzungen

Außer bei Elternschenkungen und Familiengesellschaften hat die Problematik des **119** Insichgeschäfts noch im erbrechtlichen Bereich praktische Relevanz. Es geht um die Erbauseinandersetzungen zwischen Eltern und Kind.
Bei reinen Außengeschäften zur Auseinandersetzung von Erbengemeinschaften, an denen Eltern und Kinder gemeinsam beteiligt sind, ist die Bestellung eines Pflegers mangels Insichgeschäft nicht notwendig.[70] Die Erbschaft wird in diesen Fällen nach außen z. B. durch die Veräußerung des gesamten Nachlasses an einen Dritten gegen einen schon für jeden Miterben nicht mehr aufzuteilenden Betrag oder durch Übertragung eines jeglichen Erbenanteils gesondert an einen Dritten aufgelöst, ohne daß ein Rechtsgeschäft zwischen den Erben dazu nötig ist.
Die Eltern können ihre Kinder insoweit also unbedenklich vertreten. Bei der Übernahme der Erbschaft durch einen Miterben wird dagegen ein Pfleger notwendig. Wird der Nachlaß ungeteilt durch einen Elternteil übernommen, muß für jedes Kind ein gesonderter Pfleger bestellt werden. Es muß dabei eine Teilung unter den Miterben vorgenommen werden. In diesem Zusammenhang kommt es zu Rechtsgeschäften unter den Kindern. Nur durch den Einsatz von selbständigen Pflegern können die Interessen der einzelnen Kinder ohne Gefahr der Kollision vertreten werden. Der Elternteil, der die Erbschaft übernimmt, gibt für sich eine Willenserklärung ab, die jeweiligen Pfleger vertreten die jeweiligen Kinder zunächst untereinander und dann gegenüber dem Elternteil.
Ein Pfleger für alle Kinder dagegen reicht, wenn nur einzelne Miterbenanteile von einem Elternteil übernommen werden.[71]

---

67 Abkürzend für diesen Sachverhalt ist vom BGH auch der Begriff des »Sozialaktes« verwendet worden, s. dazu BGH NJW 1976 a. a. O. In diesem Sinne sollte mit dem Begriff Sozialakt nicht gemeint sein, daß der Begriff einen Gegensatz zum Begriff Rechtsgeschäft darstellen (auch Sozialakte sind Rechtsgeschäfte), sondern nur gekennzeichnet sein, daß auf diese »Sozialakte« § 181 BGB nicht anwendbar ist. Der Begriff »Sozialakt« ist leider auch in anderen Zusammenhängen mit anderer Bedeutung verwendet worden, vgl. dazu Wiedemann, S. 178. Aus diesem Grunde sollte dieser Begriff mit größter Sorgfalt verwendet werden
68 Vgl. dazu die Darstellung der Entwicklung des Meinungsstandes bei Wiedemann, S. 180 ff. Vgl. auch MünchnerK § 705 BGB Anm. 50
69 Dies gilt grundsätzlich für alle Gesellschafterbeschlüsse, die keine Gesellschaftsvertrags- oder Satzungsänderung darstellen, also bei der OHG oder KG solche gemäß §§ 116 II, 164 HGB. Auch Zustimmungen der Gesellschafter zu Geschäftsführungsmaßnahmen können als Beschlüsse eingestuft werden
70 BGHZ 50, 10; Staudinger § 181 BGB Anm. 19p; Soergel § 181 BGB Anm. 16
71 Erman § 181 BGB Anm. 5

Das Erbe ist dann bereits geteilt. Rechtsgeschäfte der Kinder untereinander fallen
nicht an. Der Pfleger vertritt dann die in diesem Fall parallel laufenden Interessen der
Kinder.

In allen anderen Fällen ist für die Auseinandersetzung für jedes Kind ein Pfleger
notwendig, weil es dann um Teilungsgeschäfte geht, die entweder für einzelne
Angelegenheiten oder einen Kreis von Angelegenheiten zwischen allen Miterben
untereinander abzuschließen sind.[72]

4.3.2.2.5 Entzug der Vertretungsmacht

120 Darüber hinaus kann das VG gem. §§ 1629 II, 1796 BGB den Eltern die Vertretungsmacht entweder für einzelne oder einen ganzen Kreis von Angelegenheiten entziehen. Die Entziehung soll nur erfolgen, wenn das Interesse des Kindes zu den
Interessen der Eltern oder eines von ihnen vertretenen Dritten oder einer in § 1795 I
Ziff. 1 BGB bezeichneten Person im erheblichen Gegensatz steht. Es handelt sich um
eine Generalklausel bei Pflichtenkollision. Materielle Voraussetzung für die Entziehung ist ein erheblicher Interessengegensatz, d. h. die Förderung des einen Interesses
muß zwangsläufig auf Kosten des anderen gehen. § 1796 BGB schützt das Kind, z. B.
wenn ihm Unterhalt oder Ersatzansprüche gegen die Eltern zustehen.[73] Auch beim
Vorliegen von Rechtsgemeinschaften greift die Vorschrift ein, wenn besondere
gegensätzliche Interessen vorhanden sind.[74]

Beispiel: Gemeinsam betriebene Teilungsversteigerung nach § 180 ZVG, Beteiligung von
Eltern und Kind in der gleichen Prozeßrolle mit unterschiedlichem Interesse an Sachverhalts-
feststellung und Kostenentscheidung. Weiterhin werden von § 1796 BGB die Fälle erfaßt, in
denen ein Strafantrag des Kindes gegen den anderen Elternteil notwendig wird oder das
Geltendmachen eines Zeugnisverweigerungsrechts in einem solchen Verfahren.

Das Entziehungsverfahren unterliegt den Regeln des FGG. Es entscheidet der Rpfl.
beim VG, §§ 3 Ziff. 2a RpflG, 1796 BGB. Die örtlichen Zuständigkeiten ergeben
sich aus §§ 35, 43 FGG.

Ist das Eingreifen des VG nach §§ 1629 II, 1796 BGB geboten, so ist das VG nach
h. M. nicht gezwungen, beiden Elternteilen die Vertretungsmacht zu entziehen.
Entzieht es nur einem Elternteil, so tritt automatisch Alleinvertretung des anderen
ein. Die Ausübungsbindung entfällt.[75] Ist das Vertretungsrecht partiell entzogen,
kann insoweit nur der Pfleger handeln. Es muß ein Pfleger bestellt werden, andernfalls begeht das VG eine Amtspflichtverletzung.[76]

---

72 Palandt § 2042 BGB Anm. 2a; MünchnerK § 1629 BGB Anm. 25
73 OLG Hamm FZ 74, 31
74 Vgl. BGH NJW 55, 217
75 Gernhuber, S. 785; Soergel § 1629 BGB Anm. 37; a. A. MünchnerK § 1629 Anm. 30,
    wonach entspr. der Rechtslage bei den gesetzlichen Ausschlußtatbeständen auch der unbe-
    teiligte Elternteil nicht mehr vertretungsbefugt sein darf. Für diese Ansicht finden sich
    jedoch im Gesetzeswortlaut keinerlei Anhaltspunkte
76 BGH FZ 61, 473. Der Entzug der Vertretungsmacht kann auch schlüssig in dieser Pflegerbe-
    stellung liegen; vgl. Soergel § 1629 BGB Anm. 37 m. w. Nachw.

Handeln die Eltern ohne Vertretungsmacht, so sind abgeschlossene Verträge schwe-bend unwirksam. Es gelten die allgemeinen Regeln über die Genehmigung, § 177f BGB. Genehmigen kann der bestellte Pfleger oder das Kind, nachdem es volljährig geworden ist. Niemals ist dies den Eltern selbst möglich.[77]

4.3.3 Die vormundschaftsgerichtliche Genehmigung

Eine weitere Beschränkung der elterlichen Sorge ergibt sich aus der Genehmigungs-   **121** pflicht für bestimmte Rechtsgeschäfte, die im Gesetz abschließend aufgeführt sind, §§ 1643 II, 1821, 1822 Ziff. 1, 3, 5, 8, 11 BGB. Zweck des Genehmigungsverfahren ist die staatliche Kontrolle der Ausübung elterlicher Vermögenssorge in wichtigen Angelegenheiten.

4.3.3.1 Wesen der Genehmigung

Die vormundschaftliche Genehmigung ist ein Akt der freiwilligen Gerichtsbarkeit,   **122** auf den sinngemäß die Regeln über die Willenserklärungen Anwendung finden.[1] Man unterscheidet je nach Natur der Genehmigung zwischen Innen- und Außengenehmi-gung. Eine Innengenehmigung liegt vor, wenn die Eltern zwar im Verhältnis zum VG verpflichtet sind die Genehmigung einzuholen, die Genehmigung aber für die Wirk-samkeit des elterlichen Handels nach außen hin nicht erforderlich ist. Von einer Außengenehmigung spricht man dagegen, wenn für die Wirksamkeit des Rechtsge-schäfts die Genehmigung Tatbestandsvoraussetzung ist. Das geltende elterliche Sor-gerecht kennt nur noch die Außengenehmigung.[2]

4.3.3.2 Genehmigungsverfahren

4.3.3.2.1 Genehmigung von gegenseitigen Verträgen

Die Genehmigung bei vertraglichen Rechtsgeschäften wird entweder vor oder nach   **123** dem Rechtsgeschäft, auf das sie sich bezieht, eingeholt. In der Praxis ist die nachträg-liche Einholung die Regel. Schließen die Eltern einen Vertrag ohne die erforderliche Genehmigung, so ist der Vertrag schwebend unwirksam. Die Wirksamkeit hängt von der nachträglichen Genehmigung ab, § 1829 BGB. Wird die Genehmigung erteilt, so wird der Vertrag rückwirkend wirksam. Wird sie dagegen verweigert, so ist das Rechtsgeschäft nichtig. Während der Schwebezeit ist der Geschäftspartner des Kin-des nicht zum Widerruf seiner Willenserklärung berechtigt. Er darf aber widerrufen bei Täuschung über die Genehmigungsangelegenheit, § 1830 BGB.
Die Genehmigung des VG wird den Eltern gegenüber erklärt, § 1828 BGB. Das Genehmigungsverfahren ist ein Verfahren der freiwilligen Gerichtsbarkeit, für das

---

77 BayOblG NJW 60, 577
 1 Beitzke § 37 IV 3; Erman § 1828 BGB Anm. 1; MünchnerK § 1828 BGB Anm. 3
 2 Vgl. § 1811 BGB für den Vormund

der Rpfl. oder der Richter beim VG zuständig sind, §§ 3 Ziff. 2a, 14 RpflG. Ein Antrag der Eltern ist nicht erforderlich, wird aber zumeist Anlaß des Genehmigungsverfahrens sein. Das VG kann auch von Amts wegen tätig werden. Der Geschäftspartner ist dagegen nicht zur Antragsstellung berechtigt. Zur Vorbereitung hat das VG die erforderlichen Aufklärungen zu treffen, § 12 FGG. Die Anhörung der Beteiligten erfolgt nach § 50a ff. FGG. Die sachliche Zuständigkeit des VG ergibt sich aus §§ 35, 40 FGG. Die Genehmigung wird bei vertraglichen Rechtsgeschäften dem anderen Teil gegenüber erst wirksam, wenn sie ihm durch die Eltern mitgeteilt wird, § 1829 BGB. Die Eltern brauchen aber keinen Gebrauch von der Genehmigung zu machen. Teilen sie dies dem Vertragspartner mit, so ist der Schwebezustand beendet und das Rechtsgeschäft nichtig. Diese Konstruktion dient dem Wohle des Kindes, denn die Eltern können erneut in die Prüfung eintreten, ob das Geschäft dem Kind nützlich ist. Der unerfahrene Geschäftspartner, der auf den Bestand seines Geschäftes vertraut, wird dagegen benachteiligt. Da niemandem längere Ungewißheit während des Schwebezustandes zugemutet werden kann, darf der Vertragspartner die Eltern zur Mitteilung auffordern, ob die Genehmigung erteilt sei. Die Eltern müssen 2 Wochen nach Empfang der Aufforderung gegebenenfalls Mitteilung von der Genehmigung machen. Wird die Frist nicht eingehalten, so gilt die Genehmigung als verweigert, § 1829 II BGB.[3]

4.3.3.2.2 Einseitige Rechtsgeschäfte

124 Bei einseitigen Rechtsgeschäften muß die Genehmigung vorher eingeholt werden, § 1831 BGB. So wird der Erklärungsempfänger vor der Ungewißheit geschützt. Ausnahmsweise kann eine Erbschaftsausschlagung noch nachträglich genehmigt werden, allerdings nur innerhalb der Ausschlagungsfrist, §§ 1944f BGB.[4] Kommt es dabei zu Verzögerungen beim VG, haben diese fristhemmende Wirkung,[5] §§ 1944 II, 203 II BGB. Auch wenn die einseitige Erklärung erst mit Grundbucheintragung Rechtswirkungen entfaltet, ist die Genehmigung nachträglich möglich.
In diesen Fällen kann die Ungewißheit über Rechtwirkungen durch Zwischenverfügungen gem. § 18 GBO herabgemindert werden.[6] Die Genehmigung des obligatorischen Geschäfts deckt auch das dingliche.[7] Das gilt auch umgekehrt für das schuldrechtliche Geschäft, wenn das sachenrechtliche genehmigt worden ist.[8]
Das VG kann die einmal erteilte Genehmigung solange wieder zurücknehmen und ändern, wie die Genehmigung Dritten gegenüber noch nicht wirksam geworden ist, § 55 FGG. Dieser Zeitpunkt liegt bei der Vorgenehmigung bis zum Geschäft, bei der Nachgenehmigung bis zur Mitteilung an den Geschäftsgegner.[9] Später kann die Genehmigung auch dann nicht mehr zurückgenommen werden, selbst wenn sie erschlichen worden ist.

---

3 Entspr. § 108 II BGB
4 MünchnerK § 1831 BGB Anm. 5; Palandt § 1831 BGB Anm. 2
5 OLG Frankf. DNotZ 66, 613
6 Palandt § 1831 BGB Anm. 2
7 Für viele Palandt § 1828 BGB Anm. 3
8 RGZ 130, 148
9 Vgl. Palandt § 1828 BGB Anm. 5

4.3.3.3 Kindeswohl

Sachlicher Prüfungsmaßstab für das VG ist allein das Kindeswohl. Das ergibt sich aus **125** der Funktion des Genehmigungsverfahrens als staatliche Kontrolle über privatautonome elterliche Sorge. Das VG muß deshalb die Genehmigung erteilen, wenn Interessen des Kindes dem Rechtsgeschäft nicht entgegenstehen. Andernfalls muß die Genehmigung abgelehnt werden. Inhaltlich abändern darf das VG das zu genehmigende Rechtsgeschäft nicht. Innerhalb der Gesamtbetrachtung sind Vor- und Nachteile des Geschäfts für das Kind gegeneinander abzuwägen. Bei den Zweckmäßigkeitserwägungen müssen auch die Vorteile ideeller Art berücksichtigt werden.[10] In der Regel sind reine wirtschaftliche Überlegungen maßgeblich. Das Interesse der Eltern und des Geschäftspartners spielt bei der Abwägung keinerlei Rolle. Jedoch können Elterninteressen mittelbar das Kindeswohl beeinflussen.[11]

4.3.3.4 Umfang der Prüfungspflicht

Das VG prüft neben der **Zweckmäßigkeit** des Rechtsgeschäfts auch in gewissem **126** Umfang dessen **Zulässigkeit**. Die Genehmigung ist deshalb zu verweigern, wenn das Geschäft gegen ein gesetzliches Verbot oder gegen die guten Sitten verstößt, §§ 134, 138 BGB. Auch wenn das Rechtsgeschäft sonst irgendwie unwirksam ist, muß die Genehmigung verweigert werden. Das ergibt sich aus dem Grundsatz, daß sinnloses Tätigwerden vom Staat nicht verlangt werden kann.[12] Die Genehmigung ist aber nicht schon dann zu versagen, wenn der Vormundschaftsrichter bloße Zweifel an der Rechtmäßigkeit hat.[13] Auch bei Zweifeln an der Genehmigungsbedürftigkeit ist die Genehmigung nicht zu versagen.[14]

Sollte in den Augen des VGs ein Rechtsgeschäft in der konkret beabsichtigten Form gegen das Kindesinteresse verstoßen, kann aber durch eine geringfügige Änderung der Modalitäten eine Gefährdung des Kindeswohl vermieden werden, so ist die Erteilung der Genehmigung auch bedingt zulässig. Die Praxis kennt die Genehmigung eines Vertrages unter der Bedingung der sofortigen Zahlung der Gegenleistung auf ein Sperrkonto. Die Möglichkeit der bedingten Genehmigung gibt es aus Gründen der Rechtssicherheit aber nur bei der aufschiebenden Bedingung. Auflösende Bedingungen sind immer unzulässig.[15] Auch eine Genehmigung unter Auflage ist unmöglich.[16] Auflagen würden die grundgesetzlich garantierte Handlungsfreiheit der

---

10 OLG Karlsr. FZ 73, 378
11 LG Lübeck FZ 62, 312
12 Beispiel: Es tritt ein Elternteil auf, der von der Vertretung ausgeschlossen ist. Vgl. Gernhuber S. 796. Dann muß ein Pfleger bestellt werden.
13 KG FZ 63, 67; Palandt § 1828 BGB Anm. 2c; Gernhuber S. 796
14 Palandt a. a. O.
15 BayOblG FZ 77, 141; Staudinger § 1821 BGB Anm. 34. Erman § 1828 BGB Anm. 6; MünchnerK § 1828 BGB Anm. 3
16 H. M. OLG Frankfurt FZ 63, 453, Palandt § 1643 BGB Anm. 4; soweit die Mindermeinung darauf hinweist, daß eine Genehmigung unter Auflage besser sei als deren gänzliche Zurückweisung, wird verkannt, daß durch die geplante Auflage das Rechtsgeschäft inhaltlich vollständig durch das Gericht einseitig abgeändert werden kann. Vgl. für die Mindermeinung Beitzke § 37 IV 3b

Eltern ohne rechtfertigenden Grund über Gebühr beeinträchtigen. Denkbar ist eine Auflage aber als Maßnahme im Rahmen von § 1667 BGB bei Vermögensgefährdung. Es kann keine andere als die beantragte Genehmigung erteilt werden. Sie wird dann aber nur bedeutsam, wenn das Rechtsgeschäft der Abänderung angepaßt wird. Wird das Kind während der Schwebezeit volljährig, so kann es das Rechtsgeschäft selbst genehmigen, § 1829 III BGB. Ein Handeln des VGs erübrigt sich, weil die Volljährigkeit jede Einflußnahme des Staates beseitigen muß. Gleiches gilt bei Tod des Kindes. Das Recht zur Genehmigung geht auf die Erben über. Eine Genehmigung des VGs wird hinfällig.[17] Nicht nur das Rechtsgeschäft selbst, sondern auch Vorverträge zu einem solchen unterliegen der Genehmigungspflicht, da durch sie die gleiche rechtliche Bindung für das Kind erzeugt wird wie durch den Hauptvertrag. Das gleiche gilt für die Bevollmächtigung zu einem genehmigungspflichtigen Rechtsgeschäft.[18] Zwar ist die hieraus resultierende Wirkung für das Kind nicht vergleichbar mit der von dem Hauptvertrag ausgehenden Wirkung, jedoch stellt die Vollmachterteilung als solche schon eine Verfügung, i. S. der §§ 1643 I, 1821 I 1 BGB dar. Daran ändert auch der Umstand nichts, daß der Bevollmächtigte zum Abschluß des Rechtsgeschäfts die erneute Genehmigung braucht.[19]

Handelt das Kind selbst wirksam entweder über § 110 BGB oder mit Genehmigung der Eltern, so ist gleichwohl eine Genehmigung des VGs erforderlich. Ihre Notwendigkeit beschränkt sich also nicht nur auf das elterliche Handeln für das Kind.[20] Ist das Kind Mitglied einer Gesamthandsgemeinschaft (Erbengemeinschaft, BGB-Gesellschaft), so sind zunächst alle Akte, die das Kind allein betreffen, genehmigungspflichtig, wenn sie Genehmigungsfälle darstellen. Aber auch Handeln der Gemeinschaft als solches muß der Genehmigungspflicht unterworfen werden.[21] Das ergibt sich aus einer mit dem Handeln der Gesellschaft möglicherweise verbundenen Gefährdung des Kindeswohls. Handeln die vertretungsbefugten Gesellschafter einer Personenhandelsgesellschaft, an der das Kind beteiligt ist, so unterliegt deren Handeln gegebenenfalls nicht der Genehmigungspflicht. Der gewollte Schutz vor Gefährdung der Kindesinteressen ist in diesem Fall bereits dadurch erreicht, daß schon die Eingehung einer derartigen gesellschaftsrechtlichen Verpflichtung für das Kind genehmigungsbedürftig ist. Der staatlichen Kontrollfunktion wird insoweit schon bei Gründung einer Personenhandelsgesellschaft entsprochen.

Bei Beteiligung des Kindes an einer juristischen Person ist deren handeln wegen der besonderen Natur dieser Gesellschaftsform nicht genehmigungsbedürftig. Es handelt ja nicht das Kind im Verbund einer Gesamthandsgemeinschaft, sondern die AG oder GmbH selbst.[22]

Für die Prozeßführung ist keine Genehmigung des VGs erforderlich. Das ergibt sich aus der abschließenden Natur des Genehmigungskatalogs. Prozeßhandlungen sind dort eben nicht aufgeführt. Selbst wo Prozeßhandlungen materiell-rechtlichen Verfü-

---

17 BayOblG FZ 65, 101; Staudinger § 1829 BGB Anm. 31
18 BayOblG FZ 77, 141; Staudinger § 1821 BGB Anm. 34
19 Aus diesem Grund wird aber auch eine Genehmigungspflicht verneint, vgl. LG Frankf. FZ 75, 354
20 Beitzke § 28 III
21 OLG Hamburg FZ 58, 333; Erman § 1821 BGB Vorbem. 3; Staudinger § 1821 BGB Anm. 11
22 Gernhuber S. 803; für die GmbH vgl. Sudhoff, S. 9

gungen nahekommen, die genehmigungsbedürftig sind, herrscht Genehmigungsfreiheit.[23]
Die Genehmigung bezieht sich in der Regel nur auf das einzelne Geschäft. Sie kann aber aus Praktikabilitätsgründen für Kreditaufnahmen, Übernahme fremder Schulden, zur Ausstellung von Wechsel- oder Schuldverschreibungen als allgemeine Genehmigung erteilt werden, § 1825 BGB. Es ist dann möglich, sie auf alle in § 1825 BGB genannten Geschäfte oder nur auf Teilbereiche zu beziehen.[24] Im Rahmen von § 1825 BGB entscheidet der Rpfl, § 3 Ziff. 3a RpflG.

4.3.3.5 Negativattest

Kommt das VG zu dem Ergebnis, für das beabsichtigte Geschäft sei eine Genehmi-   **127**
gung nicht erforderlich, so teilt es diese Ansicht innerhalb eines sog. Negativattests dem Antragsteller mit. Ist die Ansicht des Gerichts unzutreffend, so ersetzt der Negativattest nicht die Genehmigung, denn Erwägungen zum Kindeswohl sind überhaupt nicht angestellt worden.[25]

4.3.3.6 Genehmigungsfälle

Die Aufzählung der genehmigungspflichtigen Akte ist im deutschen Familienrecht   **128**
nicht an einheitlicher Stelle erfolgt. Je nach Sachzusammenhang ist das Genehmigungserfordernis an entsprechender Stelle normiert.[26] Im Vordergrund stehen eindeutig Akte mit vermögensrechtlichem Einschlag, die deshalb auch Gegenstand der vorliegenden Darstellung sind. Für Genehmigungsfälle nichtvermögensrechtlicher Art gilt das einleitend zum Verfahren Ausgeführte und die allgemeinen Grundsätze sinngemäß.
Die Genehmigungsbedürftigkeit ergibt sich aus der Wichtigkeit gewisser Vermögensrechtlicher Geschäfte. Dabei ist beachtenswert, daß § 1643 I BGB nicht alle Geschäfte des gesamten **Genehmigungskatalog** für den Vormund übernimmt, sondern nur einzelne Geschäfte. Hinzu kommt gem. § 1643 II BGB die Erbschaftsausschlagung und die Ermächtigung der Eltern zum Betrieb eines selbständigen Erwerbsgeschäft durch das minderjährige Kind, § 112 BGB.

4.3.3.6.1 Genehmigungsfälle des § 1821 Ziff. 1–5 BGB

Der Genehmigung bedürfen zunächst gem. § 1821 Ziff. 1/3 BGB Verfügungen über   **129**
ein **Grundstück** (Schiff oder Schiffsbauwerk) oder über ein Recht an einem Grund-

---

23 BGH JZ 56, 62
24 Die Genehmigung soll nur erteilt werden zu Zwecken der Vermögensverwaltung, insbesondere zum Betrieb eines Erwerbsgeschäftes, § 1825 II BGB. Liegen die Voraussetzungen des § 1825 II BGB nicht vor und wird die Genehmigung dennoch erteilt, so ist sie gleichwohl wirksam.
25 BGHZ 44, 325; Erman § 1828 BGB Anm. 8; Beitzke § 37 IV 3d
26 Z. B. Antrag auf Todeserklärung gem. § 16 VerschG; Ehelichkeitsangelegenheiten gem. §§ 1600d I, 1600k II BGB; Unterbringung gem. § 1631b BGB

stück (Schiff oder Schiffsbauwerk). Verfügung ist ein Rechtsgeschäft, durch das auf das subjektive Recht unmittelbar eingewirkt wird[27.] (z. B. Veräußerung, Auflassung oder Belastung). Nicht dazu zählt der Erwerb des Rechts selbst. Nach § 1821 II BGB sind Hypotheken, Grundschulden und Rentenschulden nicht als Grundstücksrechte i. S. des § 1821 I BGB anzusehen, weil sie den frei verfügbaren Forderungen ähneln.[28] Sie sind deshalb vom Anwendungsbereich der Norm ausdrücklich ausgeschlossen. Zu den Grundstücksrechten gehören aber z. B. Grunddienstbarkeit, Nießbrauch, beschränkt persönliche Dienstbarkeit, Reallast und dingliches Vorkaufsrecht. Die in der Praxis wichtigsten Fälle umfaßt § 1821 I 1 alt BGB. (Verfügung über ein Grundstück.) In diesem Zusammenhang ist bisweilen problematisch, wann von einer Verfügung über ein Grundstück gesprochen werden kann. Insgesamt entspricht es der Intention des Gesetzes zum Schutze des Kindeswohl, die Norm extensiv auszulegen. Die Grenzen der grammatikalischen Gesetzesauslegung dürfen jedoch nicht überschritten werden.

Die **Bestellung eines Grundpfandrechts**, die begrifflich von einer Verfügung über ein solches Recht im oben angesprochenen Sinne streng zu unterscheiden ist, fällt unter Verfügung i.S. § 1821 I 1 BGB. Sie ist deshalb im Gegensatz zu einer Verfügung über eine solche Dinglichkeit genehmigungspflichtig. Das gleiche gilt für die Bestellung der Eigentümergrundschuld, weil sie später ohne Genehmigung an einen Fremden abgetreten werden kann.[29] Eine staatliche Kontrolle ist aber wegen der Gefährlichkeit für das Kind in einem solchen Fall nicht ganz entbehrlich. Da aber nur Belastungen, die das Kindesvermögen in der Substanz gefährden, vom Sinn und Zweck der Genehmigungspflicht umfaßt sein können, scheidet als genehmigungspflichtige Verfügung die Bestellung einer sog. Restkaufgeldhypothek, die zur Finanzierung eines Grundstückserwerbes eingeräumt wird, aus. Die Hypothek dient als sog. Erwerbsmodalität indirekt dem Kindesvermögen, dessen Substanz nicht geschmälert, sondern vermehrt wird.[30] Ebenso ist die Verfügung über den Grundstücksbesitz genehmigungsfrei, da der Besitz kein Recht am Grundstück i.S. dieser Vorschrift ist.[31] Aus gleichem Grund ist eine Genehmigung ferner nicht erforderlich bei der gem. § 5 II ErbVO notwendigen Zustimmung für die Belastung des Erbbaurechtes. Nicht genehmigungsbedürftig sind auch der Rangrücktritt[32] und die Löschung einer Hypothek[33], da sie keine Verfügung über ein Grundstück darstellen.

Auch bloße Abreden, die dem Inhaber des Rechts die Verwertung erleichtern, wie die Unterwerfung unter die Zwangsvollstreckung, sind keine Verfügung über ein Grundstück und deshalb genehmigungsfrei. Das ergibt sich aus den Grenzen der grammatischen Gesetzesauslegung bei § 1821 I Ziff. 1 BGB.[34] Die Zustimmung des Eigentümers zur Umwandlung einer Hypothek in eine Grundschuld und umgekehrt ist jedoch genehmigungspflichtig.[35] Die Gegenansicht, die Genehmigungsfreiheit

---

27 Vgl. MünchnerK § 1821 BGB Anm. 6
28 Die Genehmigungspflicht kann aber aus § 1822 Ziff. 10 BGB folgen, *Siehe RNr. 135*
29 Staudinger § 1643 BGB Anm. 4; MünchnerK § 1821 BGB Anm. 6
30 RGZ 108, 356; es kann aber ein Genehmigungsfall nach § 1821 I Ziff. 5 BGB vorliegen
31 RGZ 106, 112
32 LG Braunschweig Rpfl. 76, 310
33 Palandt § 1821 BGB Anm. 2a
34 Erman § 1821 BGB Anm. 8
35 Palandt § 1821 BGB Anm. 2; Erman § 1821 BGB Anm. 7

vertritt, verkennt[36], daß es formal um die Umwandlung in ein anderes Recht geht und der Schutzgedanke der Staatsaufsicht über Kindesvermögen auch hier zutrifft. Genehmigungsbedürftig ist deshalb auch die Erhöhung des Zinssatzes, da dadurch unmittelbar in ein Recht eingegriffen wird.[37]

Auch die Verfügung über eine Forderung, die auf Eigentumsübertragung oder Rechtsübertragung gerichtet ist, muß genehmigt werden, § 1821 I Ziff. 2,3 BGB. Insoweit ist eine Gleichstellung zwischen Verfügung über das Recht als solches und Verfügung über eine Forderung, die auf ein derartiges Recht gerichtet ist, gegeben. Genehmigungsbedürftig ist auch die Eingehung einer Verpflichtung zu einer der zuvor aufgezählten Verfügungen, § 1821 I 4 BGB. Das ist wegen der wirtschaftlichen Gleichwertigkeit von Verpflichtungs- und Verfügungsgeschäft vom Gesetz vorgesehen. Seit der Sorgerechtsreform ist die Genehmigung der Eltern auch erforderlich bei Erwerb eines Grundstücks, Schiffs oder Schiffsbauwerks oder Rechts an einem Grundstück, wenn der Erwerb entgeltlich ist, § 1821 I, Ziff. 5 BGB. Mit dieser Vorschrift wird der ökonomischen Bedeutsamkeit eines solchen Kausalgeschäfts Rechnung getragen. Entgeltlichkeit liegt vor, auch bei Tausch[38] oder Finanzierung durch eine Restkaufgeldhypothek. Genehmigungsfrei ist dagegen die Schenkung, auch wenn sie mit Übernahme von Belastungen erfolgt, da die Belastungen kein im Gegenseitigkeitsverhältnis stehendes Entgelt darstellen.[39]

Eine Schenkung unter Auflage ist genehmigungsfrei. Etwas anderes gilt nur, wenn die Auflage in Wahrheit die Gegenleistung enthält.

Die nachträgliche bloße Abwicklung des obligatorischen Geschäftes ist nicht mehr genehmigungsbedürftig.

4.3.3.6.2 Genehmigungsfälle nach § 1822 und 112 BGB

Genehmigungsbedürftig sind nach § 1643 I, 1822 I 1 BGB zunächst die Verpflichtungen des Kindes über das **Vermögen im Ganzen** oder über eine ihm angefallenen **Erbschaft** oder künftigen Erb- oder Pflichtteil. Neben diesen angesprochenen Verpflichtungsgeschäften ist auch ein Verfügungsgeschäft genehmigungsbedürftig; nämlich die Verfügung über einen Erbteil, § 1822 I Ziff. 1 BGB[40, 41]. **130**

---

36 Gernhuber, S. 807; Soergel § 1821 BGB Anm. 3
37 Erman § 1821 BGB Anm. 7 m. w. Nachw.
38 Palandt § 1821 BGB Anm. 2c
39 BayObLG OLGZ 65, 245
40 Diese sog. Gesamtvermögensgeschäfte sind auch noch in anderen Zusammenhängen gebunden. So benötigt z. B. der Ehegatte, der über sein gesamtes Vermögen verfügt, im Falle der Zugewinngemeinschaft der Zustimmung des anderen Ehegatten, § 1365 BGB. Des weiteren ist auf die Haftung durch den Vermögensübernehmer hinzuweisen. Z. T. ist die Problematik in diesen Zusammenhängen sehr schwierig und umstritten. Insbesondere ist zweifelhaft, ob die zu §§ 419 BGB, 1365 BGB entwickelten Grundsätze auch im Rahmen von § 1822 I Ziff. 1 BGB zu übernehmen sind. Vgl. BGHZ 35, 14. Auf Einzelheiten einzugehen, hieße die Grenzen dieser Abhandlung sprengen. Zur Vertiefung wird auf die einschlägige Spezialliteratur verwiesen. Vgl. Erman § 1822 BGB Anm. 1 mit zahlreichen Nachw.
41 *Zur Ausschlagung einer Erbschaft siehe RNr. 137*

131 Genehmigungsbedürftig ist nach § 112 BGB ferner die elterliche Erlaubnis zum selbständigen Betrieb eines **Erwerbsgeschäftes**. Der Minderjährige ist dann für diesen Bereich voll geschäftsfähig. Der gesetzliche Vertreter kann für den Minderjährigen insoweit nicht handeln, bevor die Ermächtigung zurückgenommen worden ist. Auch die Rücknahme muß vom VG genehmigt werden, § 112 II BGB. Unter die Genehmigungspflicht fällt jede selbständige auf Erwerb gerichtete Tätigkeit (z. B. freie Künstler, Handelsvertreter, nicht weisungsgebundene Angestellte)[42].

132 Genehmigungspflichtig sind nach § 1822 I Ziff. 3 BGB alle Verträge, die auf den unentgeltlichen Erwerb oder die Veräußerung eines Erwerbsgeschäftes gerichtet sind, sowie alle **Gesellschaftsverträge**, die zum Betrieb eines Erwerbsgeschäftes eingegangen werden. Durch das Genehmigungsverfahren wird das Kind in diesen Angelegenheiten vor den Gefahren geschützt, die ein Erwerbsgeschäft mit sich bringt. Der Schutz ist nicht vollständig, denn genehmigungsfrei bleiben Erwerb durch Schenkung oder durch Erbschaft. Bei dem Erwerbsgeschäft muß es sich nicht unbedingt um ein Handelsgeschäft handeln.[43] Das ergibt der offene Gesetzeswortlaut. Z. B. fallen Arztpraxis und Bauernhof unter die Genehmigungspflicht. Gleichgültig ist, ob das Geschäft allein oder mit anderen erworben bzw. veräußert wird. Der bezweckte Schutz ist auch bei Erwerb bzw. Veräußerung mit anderen erforderlich. Nicht genehmigungspflichtig ist die Auflösung des Geschäfts. Sie ist als solche Beendigung und damit von der vom Gesetz wörtlich erwähnten Veräußerung zu unterscheiden.[44] Die Veräußerung von Kapitalanteilen einer GmbH kann rechtlich verschieden zu beurteilen sein. Beschränkt sich die Veräußerung in der bloßen Aufgabe der kapitalisierten Beteiligung, ist das keine Veräußerung des Geschäfts. Die Genehmigungspflicht entfällt. Kommt neben der Kapitalaufgabe aber noch die Aufgabe eines weiteren Engagements hinzu, so ist das Geschäftsveräußerung i. S. dieser Norm.[45] Entsprechendes gilt für die AG. Der Abschluß eines Gesellschaftsvertrages ist immer genehmigungsbedürftig, auch wenn es sich um ein unentgeltliches Rechtsgeschäft handelt. Das ergibt die systematische Auslegung der Norm. Bewußt hat der Gesetzgeber an dieser Stelle im Gegensatz zum Erwerb oder zur Veräußerung eines Geschäfts die entsprechende Differenzierung entgeltlich/unentgeltlich ausdrücklich nicht gemacht hat. Im einzelnen ist aber die Frage problematisch, wann es sich um eine Beteiligung an einem Gesellschaftsvertrag handelt und wann nicht. Der Regelfall ist einfach zu beurteilen. Der Gründungsvertrag einer OHG und KG bedarf der Genehmigung. Auch das Ausscheiden aus einer Gesellschaft wirft als Genehmigungsfall keine Probleme auf.[46] Aber gerade aufgrund der unterschiedlichen Interessenlagen im Wirtschaftsrecht kommen Gesellschaftsverträge in der verschiedensten Form vor. Immer dann stellt sich erneut die Frage, ob die Genehmigung erforderlich ist oder nicht. Zumeist versagt der einfache Gesetzeswortlaut. Die Beantwortung der Genehmigungsfrage läßt sich auch in diesem Zusammenhang nur aus dem innersten Zweck des Genehmigungsverfahrens

---

42 Zu den Grundsätzen für die Erteilung der Genehmigung vgl. RG JW 37, 370
43 Palandt § 1822 BGB Anm. 4
44 BGHZ 52, 139; Gernhuber, S. 810
45 Erman § 1822 BGB Anm. 3; Soergel § 1822 BGB Anm. 22
46 MünchnerK § 1822 BGB Anm. 4

ableiten. Wenn staatliche Kontrolle wegen der erheblichen Risikobelastung des Kindervermögens bei der angestrebten Beteiligung angebracht erscheint, dann herrscht Genehmigungspflicht, sofern die Beteiligungsform grammatisch noch unter das Tatbestandmerkmal »Beteiligung an einer Gesellschaft« gefaßt werden kann. Vor dem Hintergrund dieses Grundsatzes ergibt sich zwanglos, daß die z. B. aus steuerrechtlichen Gründen wünschenswerte Teilnahme an einer Personengesellschaft mit Verlustbeteiligung genehmigungspflichtig ist.[47] Es handelt sich zwar nicht um die vom Gesetzgeber vorgesehene Form der Beteiligung an einer Gesellschaft, die gewählte Form geht jedoch wegen der Verlustbeteiligung über eine völlig ausgehöhlte Scheinbeteiligung hinaus.[48] Selbst der Erwerb und die Veräußerung von **Kleinstbeteiligungen** an einer kapitalisierten KG stellt eine echte Gesellschaftsangelegenheit dar, was Genehmigungspflicht zur Folge hat.[49] Hier ist die unmittelbare Nahtstelle zur genehmigungsfreien Beteiligung an einer Kapitalgesellschaft zu finden.
Durch die teleologisch betriebene Auslegung der Norm ergibt sich auch, daß bloße **Vertragsänderungen** Genehmigungsfälle i.S. von § 1822 I Ziff. 3 sind. Vertragliche Änderungen haben den gleichen Stellenwert wie der Abschluß von Verträgen.[50] Die Rspr. des BGH kommt bei dieser Frage allerdings zu anderen Ergebnissen.[51] Sie erachtet eine Gehemigungspflicht für Vertragsänderungen mit dem Wortlaut des Gesetzestextes für unvereinbar, was aber keineswegs überzeugt. »Zu einem Gesellschaftsvertrag« bedeutet vor dem Schutzzweck der Normen eben auch zur »Abänderung eines Gesellschaftsvertrages«.
Sehr umstritten ist auch die Frage, ob bei der Beteiligung der Kinder als stille Gesellschafter Genehmigungspflicht herrscht. Auch in diesem Zusammenhang gibt der Gesetzestext keinerlei Auskunft. Wegen der gewollten Schutzfunktion des Genehmigungsverfahrens wird die Lösung der Frage von der vertraglich vereinbarten oder nicht vereinbarten Verlustbeteiligung abhängen. Besteht die Verlustbeteiligung für Kinder, so handelt es sich um einen Gesellschaftsvertrag i.S. der Ziff. 3, obwohl dem Wesen nach nur eine reine Innengesellschaft vorliegt. Bei fehlender Verlustbeteiligung liegt kein echter Gesellschaftsvertrag vor.[52] Die Einflußmöglichkeiten des Kindes auf die Geschäftsführung ist dagegen für die Frage der Genehmigungspflicht nicht das entscheidende Kriterium.[53] In diesem Zusammenhang fehlt selbst bei größter Einflußmöglichkeit des Kindes das vermögensbezogene Kindesrisiko, wenn keine Verlustbeteiligung vereinbart ist.[54] Die Höhe des Risikos sollen aber gerade Auslegungsmaßstab für zweifelhafte Genehmigungsfälle sein.

Um das volljährig gewordene Kind vor ständigen Verpflichtungen zu schützen, die es selbst nicht eingegangen ist, bestimmt § 1822 I Ziff. 5 BGB, daß alle Verträge mit **133**

---

47 OLG Hamm Rpfl. 74, 152
48 So z. B. bei einmaliger Kapitalbeteiligung ohne Verlustzuweisung vgl. BGH JZ 57, 382
49 OLG Karlsruhe NJW 73, 1977
50 Beitzke JR 63, 182; Soergel § 1822 BGB Anm. 31; OLG Düsseld. Betrieb 51, 443
51 BGH 38, 26; BGH Betrieb 68, 932; BGH WPM 72, 1368
52 H. L. Für viele Palandt § 1822 BGB Anm. 4b; MünchnerK §§ 1822 BGB Anm. 5; Beitzke § 37 III 5c; BFH 74, 188
53 So aber Schlegelberger § 355 HGB Anm. 28
54 Von Schadensersatzansprüchen wegen Schlechterfüllung abgesehen

wiederkehrenden Leistungen der Genehmigung bedürfen, wenn sie länger als ein Jahr nach Eintritt der Volljährigkeit fortdauern sollen.
Als Beispiele aus der Praxis sind Versicherungsverträge, Mietverträge, Abzahlungsgeschäfte, Käufe auf Rentenbasis zu nennen. Bei Verträgen mit persönlicher Dienst- oder Arbeitsverpflichtung ist eingewendet worden, daß sie nicht unter § 1822 I Ziff. 5 BGB zu fassen seien, da bei Dienst- oder Arbeitsverträgen von über einem Jahr die Eltern im Gegensatz zum Vormund nicht gebunden sind.[55] § 1822 I Ziff. 7 gelte insoweit nur für den Vormund, denn § 1643 BGB übernehme die Genehmigungspflicht für die Eltern nicht. Wenn diese langen Arbeitsverträge für die Eltern genehmigungsfrei seien, müßte das gleiche bei den in die Volljährigkeit hineinreichenden Arbeitsverträgen gelten. Ziff. 5 umfasse daher diese Rechtsgeschäfte für Kinder grundsätzlich nicht. Diese Argumentation überzeugt nicht. Der Normzweck beider Ziffern ist verschieden. Ziff. 5 will die Selbstbestimmung der volljährig gewordenen Kinder verwirklichen, Ziff. 7 soll dagegen überlange Bindungen von Kindern der Kontrolle unterwerfen. Es ist deshalb kein Grund ersichtlich aus dem insoweit klaren Normtext der Ziff. 5 die Arbeits- und Dienstverträge herauszunehmen.[56]

134 Wegen des **besonderen gesteigerten Risikos**[57] müßen die Eltern weitere Rechtsgeschäfte genehmigen lassen. Gem. § 1822 I Ziff. 9 BGB sind Ausstellungen von Inhaberschuldverschreibungen, Eingehung von Wechselverbindlichkeiten oder anderen Indossamentgeschäften Genehmigungsfälle. Gleiches gilt für die Kreditaufnahme in Geldform, § 1822 I Ziff. 8 BGB.
Diese Bindung der elterlichen Vermögenssorge nach Ziff. 8 hat vor allem Bedeutung beim Abschluß von **Darlehensverträgen.** Aber auch das Schuldanerkenntnis oder Schuldversprechen sind nach dieser Vorschrift genehmigungsbedürftig, wenn sie der Kreditbeschaffung dienen. Der normale Abzahlungsverkauf ist genehmigungsfrei, da die Kreditbeschaffung nicht im Vordergrund steht, sondern der Kaufcharakter des Geschäfts. Eine andere Beurteilung ist beim finanzierten Abzahlungskauf geboten.[58] Der Abschluß des Darlehnsgeschäfts stellt genehmigungspflichtige Kreditaufnahme dar.[59] Daran ändert auch die in anderem Zusammenhang notwendige einheitliche Betrachtungsweise für beide Verträge nichts.

135 Auch die **Übernahme von fremden Verbindlichkeiten** ist genehmigungspflichtig, § 1822 I, Ziff. 10 BGB. Der Wortlaut der Vorschrift ist zu weit. Die Norm muß entsprechend ihrem Zweck einschränkend interpretiert werden. Nicht jedes riskante Geschäft als solches soll schon der staatlichen Kontrolle unterworfen werden. Der Gesetzgeber wollte mit diesem Genehmigungserfordernis dem Umstand Rechnung

---

55 Palandt § 1822 BGB Anm. 6; Erman § 1822 BGB Anm. 7; MünchnerK § 1822 BGB Anm. 9
56 Gernhuber, S. 813; Soergel § 1822 BGB Anm. 36
57 Z. B. Gefahr des Rechtsscheinerwerbes
58 Kaufgeschäft und Darlehen werden in der Weise voneinander abhängig gemacht, daß das Darlehen gerade zum Zwecke des geplanten Kaufes durch Vermittlung des Verkäufers zustande kommt, indem eine Bank zur sofortigen Finanzierung eingeschaltet wird, vgl. BGHZ 47, 253
59 Palandt § 1822 BGB Anm. 8

tragen, daß die Eltern eher bereit sind, ihr Kind zu verpflichten, wenn sie damit rechnen, ein anderer Erstschuldner werde in Anspruch genommen oder ein erfolgreicher Regreß gegen ihn sei möglich. Eine Genehmigungspflicht ist deshalb nur bei der Übernahme von Schulden zu bejahen, bei deren Leistung das Kind vom Schuldner Ersatz verlangen kann. Trotz des zutreffenden Wortlauts sind deshalb genehmigungsfrei die befreiende Schuldübernahme durch das Kind[60], die Hypothekenübernahme bei Grundstücksschenkung[61] oder die Hypothekenübernahme unter Anrechnung auf den Kaufpreis.[62]

Unter die Genehmigungspflicht fallen schon wegen des eindeutigen Wortlauts die Bürgschaft, eine Verpfändung oder Sicherungsübereignung für fremde Schulden sowie jede Schuldübernahme, wenn Erstattung vorgesehen ist.

Eine Übernahme von fremder Schuld i.S. von Ziff. 10 kann auch in der Übernahme von bloßem Miteigentum bei gleichzeitiger Gesamtschuldhaftung gesehen werden.[63] Hier ist der erforderliche Erstattungsanspruch aus § 426 BGB gegeben.

Umstritten ist die Frage, ob der Beitritt zu einer Genossenschaft bzw. der Erwerb oder die originäre Übernahme von GmbH-Anteilen nach Ziff. 10 genehmigungspflichtig ist. Das wird von einer weit verbreiteten Ansicht im Wege der Rechtsanalogie bejaht.[64] Die dafür als „fremde Verbindlichkeit" angeführte Nachschußpflicht der Genossen nach § 105 GenG im Konkurs ist jedoch konstruktiv keine Subsidiärhaftung für die Genossenschaft als eigentliche Schuldnerin.[65] Es handelt sich vielmehr um eine **eigene** Verbindlichkeit der Genossen selbst. Bei der Übernahme von GmbH-Anteilen kann die Frage nach der Übernahme einer fremden Verbindlichkeit nur aufgeworfen werden, wenn die Stammeinlage nicht voll erbracht worden ist. Nach ihrer Einzahlung ist naturgemäß keine Haftung mehr notwendig.[66] Das Vorhandensein einer Genehmigungspflicht kann jedoch nicht im jeweiligen Einzelfall von der zufälligen Zahlung der Stammeinlage abhängig gemacht werden. Entweder ist die Übernahme von GmbH-Anteilen immer genehmigungspflichtig oder niemals. Da aber bei voll erbrachter Stammeinlage schon der Wortlaut des § 1822 I, Ziff. 10 BGB nicht mehr zutrifft, (Übernahme fremder Verbindlichkeiten durch die Erbringung der Einlage), scheidet diese Konstellation aus Gründen der Rechtssicherheit als Genehmigungsfall schlechthin aus.

---

60 RGZ 158, 215
61 Palandt § 1822 BGB Anm. 8
62 RGZ 110, 175
63 BGH NJW 73, 1276
64 OLG Braunschweig FZ 63, 657; Palandt § 1822 BGB Anm. 10; Soergel § 1822 BGB Anm. 45
65 BGHZ 41, 71; OLG Hamm FZ 66, 456; Erman § 1822 BGB Anm. 11
66 *Siehe RNr. 118 und Fn. 4.3.3.4/22*

136 **4.3.3.6.3 Neues Erwerbsgeschäft**

Die Genehmigung soll bei Beginn eines neuen Erwerbsgeschäftes im Namen des Kindes eingeholt werden, § 1645 BGB. Es handelt sich um eine reine Sollvorschrift. Im Gegensatz zu den oben angeführten Rechtsgeschäften ist die Gründung des Geschäfts auch ohne Genehmigung wirksam. Der Handelsregisterführer ist aber berechtigt, bei gegebenem Anlaß den Genehmigungsnachweis vor seiner Eintragung zu verlangen. Das Kind ist dann aber bereits vorher Kaufmann, sofern die Eintragung keine konstitutive Wirkung hat.[67]

4.3.3.6.4 Ausschlagung einer Erbschaft

137 Die Genehmigung muß dagegen eingeholt werden, bei Ausschlagung einer Erbschaft, eines Vermächtnisses sowie bei Pflichtteilsverzicht, § 1643 II BGB. Der Zweck dieser Vorschrift ist es, das Kind vor unüberlegter Ablehnung zu bewahren. Diese Akte sind aber genehmigungsfrei, wenn der Anfall an das Kind erst die Folge einer Ausschlagung des zur Vertretung berufenen Elternteils selbst war. Mit dieser Ausnahme von der grundsätzlichen Genehmigungspflicht wird dem Umstand Rechnung getragen, daß der Elternteil, der zuvor im Eigeninteresse ausgeschlagen hat, sorgfältiger geprüft hat, als der nur für das Kind Ausschlaggebende. Der Verzicht muß aber wiederum genehmigt werden, wenn der Ausschlagende vertretungsberechtigte Elternteil neben dem Kind zum Erben berufen war, § 1643 II 2 BGB.[68] Das ist beispielsweise der Fall, wenn Vater und Kind nach Muttertod nebeneinander berufen waren und der Vater ausschlägt. Dann handelt der vertretungsberechtigte Elternteil nicht mehr ausschließlich im Eigeninteresse und bedarf der Kontrolle des VGs. Sobald die Ausschlagung seitens eines Elternteils im Falle von § 1643 II 2 BGB nicht Ausdruck einer negativen Ergiebigkeitsprüfung ist, sondern dazu dient, das Kind schlechter zu stellen, ist eine Genehmigung schon vom Normzweck her immer erforderlich. Die Interessen des Kindes müssen dann durch staatliche Kontrolle geschützt werden. Dieser Fall kann eintreten, wenn der Elternteil für sich und einen Teil der Kinder ausschlägt, um den Nachlaß in eine gewünschte Richtung zu lenken[69] oder wenn die Testamentsausschlagung für sich (als Erbe) und für das Kind (als Ersatzerbe) dazu dient, selbst die gesetzliche Erbschaft anzutreten.[70]

---

67 Baumbach § 8 HGB Anm. 4
68 Diese Ausnahme von der Ausnahme versteht sich von selbst, da in diesen Fällen das Kind nicht mehr infolge der Ausschlagung eines Elternteils in den Genuß der Erbschaft kommt
69 Erman § 1643 BGB Anm. 22; MünchnerK § 1643 BGB Anm. 16
70 OLG Frankfurt NJW 55, 466; FZ 69, 22; Erman § 1643 BGB Anm. 22; MünchnerK § 1643 BGB Anm. 15

4.4 Elterliche Sorge bei Ausfall der Eltern oder eines Elternteils

4.4.1 Ausfall beider Eltern

In der Regel üben beide Elternteile die elterliche Sorge gemeinsam aus.[1] Fallen **138** beide Eltern aus, so ergreift das VG die erforderlichen Maßnahmen. Bei der reinen tatsächlichen Verhinderung setzt es einen Pfleger nach § 1909 BGB ein oder erledigt die Angelegenheit selbst, wenn es sich um eine erforderliche, d. h. nicht aufschiebbare Maßnahme handelt, § 1693 BGB. In dem Verfahren der Pflegerbestellung ist die Anhörung des Jugendamtes angebracht, daß so dessen Sachkompetenz genutzt werden kann. Über die Pflegschaft entscheidet – wie bereits mehrfach erwähnt – der Rpfl. beim AG. Ruht[2] die elterliche Sorge, so muß dem Kind ein Vormund bestellt werden, § 1773 BGB.[3]

4.4.2 Tatsächliche Verhinderung eines Elternteils

Wesentlich komplizierter ist die Rechtslage demgegenüber in Fällen, in denen nur **139** ein Elternteil an der Ausübung der Sorge gehindert ist oder ausfällt. Lediglich die Konsequenz ist klar: Entfällt die elterliche Sorge aus irgendeinem Grund, so übt der andere Elternteil die Sorge automatisch allein aus. Das VG nimmt in diesem Falle keine Richtigkeitskontrolle vor, § 1678 BGB.[4] Das ergibt sich aus der verfassungsrechtlichen Stellung der Eltern zu ihren Kindern.[5]
Der Ausfall eines Elternteils kann verschiedene Ursachen haben. Ist ein Elternteil aus tatsächlichen Gründen an der Ausübung der elterlichen Sorge gehindert, so spricht man von tatsächlicher Verhinderung. Diese Verhinderung kann vorübergehender oder dauerhafter Natur sein. In Frage kommen Verhinderungsgründe wie Strafhaft, Krankheit, Reise.
Die ältere Rspr. beschränkt den Begriff der tatsächlichen Verhinderung mit der oben angesprochenen Folge aus § 1678 BGB auf die Fälle der generellen Verhinderung. Bei partieller Verhinderung soll § 1678 BGB nicht angewendet werden können. Die

---

1 Siehe RNr. 86
2 Zum Begriff des Ruhens ausführlich siehe RNr. 140
3 Zu den Einzelheiten des Verfahrens einer Vormundbestellung wird auf die einschlägige Literatur verwiesen, vgl. Gernhuber, S. 1019 ff.
4 Das gilt auch, wenn die Eltern geschieden sind oder getrennt leben und beide Inhaber des elterlichen Sorgerechts sind. Ein gerichtlicher Akt ist dagegen erforderlich, wenn einem nach § 1671 BGB allein sorgeberechtigten Elternteil die elterliche Sorge entzogen worden ist, siehe RNr. 153. Dann ist eine eingehende Überprüfung des Schicksals der elterlichen Sorge geboten. Es handelt sich dann nicht mehr um den Normalfall, in dem das positive Recht davon ausgeht, daß kein Grund besteht, an der Sorgekompetenz des anderen Elternteils zu zweifeln. Vielmehr geht es um die pathologische Ausnahmesituation, die staatliche Überprüfung zum Schutze des Kindes verlangt. Zu den Besonderheiten b. Konk., siehe RNr. 94
5 Zur Verpflichtung des Staates, bei der Kontrolle der Eltern weitgehende Zurückhaltung zu üben, siehe RNr.1

insoweit entstehende Lücke im Sorgerecht sei durch die Einschaltung eines Ergänzungspflegers zu schließen.[6]
Der so vorgeschlagene Weg ist unpraktikabel. Darüber hinaus ist eine Differenzierung zwischen partieller und genereller Verhinderung bei § 1678 BGB nicht einzusehen. Gerade bei der teilweisen Verhinderung erscheint es naheliegend, wenn der nicht verhinderte Elternteil die Sorge allein ausübt.[7]

4.4.3 Ruhen der elterlichen Sorge eines Elternteils

140 Die elterliche Sorge ruht bei **rechtlicher Verhinderung**, § 1673 I BGB. Während des Ruhens ist der betroffene Elternteil nicht berechtigt, die Sorge auszuüben, § 1675 BGB. Ruhen der Sorge tritt demgemäß bei Geschäftsunfähigkeit, beschränkter Geschäftsfähigkeit oder angeordneter Gebrechlichkeitspflegschaft nach § 1910 BGB ein. Es kann zu komplizierten Konkurrenzen kommen, denn in diesen Fällen bleibt der betroffene Elternteil tatsächlich personensorgeberechtigt, § 1673 II BGB. Er steht insoweit neben dem gesetzlichen Vertreter des Kindes. Eine Vertretungsbefugnis hat er allerdings nicht.
Bei Meinungsverschiedenheiten zwischen gesetzlichen Vertreter und Elternteil geht die Meinung des gesetzlichen Vertreters vor, § 1673 II 3 BGB. Ruht die Sorge lediglich wegen Minderjährigkeit, geht allerdings die Elternmeinung vor, wenn der gesetzliche Vertreter nur Vormund oder Pfleger ist, § 1673 II 4 BGB. Dann ist die elterliche Bindung stärker. Ist der gesetzliche Vertreter der andere Elternteil, so gelten die Regeln über den Elternstreit, §§ 1627f BGB.[8]
Das Ruhen der elterlichen Sorge mit der Folge, daß sie gem. § 1675 BGB nicht ausgeübt werden darf, kann auf eine weitere Art eingetreten sein. Die elterliche Sorge ruht auch, wenn bei einer tatsächlichen Verhinderung über eine längere Zeit das VG das Ruhen durch förmlichen Beschluß feststellt, § 1674 BGB. Dafür kommen vor allem Fälle längerer Strafhaft in Frage.[9] Bei Auslandsaufenthalt kann das Ruhen festgestellt werden, wenn keine Verbindungen bestehen.[10] Weiter greift § 1674 BGB bei langwierigen seelischen Störungen ein, wenn nicht schon die Voraussetzungen des § 1673 I BGB dadurch erfüllt sind (Geschäftsunfähigkeit!).

4.4.4 Beschlußmuster zu § 1674 BGB mit Begleitverfügung:

141 1. Beschluß

Die elterliche Sorge des Vaters Willi Kramer, 3500 Kassel, Hauptstr. 4, über seine

---

6 OLG Frankfurt FZ 54, 21; LG Verden MDR 51, 359
7 Staudinger § 1678 BGB Anm. 10; Gernhuber, S. 848
8 *Siehe RNr. 84,* Bay. OblG NJW 75, 1082
9 OLG Frankfurt FZ 54, 21
10 Das Verfahren bei § 1674 BGB läuft nach den allg. FGG-Grundsätzen beim VG. Es gilt auch hier das Amtsermittlungsprinzip, § 12 FGG. Vorl. AO sind vor endgültiger Feststellung zulässig. Vgl. KG FZ 62, 200; Staudinger § 1674 BGB Anm. 28. Der Feststellungsbeschluß wird wirksam mit der Bekanntgabe an den anderen Elternteil, § 51 FGG. Zuständig ist der Rpfl. § 3 Ziff. 2a RpflG. Die elterliche Sorge lebt wieder auf bei Beschluß des VG, daß Grund des Ruhens nicht mehr besteht

minderjährige Tochter Bettina, geb. am 13. 4. 1975, ruht, weil der Vater für längere Zeit an der Ausübung der Sorge tatsächlich gehindert ist, § 1674 BGB.

Der genannte Vater ist rechtskräftig zu einer 9jährigen Freiheitsstrafe verurteilt worden, deren Vollstreckung er angetreten hat. Da die die Mutter des Kindes verstorben ist, wird Vormundschaft eingeleitet,[11] Vormund wird der Onkel des Kindes, Franz Kramer, 3500 Kassel, Hafenstraße 3.

2. Ziff. 1 an Vater, z. Z. JVA Kassel, Theodorf-Fliednder-Str. 11[12]
3. Eignungsanfrage bezüglich Franz Kramer
4. WV: nach Eignungsfrage (Verpflichtung des Vormunds)[13]

Kassel, den 14. 8. 82

Rpfl.

4.4.5 Tod oder Todeserklärung, § 1681 BGB

Ein Sorgeberechtigter Elternteil kann durch Tod ganz ausfallen.[14] Das hat zur Folge, **142** daß der überlebende Elternteil die Sorge automatisch allein ausübt, § 1681 I 1 BGB.[15] Das gleiche gilt bei Beendigung der elterlichen Sorge durch Toderklärung oder Todeszeitfeststellung nach dem VerschG, §§ 1677, 1681 II BGB. Stellt sich später heraus, daß der für tot Erklärte noch lebt, so bedeutet das nicht, daß er die elterliche Sorge zwischenzeitlich niemals verloren hatte. Er kann sie jedoch durch einfache Erklärung gegenüber den Rpfl. des VG wieder erlangen. Das ist allerdings nicht rückwirkend möglich.[16] Es steht also dem Todgeglaubten frei, die elterliche Sorge wieder an sich zu ziehen.[17, 18]

4.5 Elterliche Sorge bei Eheauflösung oder Getrenntleben

4.5.1 Konfliktlage

Die Frage nach der elterlichen Sorge beschäftigt die Rechtspraxis zunehmend bei **143** geschiedener oder aufgelöster Ehe sowie bei Getrenntleben. Die Ausgangslage ist

---

11 Bei bestehender Ehe entbehrlich. Elterliche Sorge geht automatisch auf Mutter über, § 1678 I 1. Vgl. Zur Vormundbestellung BayOblG FZ 62, 74
12 Bei unbekanntem Aufenthalt kommt öffentliche Zustellung in Betracht gem. §§ 203f ZPO
13 In der Vormundbestellung kann die Feststellung nach § 1674 BGB liegen, vgl. Staudinger § 1674 BGB Anm. 14
14 *Siehe RNr. 93*
15 Sie geht aber ebenso wie bei § 1678 BGB nicht automatisch auf den anderen über, wenn die Eltern geschieden sind oder getrennt leben und ein Elternteil allein sorgeberechtigt war, § 1681 I 2 BGB. *Siehe dazu RNr. 153.* Auch dann ist staatliche Kontrolle dazwischengeschaltet wegen des Ausnahmecharakters der Situation. *Siehe Fn. 4.4.2/4*
16 § 1698 BGB analog
17 Kritisch dazu Gernhuber, S. 851
18 Zur Rechtsfolge bei Entzug der elterlichen Sorge *siehe RNr. 163 f.*

dabei in fast allen Fällen gleich: Gemäß § 1671 I BGB kann das Familiengericht bei Vorliegen der entsprechenden Voraussetzungen die elterliche Sorge auf einen Elternteil übertragen. Obwohl § 1671 IV BGB, der eine Übertragung auf beide Elternteile ausdrücklich ausschloß, durch die Entscheidung des BVerfGer. vom 3. 11. 82 wegen seiner Unvereinbarkeit mit Art. 6 I GG für verfassungswidrig erklärt worden ist,[1] wird die Rechtssprechung der Familiengerichte durchaus im Einklang mit der verfassungsrechtlichen Judikatur aus Praktikabilitätserwägungen im Interesse des Kindes häufig Alleinsorge anordnen. Jeder Elternteil wird sie in der Regel für sich in Anspruch nehmen. Das ist häufig nicht nur wegen der Kinder selbst, sondern auch wegen der davon abhängigen Unterhaltsrechtslage der Fall.

Durch die Entscheidung des Gerichts wird der andere Elternteil förmlich von der Sorge ausgeschlossen. Eine Zuweisung von einzelnen Angelegenheiten an den nicht Sorgeberechtigten ist nicht möglich. Diese Rechtslage führt zu einem konfliktgeladenen Interessengegensatz.

4.5.2 Sorgerechtsverfahren

144 § 1671 BGB enthält zwei verschiedenartige Aussagen. Zunächst wird für die Entscheidung über die elterliche Sorge die Zuständigkeit des Familiengerichts normiert. Aus Gründen des Verfahrensverbundes ist auch insoweit ein Dualismus der Gerichtsbarkeit im Kindschaftsrecht eingeführt worden, auf dessen Nachteile bereits hingewiesen worden ist.[2] Über die Verteilung der elterlichen Sorge entscheidet der Richter[3] beim Familiengericht einmal im Zusammenhang mit der Ehescheidung, §§ 623 I 1, 623 II ZPO. Soweit das Sorgerechtsverfahren nicht gleichzeitig vom Familiengericht mit entschieden worden ist, sind auch isolierte Verfahren denkbar. Das ist der Fall etwa bei Abtrennung gem. § 628 BGB oder wenn das Kind nach der Scheidung geboren wurde oder bei Ehen, die vor dem 1. 1. 77 geschieden worden sind. Wenn das Gericht von einem gemeinsamen Elternvorschlag abweichen will, dann muß über die elterliche Sorge vorab entschieden werden, § 627 ZPO. Die Ehe darf erst nach Rechtskraft des Beschlußes über das Sorgerecht geschieden werden. Damit sollen Überraschungen vermieden werden, die den Scheidungswunsch u. U. in ganz anderem Licht erscheinen lassen. Die Eltern haben Gelegenheit vor dem Hintergrund der nicht gewünschten Sorgeentscheidung neu über die Scheidung nachzudenken. Während des Verfahrens sind einstw. AO möglich. Es kann auch im Anordnungsverfahren ein Vormund oder ein Pfleger eingesetzt werden, über dessen Auswahl das VG entscheidet.[4]

Für das gesamte Verfahren gelten über § 621a ZPO die §§ 35 ff. FGG. Die Ermittlungen müssen von Amts wegen vorgenommen werden, § 12 FGG. Für die Sachentscheidung können psychologische Gutachten hilfreich sein. Die Anhörung der Eltern und des Kindes erfolgt wiederum nach §§ 50a f. FGG. Am dem 14. Lebensjahr ist die Anhörung des Kindes obligatorisch, sie ist auch schon vorher empfehlenswert. Das Jugendamt ist stets zu hören, § 48a Ziff. 6 JWG. Die Herausgabe des Kindes von

---

1 Vgl. zur Verfassungswidrigkeit der alten Rechtslage Palandt § 1671 BGB Anm. 2
2 *Siehe RNr 5 u. 110*
3 § 14 Ziff. 15 RpflG
4 KG NJW 78, 648

Nichtberechtigten ist im Weigerungsfalle durch das Familiengericht in gesonderter Form anzuordnen, § 1632 III BGB. Die Vollstreckung der Herausgabe richtet sich über § 1632 III BGB nach §§ 33 ff. FGG, d. h. die Herausgabe wird erzwungen durch die Anordnung von Zwangsgeld oder Gewalt.[5]

Auch bei einer Nichtigkeitserklärung oder Aufhebung der Ehe nach § 37 EheG wird vom Familiengericht über das Sorgerecht entschieden, § 1671 VI BGB. Bei einer Eheauflösung durch eine Wiederheirat nach unrichtiger Todeserklärung[6] erfolgt die Sorgerechtsregelung ebenfalls nach § 1671 BGB.

4.5.3 Entscheidungsmaßstab

Über diese Zuständigkeitsfragen hinaus enthält § 1671 BGB eine inhaltliche Aussage. Bei vorzeitiger Beendigung der Ehe muß die Justiz über die Zuweisung des Sorgerechts entscheiden. § 1671 BGB bezieht sich sachlich auf Sorgerechtsregelungen für gemeinschaftliche Kinder, d. h. auch auf durch Eheschließung legitimierte oder angenommene Kinder. Einen allgemein gültigen Entscheidungsmaßstab formuliert das Gesetz nicht. **145**

4.5.3.1 Kindeswohl

Für das Familiengericht ist das Kindeswohl entscheidendes Kriterium. Das gilt allerdings mit unterschiedlicher Wertigkeit.[7] Kindeswohl bedeutet auch hier das Recht des Kindes auf Erziehung zur leiblichen, seelischen und gesellschaftlichen Tüchtigkeit.[8] Die Übertragung des Sorgerechts auf beide Elternteile sollte nur bei Vorliegen äußerst günstiger Ausnahmebedingungen in Betracht kommen. Alter und Geschlecht des Elternteils sind keine zulässigen Kriterien. Ebensowenig gebührt entgegen einer weitverbreiteten Ansicht der Mutter grundsätzlich der Vorrang vor dem Vater. Aus Gleichberechtigungsgesichtspunkten müssen beide Eltern bei der Sorgerechtsentscheidung gleich behandelt werden.[9] Ein Grundsatz vom Vorrang der Mutter existiert auch nicht bei Kleinkindern.[10] **146**

Sachfremd ist auch die Erwägung, gleichsam als Strafe demjenigen Elternteil das Kind zu entziehen, der die Zerrüttung der Ehe veranlaßt hat.[11]

Das Wohl des Kindes wird dagegen regelmäßig gefördert durch gute wirtschaftliche Belange und gute Ausbildungsaussichten. Letztlich sind über die ganz persönlichen Bindungen zum Vater oder zur Mutter und zu den Geschwistern maßgeblich.[12]

---

5 *Siehe RNr. 101*

6 Vgl. § 38 II EheG

7 Bei fehlendem Elternvorschlag wird unter dem Gesichtspunkt Kindeswohl alles geprüft, § 1671 II BGB. Ist ein Elternvorschlag vorhanden, so prüft das Gericht nur, ob gewichtige Gründe des Kindeswohls gegen den Vorschlag sprechen, § 1671 III 1 BGB. Wenn das Kind über 14 Jahren widerspricht, ist wieder das Kindeswohl allgemein nach Abs. II zu überprüfen, § 1671 III 2 BGB; *zu den Einzelheiten siehe RNr. 147*

8 Vgl. § 1 JWG; *siehe RNr. 125*

9 Palandt § 1671 BGB Anm. 3

10 So aber Gernhuber, S. 867 ohne überzeugende Begründung

11 Gernhuber, S. 867

12 OLG Düsseldorf, FZ 79, 631; OLG Hamm FZ 79, 853

Bei in etwa gleicher Bindung kann der Freundeskreis und die Betreuungskontinuität maßgeblich sein. Eine abschließende Katalogisierung ist wegen der Unterschiedlichkeit der Lebenssachverhalte nicht möglich.

4.5.3.2 Der Elternvorschlag

147 Der Elternvorschlag ist für das Gericht grundsätzlich maßgeblich. Von ihm soll es nur abweichen, wenn das Kindeswohl es erforderlich macht. Insoweit ist der Begriff des Kindeswohl ein Korrektiv bei Vorliegen eines Elternvorschlages. Daraus folgt, daß naturgemäß vom Vorschlag nicht bei irgendwie das Kindeswohl tangierenden Umständen abgewichen werden kann, sondern nur, wenn »triftige, das Wohl des Kindes nachhaltig berührende Gesichtspunkte« vorliegen.[13]
Es handelt sich nur dann um eine gerichtliche Kontrolle des elterlichen Akts, für den zunächst die Vermutung der Sachgerechtigkeit spricht.[14] Es kommt aus diesem Grund nicht schon zur abweichenden Entscheidung, wenn nur die Zweckmäßigkeit widerlegt ist.
Der Elternvorschlag hat auch prozessuale Relevanz im Scheidungsverfahren. Gem. § 630 ZPO ist er prozessuale Voraussetzung für die einverständliche Scheidung nach § 1566 I BGB.
Will das Gericht abweichend entscheiden, so kommt es zu einer Auflösung des Verfahrensverbundes, § 627 ZPO. Die Eltern sollen sich vor dem Hintergrund der abweichenden Gerichtsentscheidung ihr Begehren nochmals überlegen.
Der Elternvorschlag ist höchstpersönliches Rechtsgeschäft, das allein von den Eltern vorgenommen werden kann. Dritten kann die Entscheidung nicht überlassen werden.

4.5.3.3 Kindeswunsch

148 Der Kindeswille ist grundsätzlich zur Anregung für das Familiengericht. Er bleibt unbeachtlich, wenn offensichtlich ist, daß das Kind von den Eltern beeinflußt ist.[15] Der Kindeswille kann aber den Ausschlag geben, wenn die Verhältnisse bei beiden Elternteilen geeignet sind.[16] Eine förmliche Bedeutung hat der Kindeswunsch mit Vollendung des 14. Lebensjahrs. Gem. § 1671 III S. 2 BGB entscheidet das Gericht auch bei vorliegendem Elternvorschlag nach den Grundsätzen über den fehlenden

---

13 KG FZ 58, 424; OLG Hamm FZ 68, 528; OLG Stuttgart FZ 69, 159; MünchnerK, § 1671 BGB, Anm. 30; Soergel § 1671 BGB, Anm. 24
14 BayObLG FZ 76, 37; Erman § 1671 BGB Anm. 21 a. A. Palandt § 1671, BGB, Anm. 4. Der animmt, es handele sich beim Elternvorschlag nach § 1671 III BGB nur um eine Entscheidungshilfe (Arbeitserleichterung für den Richter). Diese Ansicht wird aber der systematischen Stellung des Elternvorschlages im Gesetz nicht gerecht. Die Einordnung des Vorschlages in Absatz III als Einschränkung der allgemeinen Entscheidungsmaxime, »Kindeswohl« in Abs. II spricht für eine formelle Bedeutung in dem hier dargelegten Sinne einer Vermutung der Sachgerechtigkeit. Zudem pflegt der Gesetzgeber ganz allgemein bloße Arbeitserleichterungen für das Gericht nicht in das positive materielle Recht aufzunehmen.
15 OLG Frankfurt FZ 78, 261
16 Wird festgestellt durch Anhörung gem. § 50a FGG oder Gutachten

Elternvorschlag, § 1671 II BGB, wenn der Kindeswunsch von dem Elternvorschlag abweicht. Die Vermutung der sachgerechten Elternentscheidung entfällt.[17]

4.5.4. Gestalt der Entscheidung des Familiengerichts

4.5.4.1 Grundformen

Grundsätzlich wird die elterliche Sorge in ihrem gesamten Umfang einem Elternteil **149** oder beider Eltern allein übertragen.[18] Von dieser Grundregel darf nur aus Gründen des Kindeswohls abgewichen werden. Gem. § 1671 IV BGB kann die Vermögenssorge aus Gründen des Kindeswohls insgesamt oder teilweise dem anderen an sich ausgeschlossenen Elternteil übertragen werden. Der Begriff »Kindeswohl« hat in diesem Zusammenhang die gleiche Bedeutung wie oben mehrfach erörtert. Die bloße Zweckmäßigkeit der Teilung reicht auch hier nicht aus. Dem Kindeswohl entspricht die Aufteilung, z. B. wenn die Mutter die Voraussetzungen für die Verwaltung von Kindesvermögen nicht erfüllt. Auch die nur teilweise Übertragung auf den anderen Elternteil ist denkbar (z. B. Übertragung der Verwaltung eines Mietshauses). Die Personensorge ist dagegen nicht teilbar. Deshalb können Bereiche wie Aufenthalts- und Umgangsbestimmungsrecht nicht auf den nichtsorgeberechtigten Elternteil übertragen werden.[19]

4.5.4.2 Vormundschaft und Pflegeschaft

Das Familiengericht kann aber auch entscheiden, daß die Personensorge und Vermö- **150** genssorge auf einen Vormund oder Pfleger übertragen wird, § 1671 V 1 BGB. Sachliche Voraussetzung ist dafür eine Gefahr für das Kindeswohl. Die Auswahl und Bestellung des Pflegers bzw. Vormunds obliegt dem Vormundschaftsgericht[20] und nicht dem Familiengericht.

Wenn keinem Elternteil das Sorgerecht auch nur teilweise übertragen werden kann, dann ist ein Vormund erforderlich. Wird den Eltern nur teilweise das Sorgerecht aberkannt, kommt eine Pflegschaft nach § 1909 BGB in Betracht.

In seinen Voraussetzungen entspricht § 1671 V 1 BGB den §§ 1666, 1667 BGB, wonach das VG das Sorgerecht entziehen kann, wenn Gefährdung des Kindeswohls vorliegt.[21] Es erhebt sich deshalb die Frage nach dem Verhältnis der Vorschriften

---

17 Vgl. dazu Palandt, § 1671 BGB, Anm. 3 *und Fn. 4.5.3.2/14.* Nach der Ansicht, die dem Elternvorschlag keine formelle Bedeutung zuweist, hat der Kindeswunsch auch nicht diese formelle Funktion. Er soll lediglich das Gericht bei Dissenz zwischen Elternvorschlag und Kindeswunsch zu einer ganz besonders sorgfältigen Prüfung des Wohls veranlassen. Die gesetzessystematische Stellung von Elternvorschlag und Kindeswunsch spricht aber für die hier vertretene förmliche Wirkung, die in der Beseitigung der vom Elternwunsch ausgehenden Vermutung der Sachgerechtigkeit liegt
18 *Siehe RNr. 143*
19 OLG Hamm FZ 79, 177
20 BayObLG NJW 78, 55; OLG Zweibrücken FZ 78, 794; *zur unerfreulichen Zweispurigkeit der Gerichtsbarkeit siehe RNr. 5, 102 f.*
21 *Siehe RNr. 161*

zueinander. Die §§ 1666 ff. BGB dienen als Generalklauseln grundsätzlich der Verwirklichung der staatlichen Aufsicht über private Kindeserziehung. Die §§ 1671 f. BGB gehen als Sondervorschriften vor, wenn der vorausgesetzte Anlaß (Scheidung der Ehe, Aufhebung, Trennung) vorliegt. Eine Entscheidung des VG nach § 1666 BGB macht die Entscheidung des FG gem. § 1671 BGB nicht entbehrlich.[22] Es handelt sich um eine Entscheidung praktischer Natur, in die auch Maßnahmen nach § 1666 BGB eingebettet sein können.

4.5.4.3 Unterhaltspfleger

151 Gem. § 1671 V 2 BGB kann die Entscheidung des FG auch die Bestellung eines Unterhaltspflegers zum Gegenstand haben. Die Geltendmachung des Unterhaltsanspruchs gegen den anderen Elternteil gehört eigentlich zur Personensorge.[23]
Wenn es zum Wohl des Kindes erforderlich ist und nicht erst bei Gefahr, soll das Gericht einen neutralen Pfleger bestellen. Das ist angezeigt, bei fehlender Leistungsfähigkeit des Unterhaltsverpflichteten. Es soll ein Interessenkonflikt des sorgeberechtigten Elternteils, der den Anspruch geltend zu machen hätte, vermieden werden.[24]
Das Verfahren über diese Unterhaltspflegschaft richtet sich wiederum nach den allgemeinen Grundsätzen gem. §§ 1909 BGB.

4.5.4.4 Aufteilung nach Zeitabschnitten

152 Die Aufteilung der elterlichen Sorge nach Zeitabschnitten kommt als möglicher Inhalt der Entscheidung nicht in Betracht.[25] Sie würde so dem Kindeswohl widersprechen. Allerdings sollte, um eine übergroße Benachteiligung des Nichtsorgeberechtigten zu vermeiden, die Möglichkeit späterer Änderungsentscheidungen ernsthaft ins Auge gefaßt werden. Gleichzeitige Umgangsregelungen sind möglich, aber nicht empfehlenswert.

4.5.5 Ausfall eines Elternteils nach Eheauflösung

153 Ist beiden Elternteilen das Sorgerecht übertragen und fällt einer aus, so übt der andere Elternteil die Sorge automatisch allein aus. §§ 1678 I 1, 1680 I 1 und 1681 I 1 BGB gelten entsprechend. Besonderheiten ergeben sich, wenn bei einer nach § 1671 BGB getroffenen Entscheidung der alleinsorgeberechtigte Elternteil ausfällt. Die oben aufgestellten Grundsätze über den Ausfall eines Elternteils bedürfen der Modifizierung.[26]

---

22 OLG Stuttgart FZ 75, 591
23 Er kann von jedem Elternteil allein geltend gemacht werden, §§ 1629 II 2, 1629 III BGB (Ausnahme von der Gesamtvertretung)
24 Zur Übergewichtigkeit der Vorschrift siehe Gernhuber, S. 861
25 BGH NJW 52, 1254; OLG Hamm FZ 64, 577, OLG Frankfurt FZ 62, 171
26 *Siehe RNr. 138 ff.*

Endet die elterliche Sorge des Alleinsorgeberechtigten (z. B. geschiedener Ehegatte), so geht das Sorgerecht nicht automatisch auf den anderen Elternteil über wie das sonst nach § 1681 I 1 BGB der Fall ist. Es ist vielmehr eine ausdrückliche Entscheidung des VGs erforderlich, § 1681 I 2 BGB. Es entscheidet also ein anderes Gericht als bei der Zuweisung der elterlichen Sorge anläßlich der Scheidung. Der Gesetzgeber gibt hier grundsätzlichen systematischen Erwägungen (generelle Zuständigkeit des VGs bei staatlicher Erziehungsaufsicht ohne Scheidungszusammenhang) den Vorrang vor Gesichtspunkten der Zuständigkeitskontinuität.

Durch die Erforderlichkeit einer Gerichtsentscheidung wird eine erneute Überprüfung des Kindeswohls erreicht. Es erhebt sich z. B. die Frage, ob der bisher Ausgeschlossene geeignet ist, denn im Gegensatz zum Ausfall eines Elternteils bei intakter Elternehe war ja nicht ohne Grund über den Ausschluß des nunmehr verbleibenden Elternteils einmal entschieden worden. Eine nach § 1671 V BGB bestehende Vormundschaft oder Pflegschaft endet aus gleichem Grund nicht automatisch, sondern bleibt bestehen bis sie ausdrücklich aufgehoben wird, § 1681 I 3 BGB. Ist der Alleinsorgeberechtigte verhindert oder ruht die Ausübung seiner elterlichen Sorge, so tritt auch dann nicht – wie sonst gem. § 1678 BGB[27] – der andere Elternteil automatisch ein. Das VG hat in diesen Fällen einen Vormund (auf Dauer) oder einen Pfleger (bei einzelnen Angelegenheiten) zu bestellen. Der andere Elternteil ist eben nicht grundlos ausgeschlossen worden. Ein automatischer Eintritt wäre systemwidrig. Die Übertragung auf den anderen Elternteil erfolgt aber, wenn keine Aussicht besteht, daß der Grund des Ruhens wegfällt (z. B. Heilanstalt, Auswanderung). Voraussetzung ist allerdings, daß diese Übertragung nicht dem Kindeswohl widerspricht. Andernfalls ist die Bestellung eines Vormundes unvermeidbar. Die vom Gesetz gefundene Regelung berücksichtigt also in hinreichendem Maße die verwandtschaftliche Nähe des Elternteils einerseits sowie den Umstand der einmal erfolgten Ausschließung von der elterlichen Sorge anläßlich der Scheidung andererseits, indem es die Automatik des § 1678 I BGB nicht greifen läßt, aber das Elternrecht aus dem GG genügend beachtet.

Zuständig für die zu treffende Entscheidung ist bei § 1678 II BGB ausnahmsweise das FG. Das verwundert, wenn man die oben zur Zuständigkeit des VG im Rahmen von § 1681 I 2 BGB getroffenen Erörterungen bedenkt. Theoretischer Hintergrund dieser Zuständigkeitszuweisung ist aber, daß der Beschluß nach § 1678 II BGB die Struktur einer Änderungsentscheidung einer einmal vom Familiengericht getroffenen Entscheidung hat.

Die örtliche Zuständigkeit des Familiengericht ergibt sich aus § 43 FGG. Es entscheidet der Richter, § 14 Ziff. 15 RpflG.

Wird das Sorgerecht dem Alleinberechtigten aus § 1671 BGB entzogen,[28] so gilt wieder nicht der automatische Eintritt des anderen Elternteils nach § 1680 I BGB.[29] Notwendig ist auch hier aus Gründen der Überprüfung ein richterlicher Akt, § 1680 II BGB. Diesmal ist wieder das VG zuständig und zwar der Richter, § 14 Ziff. 15 RpflG. Der hat dem anderen die elterliche Sorge zu übertragen, es sei denn das

---

27 *Siehe RNr. 139*
28 Das gleiche gilt auch bei Ende der Vermögenssorge im Konkurs, § 1670 BGB; *Siehe RNr. 94*
29 *Zu den Rechtsfolgen bei Sorgerechtsentzug siehe RNr. 163;* aus Gründen des Sachzusammenhangs wird die Folge des Entzugs der Sorgeberechtigung nach §§ 1671f BGB schon hier erörtert

Kindeswohl widerspricht. Das verfassungsmäßig verbriefte Elternrecht ist also auch insoweit gewahrt. Wenn das Kindeswohl entgegensteht, kommt eine Vormund- oder Pflegerbestellung durch den Vormundschaftsrichter in Betracht, § 1680 II BGB.

4.5.6 Änderung der Entscheidung

154 Gem. § 1696 BGB können das VG und das FG ihre Entscheidungen über das Sorgerecht j e d e r z e i t ändern, wenn sie es im Interesse des Kindes für erforderlich halten.[30] Ein Antrag ist nicht erforderlich, um das völlig selbständige Verfahren in Gang zu bringen.[31] Auch das Änderungsverfahren unterliegt den Regeln des FGG. Einstw. AO sind nur zulässig, wenn die eigentliche Änderungsentscheidung zu spät kommen würde.[32]
Die Anhörung der Eltern des Kindes und des JA sind in diesem Verfahren obligatorisch, §§ 50a, b FGG, § 48a Ziff. 6 JWG. Es entscheidet die Stelle, die die Erstentscheidung erlassen hat. Die örtliche Zuständigkeit des Gerichts ergibt sich aus §§ 35, 43 FGG.
Sachliche Voraussetzung ist, daß die Abänderung für das Kindeswohl erforderlich ist. Das kann z. B. der Fall sein, wenn der an sich besser geeignete Elternteil bei der Erstentscheidung wegen seiner schlechten wirtschaftlichen Lage unberücksichtigt geblieben ist, seine Situation sich aber jetzt erheblich gebessert hat.[33] Auch bei Auswanderungsabsichten hat die Rspr. diese Voraussetzung bejaht.[34] Es hängt aber im Einzelfall davon ab, ob ohne die Änderung das Kindeswohl gefährdet wäre. Durch das Kontinuitätsinteresse bei der Kindeserziehung wird der durch die Erstentscheidung berechtigte Elternteil bei der Frage der Änderung stets begünstigt sein.
War nach § 1671 V BGB eine Vormundschaft oder Pflegschaft angeordnet, so ist diese aufzuheben, wenn eine Gefahr für das Kindeswohl nicht mehr besteht.

4.5.7 Übersicht zu den gerichtlichen Zuständigkeiten bei Sorgerechtsentscheidungen nach Ausfall eines Elternteils:

155 1. Entscheidungen über sorgerechtliche Zusammenhänge ohne vorherige Eheauflösung (z. B. Tod, Verhinderung, Ruhen, Konkurs, Sorgeentzug)
    —▶ VG
2. Entscheidungen im Zusammenhang oder nach Eheauflösung
2.1. Grundsätzliche Zuweisung der elterlichen Sorge gem. §§ 1671, 1672 BGB
    —▶ FG
2.2. Pflegschaft nach § 1671 V BGB
    —▶ FG
2.3. Maßnahmen bei Mißbrauch gem. §§ 1666, 1667 BGB
    —▶ VG

---

30 Die Vorschrift hat auch Bedeutung im Rahmen von § 1666 BGB, *siehe RNr. 161*
31 BGHZ 21, 315
32 Siehe zu den Voraussetzungen BayObLG FZ 62, 34
33 OLG Stuttgart FZ 76, 34
34 OLG Karlsruhe FZ 78, 201, OLG Köln FZ 72, 572

2.4. Ende der elterlichen Sorge eines Alleinberechtigten (z. B. bei Tod gem. § 1681 I
2 BGB, bei Entzug gem. § 1680 II BGB, Ende der Vermögenssorge durch
Konkurs gem. § 1680 II BGB
—▸ VG
Es besteht kein unmittelbarer Zusammenhang mit der Eheauflösung selbst,
wenn sie vorangegangen sein sollte)
2.5. Tatsächliche Verhinderung oder Ruhen gem. § 1678 II BGB
—▸ FG
Struktur einer Änderungsentscheidung der ursprünglichen Entscheidung des FG
3. Abänderung einer Sorgerechtsentscheidung nach § 1696 BGB
—▸ VG
—▸ FG je nach ursprünglicher Zuständigkeit

4.5.8 Getrenntleben nach § 1672 BGB

Leben die Eltern nicht nur vorübergehend getrennt, so gelten die Vorschriften der   **156**
§ 1671 I–V BGB entsprechend, § 1672 BGB. Der Begriff des Getrenntlebens wird
durch § 1567 BGB innerhalb einer Norm des Scheidungsrechts näher definiert.
Verfahrensrechtlich gilt das zu § 1671 BGB Ausgeführte. Als Besonderheit kommt
hinzu, daß ein Antrag eines Elternteils das Verfahren in Gang bringen muß. Damit
wird das Gesetz dem Umstand gerecht, daß bei Getrenntleben ohne Scheidung die
Eltern sich über die tatsächliche Sorge selbst einigen können und das Familiengericht
nicht in Anspruch nehmen. Allerdings kann das FG von Amts wegen entscheiden,
wenn andernfalls das Wohl des Kindes gefährdet wäre und die Eltern nicht in der
Lage sind, die Gefahr abzuwenden.
Zulässig sind im Rahmen von § 1672 BGB auch vorläufige Anordnungen nach FGG.
Davon zu unterscheiden sind aber auch in diesem Zusammenhang die einstweiligen
Anordnungen nach § 620, S. 1, Ziff. 1 ZPO. Mit Sorgerechtsregelungen gem. § 1672
BGB wird der Rechtspfleger gerade in diesem prozessualen Zusammenhang konfron-
tiert. In der Rechtspraxis sind nämlich entspr. Anträge eines Elternteils auf Sorgerechtsregelung zu Protokoll des Rechtspflegers bei der Rechtsantragsstelle häufig.
Allerdings ist Voraussetzung für diese Eilentscheidung, daß ein Scheidungsverfahren
anhängig ist.[35] Wegen der führenden Natur dieses Verfahrens muß dann eigentlich
eine einstweilige Anordnung im Scheidungsverfahren beantragt werden, gem.
§§ 1671 BGB, 620 I ZPO. Eine einstweilige Anordnung kann auf die Vorschrift des
§ 1672 BGB nur gestützt werden, wenn ein Elternteil **vor Ausgang des Eheprozesses**
eine endgültige Entscheidung über das Sorgerecht haben will. Der Unterschied liegt
also darin, daß die Entscheidung nach § 1672 BGB außerhalb des Verfahrensverbundes getroffen werden kann und damit nicht von der Aufrechterhaltung des
Scheidungsantrags abhängig ist. Deshalb besteht auch keine Überleitungspflicht des
Anordnungsverfahrens nach § 1672 BGB nach Anhängigkeit der Ehesache.[36]

---

35 Sonst kommt als Eilentscheidung u. U. eine Regelung gem. § 940 ZPO in Betracht. Das gilt
    aber nicht für den Bereich des Streits, der zum Bereich des FGG-Verfahrens gehört.
    Beispiel: Prozeßkostenvorschuß; vgl. OLG Düsseldorf NJW 78, 895
36 Vgl. Palandt § 1672 BGB, Anm. 1

4.6 Sorgerecht bei nichtehelichen Kindern

4.6.1 Verfassungsrecht

157 Das elterliche Sorgerecht bei nichtehelichen Kindern steht grundsätzlich der Mutter zu. Es gelten die allgemeinen Vorschriften über elterliche Sorge beim ehelichen Kind sinngemäß, sofern sich aus den §§ 1705 ff. BGB keine Besonderheiten ergeben. Die Alleinsorge der Mutter ist als eine sachlich nicht gerechtfertigte Benachteiligung des Vaters und damit als verfassungswidrig angesehen worden.[1] Nach h. L., der zu folgen ist, ist die Übertragung der Sorge auf die Mutter mit Art. 3 GG vereinbar. Aus praktischen Gründen und Erwägungen zum Kindeswohl ist eine Teilung nicht vertretbar.[2] Es bleibt allein der Weg, den einen oder anderen Elternteil ausschließlich zu berechtigen bzw. zu verpflichten. Naturgemäß ist damit der Ausschluß des anderen Elternteils verbunden. Sachlicher Grund für die Differenzierung ist das Fehlen der Familiengemeinschaft und die damit verbundene Verschiedenartigkeit der Funktion dem Kind gegenüber.[3]

4.6.2 Vormundschaft

158 Ist die Mutter minderjährig, so steht ihr die elterliche Sorge nicht zu, §§ 1705, 1673 II BGB. Sie übt lediglich die tatsächliche Personensorge aus. Die dadurch entstehende Lücke in der Sorgeberechtigung wird geschlossen durch die Bestellung eines Vormunds, die auch schon vor Geburt möglich ist, § 1774 BGB. Vormundschaft ist ferner notwendig, wenn die Mutter geschäftsunfähig oder gestorben ist bzw. ihr die elterliche Sorge entzogen wurde. Vormund ist i. d. R. das Jugendamt, §§ 1791c BGB, 41 I JWG.[4] Wegen der Einzelheiten des Verfahrens wird auf die einschlägige Literatur zum Vormundschaftsrecht verwiesen.[5]

---

1 Für viele: Gernhuber, S. 901 f.
2 *Siehe dazu RNr. 144;* Beitzke, § 31 III
3 BVerGerE 11, 281. Dem Vater ein Elternrecht aus Art. 6 GG ganz abzusprechen, bedarf es dagegen nicht. Er hat selbstverständlich die Möglichkeit – im Einverständnis mit der Mutter – »als Vater« dem Kind gegenüber in Erscheinung zu treten. Ein Recht auf Beteiligung an der Erziehung hat er freilich ebensowenig, wie ein Umgangsrecht aus § 1634 BGB. Wenn bewiesen wird, daß der Umgang dem Kindeswohl dient, kann das VG ein Verkehrsrecht zusprechen. Dieser in § 1711 II BGB enthaltene Gedanke ist letztlich Ausfluß des stark beschränkten aber gleichwohl existierenden Elternrechts des nichtehelichen Vaters aus Art. 6 GG. Auch das Auskunftsrecht aus § 1634 III BGB wie der Anspruch auf rechtl. Gehör aus 50a II FGG gehören in diesen Zusammenhang
4 § 1673 II BGB gilt auch insoweit *(siehe RNr. 140);* bei Meinungsstreit zwischen Vormund und Mutter geht bei Ruhen der Sorge wegen Minderjährigkeit der Mutter in Angelegenheiten der tatsächlichen Sorge die Meinung der Mutter vor. Ruht die mütterliche Sorge allein wegen einer auf Geschäftsunfähigkeit beruhenden Entmündigung, so geht die Meinung des Vormunds vor. Ist die Mutter dagegen aus anderen Gründen geschäftsunfähig, so hat sie nicht einmal mehr die tatsächliche Personensorge
5 Vgl. weiterführend Gernhuber, S. 1019 ff.; Beitzke § 35

4.6.3 Pflegschaft

Die Mutter übt die Sorge nach den §§ 1626 BGB ff. aus, mit Ausnahme der **159**
Aufgaben, die gem. §§ 1706, 1708 BGB dem Amtspfleger oder an dessen Stelle
ausgewählten Einzelpfleger übertragen sind.[6]
Durch die umfassende Sorge der Mutter ist deren Verantwortung erheblich erhöht.
Lediglich das Rechtsverhältnis des Kindes zum Vater bleibt dem Pfleger vorbehalten.
Von der einst totalen öffentlichen Fürsorge für das nichteheliche Kind hat sich die
staatliche Einflußnahme in diesen letzten Bereich zurückgezogen.
Der Aufgabenkreis des Pflegers wird durch § 1706 BGB bestimmt. Er ist zuständig
für die Regelung des Personenstandes[7], insbesondere der Feststellung der Vaterschaft[8], für Adoption[9] und Legitimation[10] sowie zur Durchsetzung von vermögensrechtlichen Ansprüchen gegen seinen Vater oder dessen Verwandte, vor allem von
Unterhaltsansprüchen[11] und Erbrecht bzw. Pflichtteilsrecht[12]. Für den Unterhaltsanspruch ist er auch berufen bei der Geltendmachung gegen die Mutter.[13]
Die Pflegschaften sind automatisch vorhanden und brauchen nicht angeordnet zu
werden.
Pfleger ist in der Regel das Jugendamt, §§ 1709 BGB 40 JWG. In diesen Fällen
spricht man von Amtspflegschaft. Es gibt aber auch die Einzelpflegschaft. Der Rpfl.[14]
des VG hat bei Amtspflegschaft dem Jugendamt eine Bescheinigung zu erteilen,
§§ 1709, S. 3, 1791c III 1 BGB. Die Bescheinigung hat feststellende und nicht
konstitutive Wirkung. Sie weist den jeweiligen Beamten des Jugendamtes aus, vgl.
§ 37, S. 2 JWG. Weiterer Inhalt der Bescheinigung ist der Wirkungskreis der
Pflegschaft, damit ersichtlich ist, ob sie eingeschränkt oder uneingeschränkt gilt.
Nach Beendigung der Pflegschaft ist die Bescheinigung zurückzugeben.
Die Amtspflegschaft endet, wenn ein Einzelpfleger bestellt und das Jugendamt dann
entlassen wird oder wenn das VG die Pflegschaft aufhebt, §§ 1915, 1887 I BGB, 39a
JWG, 1707 BGB. Des weiteren endet die Pflegschaft naturgemäß mit der Volljährigkeit des Kindes. Auch wenn der jeweilige Wirkungskreis erreicht wurde, ist die
Pflegschaft beendet, §§ 1918, 1707 Ziff. 3 BGB. Im einzelnen gilt für die Beendigung
des Amtspflegschaft folgendes: Gem. § 1887 I BGB, der im Pflegschaftsrecht über
§ 1915 BGB entsprechend gilt, ist an Stelle der Amtspflegschaft eine Einzelpflegschaft anzuordnen, wenn eine geeignete Person vorhanden ist und dies dem Kindeswohl entspricht. Das Verfahren kommt auf Antrag der Mutter oder von Amts wegen
zustande und trägt dem Umstand Rechnung, daß staatliche Pfleger nur subsidiär
eingreifen sollen.

---

6 Vor 1961 hatte das Zivilrecht für die Mutter lediglich das tatsächliche Personensorgerecht
   vorbehalten. Daneben bestand Vormundschaft. Die Mutter konnte allerdings zum Vormund
   bestellt werden. Ab 1970 gab es dann die Möglichkeit, der Mutter des elterliche Sorgerecht
   zu übertragen. Diese Rechtsentwicklung widerspiegelt den Rückzug des Staates zugunsten
   der Mutter und die damit verbundene gesteigerte Verantwortlichkeit
7 *Zum Namensrecht des nichtehelichen Kindes siehe RNr. 39*
8 *Siehe RNr. 23 ff.;* §§ 1600c, g, n BGB
9 § 1746 BGB
10 *Siehe RNr. 35 ff.;* z. B. §§ 1726, 1740a BGB
11 *Siehe RNr. 68 ff.;* §§ 1615a ff. BGB
12 §§ 1934a ff. BGB
13 Beitzke § 30 II 2
14 § 3 Ziff. 2a RpflG

Gleiches Gedankengut kommt auch in dem Verfahren nach § 1707 BGB zum Ausdruck. Es entspricht der nunmehr verantwortlichen Stellung der Mutter, daß sie sogar die dem Staat von Gesetzes wegen vorbehaltene Bereiche an sich ziehen kann. Sie muß dazu den Antrag stellen, die Pflegschaft nicht eintreten zu lassen, sie aufzuheben oder den Wirkungskreis einzuschränken. Zuständig für die Entscheidung über diesen Antrag ist der Rpfl. des VG am gewöhnlichen Aufenthaltsort des Kindes.[15] Auch in diesem Verfahren entscheidet der Rechtspfleger aufgrund § 3 Ziff. 2a RpflG. Er hat gem. § 48a I Ziff. 8 JWG das Jugendamt sowie die Mutter und den Vater, §§ 50a, b, FGG, anzuhören.

Dem Antrag ist zu entsprechen, wenn die Anordnung dem Wohle des Kindes nicht widerspricht. Dem Antrag muß also stattgegeben werden, wenn keine Tatsachen vorhanden sind, die gegen Ausschluß, Aufhebung oder Einschränkung der Amtspflegschaft sprechen.[16]

Grund zu der Ablehnung des Antrags kann z. B. sein das Verschweigen des Vaternamens durch die Mutter[17]. Grundsätzlich kommt deshalb Aufhebung der Amtspflegschaft nur in Betracht, wenn Feststellung der Vaterschaft gesichert ist. Allein über diesen Vorbehalt werden die Belange des Kindes umfassend gesichert. Bestehen große Schwierigkeiten bei der Geltendmachung von Unterhaltsansprüchen, so spricht einiges für die Aufrechterhaltung der Amtspflegschaft. Wo schon das Jugendamt Schwierigkeiten hat, wird die Mutter sicher scheitern. Das VG kann seine Entscheidungen ändern, wenn das Kindeswohl dies erfordert, § 1707, S. 3 BGB.

Die Amtspflegschaft tritt nicht ein, wenn bereits vor der Geburt des Kindes ein Pfleger bestellt wurde, §§ 1708, 1709, S. 2 BGB.[18, 19] Die Einsetzung des Pflegers erfolgt durch den Rechtspfleger beim VG mit dem Wirkungskreis des § 1706 BGB. Seine Bestellung wird erst wirksam mit der Geburt des Kindes.

Pränataler Einzelpfleger kann niemals das Jugendamt oder die Mutter sein. Andererfalls läge eine Umgehung der §§ 1706, 1707 BGB vor. Sachliche Voraussetzung für die Bestellung eines pränatalen Pflegers gibt es nicht. Das VG hat sie jedoch abzulehnen, wenn klar ersichtlich ist, daß Vormundschaft in Frage kommt.

Über diese Besonderheiten hinaus gilt das allgemeine Sorgerecht für das eheliche Kind entsprechend.[20]

Wegen der Einzelheiten bei der Bestellung eines Pflegers wird wieder auf die einschlägige Spezialliteratur verwiesen.[21]

---

15 BGHZ 70, 52
16 Vgl. OLG Hamm FZ 78, 204
17 Vgl. Bay OblG NJW 72, 1582; Palandt § 1707 BGB, Anm. 2; Soergel § 1707 BGB, Anm. 6
18 Amtspflegschaft entfällt außerdem automatisch dort, wo Vormundschaft erforderlich ist, *siehe RNr. 158*
19 Einzelpflegschaft anstelle von Amtspflegschaft ist auch gegeben, wenn die Vormundschaft endet. Dann wird der bisherige Vormund Pfleger nach § 1706 BGB, vgl. § 1710 BGB. Die bisherigen Erfahrungen des Vormunds sollen genützt werden. Die Vormundschaft kann kraft Gesetzes enden, z. B. weil die Mutter die volle elterliche Sorge bei Eintritt ihrer Volljährigkeit erlangt
20 *Siehe ausführlich RNr. 83 ff.*
21 Vgl. Gernhuber, S. 1080 ff. m. w. N.

4.7 Staatliche Erziehungseingriffe

4.7.1 Aufsicht über private Erziehung

Auf das Spannungsverhältnis zwischen privatautonomer Kindeserziehung und staatli- **160**
cher Überwachung ist bereits einleitend ausführlich hingewiesen worden. Insoweit
darf voll inhaltlich Bezug genommen werden.[1]
Auf dem Weg zu einem Mehr an staatlicher Überwachungs- und Aufsichtsmöglich-
keit[2] hat das Sorgerecht verschiedenartige **Eingriffsmöglichkeiten** geschaffen, die je
nach Regelungszusammenhang im positiven Recht zersiedelt sind. Die Eingriffstatbestände unterscheiden sich sowohl in der Voraussetzungs- als auch in der Rechtsfol-
genseite.
Verfahrensrechtlich ist in diesem Zusammenhang die Überwachungsfunktion des
VGs bemerkenswert.[3] Die organisierende, koordinierende staatliche Instanz wird
nunmehr kontrollierend und entscheidend tätig. Auch bei diesen Aufsichtsverfahren
gelten die Regeln des FGG. Unterschiedlich sind je nach Sachzusammenhang die
Zuständigkeiten zwischen Rechtspfleger und Richter ausgestaltet. Es ist häufig eine
Zufälligkeit, ob der eine odere andere Träger staatlicher Gewalt entscheidet. Als
grobe Abgrenzungsformel läßt sich jedoch folgender Satz aufstellen: Auf dem Gebiet
der Aufsicht über Personensorge herrscht zumeist Richterzuständigkeit, auf dem
Gebiet der Vermögenssorge ist vorwiegend Rechtspflegerzuständigkeit gegeben.
Das Jugendamt hat bei der Aufsicht über private Erziehung lediglich unterstützende
Funktionen.[4] Das Schwergewicht seiner (eigenverantwortlichen) entscheidenden Tätigkeit liegt im Bereich der öffentlich-rechtlich ausgestalteten fürsorgerischen Erzie-
hungshilfen.[5] Das ist dort, wo es um die Belange der Allgemeinheit um eine öffentlich
funktionierende Sorge und das Wohl der Jugend geht.[6]

4.7.2 Eingriffstatbestände

4.7.2.1 § 1666 BGB

Als umfassende staatliche Eingriffsmöglichkeit im Bereich der elternrechtlichen **161**
Sorge enthält das Sorgerecht § 1666 BGB. Diese Vorschrift hat die subjektive
Unfähigkeit des Sorgerechtsinhabers im Auge[7]. Das Gesetz gilt in erster Linie bei
bestehender Ehe. Bei Auflösung gehen die Spezialvorschriften des § 1671 BGB
vor.[8, 9]

---

1 Siehe RNr. 1 ff.
2 Vgl. zur gegenteiligen Entwicklung beim nichtehelichen Kind RNr. 157 f.
3 Siehe RNr. 4
4 Siehe RNr. 7
5 Siehe RNr. 164
6 Siehe RNr. 1 ff.
7 Bei objektiver Unfähigkeit liegt Ruhen der Sorge nach § 1678 BGB vor, siehe RNr. 140
8 Zum Verhältnis zu § 1671 IV BGB, siehe RNr. 149
9 Auch spätere Einzelmaßnahmen nach § 1666 BGB sind denkbar, wenn eine totale Abänderung des Sorgerechts zu weit geht

Im Verhältnis zu § 1628 BGB[10] geht § 1666 BGB als staatl. Eingriffstatbestand vor, wenn seine Voraussetzungen gegeben sind. Während dort Antrag der Eltern Voraussetzung ist, wird im Rahmen von § 1666 BGB typischerweise gegen den Willen der Eltern entschieden.

Im einzelnen sind folgende Voraussetzungen für ein Eingreifen des VGs erforderlich:
(1) Gefährdung des körperlichen, geistigen oder seelischen Wohls des Kindes.[11] Entscheidend ist u. a. das Kindesalter und der Grad seiner geistigen Entwicklung.
(2) Die Gefährdung muß durch mißbräuchliche Ausübung der elterlichen Sorge, durch Vernachlässigung, durch unverschuldetes Versagen oder Verhalten Dritter erfolgen.
Die Kasuistik zu diesen Gefährdungstatbeständen ist unübersehbar. Hervorzuheben sind körperliche Mißhandlungen, Zufügen von psychischen Qualen, Fernhalten von Schulbesuch, strafbare Handlungen.
(3) Die Eltern müssen nicht gewillt oder in der Lage sein, die Gefahr abzuwenden.

Liegen diese Voraussetzungen vor, so hat das VG die zur Gefahrenabwehr erforderlichen Maßnahmen zu treffen. Das Gesetz verzichtet auf die katalogisierende Aufzählung einzelner Maßnahmen, um dem VG die größtmögliche Gestaltungsfreiheit zu geben. Allerdings ist das Gericht nicht ungebunden befugt. Zunächst ergibt sich eine Schranke aus der Rolle des Staates als »Wächter« i. S. von Art. 6 II GG. Es dürfen daher nur Maßnahmen ergriffen werden, die dieser Rolle gerecht werden.[12] Unzulässig ist deshalb die Anweisung an die Eltern, die häusliche Gemeinschaft wieder aufzunehmen.[13] Des weiteren gilt für die Maßnahme das Prinzip des geringst möglichen Eingriffs, aus dem sich die Unzulässigkeit einer schweren Maßnahme ergibt, wenn mit milderem Eingriff das gleiche Ziel erreicht würde.
Im einzelnen kommen in Betracht: Maßnahmen gegen Dritte; Ersetzung von an sich erforderlichen Elternerklärungen[14]; Entzug der Personensorge ganz oder teilweise[15]; Entzug der Vermögenssorge bei Pflichtverletzung im Zusammenhang mit Unterhalt[16]; Trennung von den Eltern[17].
Das FGG-Verfahren gebietet zwingend die Anhörung von Eltern und Kind, §§ 50a, b FGG, sowie dem Jugendamt, § 48a I Ziff. 5 JWG. Im übrigen gilt der Grundsatz der Amtsermittlung, § 12 FGG. Das bedeutet, wenn die erforderlichen Ermittlungen nicht ausreichen, kann nach § 15 FGG förmliche Beweisaufnahme angeordnet werden. Es können zur Verfahrenssicherung einstweilige Anordnungen einhergehen, wenn ein dringendes Bedürfnis dazu besteht. Werden Maßnahmen gegen einen Dritten für erforderlich gehalten, so ist dieser als Verfahrensbeteiligter zu hören.
Die Maßnahmen nach § 1666 haben Vorrang vor der Fürsorgeerziehung. Das gilt auch, wenn die Fürsorgemaßnahme in einer Heimunterbringung besteht.[18] Funktionell zuständig ist der Richter, § 14 Ziff. 8 RpflG. Die örtliche und sachliche Zuständigkeit des Amtsgerichts ergibt sich aus §§ 36, 43 FGG.

---

10 *Siehe RNr.* 87
11 Übersichten bei MünchnerK § 1666 BGB Anm. 25 ff.; Staudinger § 1666 BGB Anm. 42 ff.
12 Staudinger § 1666 BGB, Anm. 259
13 OLG Hamburg, FZ 57/426
14 z. B. Einwilligung zur Operation, § 1666 II BGB
15 z. B. Aufenthaltsbestimmungsrecht
16 § 1666 III BGB
17 § 1666 I BGB
18 BGHZ 73/131

4.7.2.2 Eintritte in die Vermögenssorge, § 1667 BGB

Die Kontrolle der Vermögenssorge ist geringfügig. Insoweit legt sich der Staat jene **162**
Zurückhaltung auf, die eingangs als verfassungsrechtlich geboten und zum Funktio-
nieren der Elternerziehung notwendig erachtet wird.[19] Auf die Inventarisierungs-
pflichten mit der damit verbundenen möglichen Sanktion eines Entzugs der Vermögenssorge nach § 1640 V BGB und die Genehmigungspflichten bei einzelnen Rechtsgeschäften ist bereits hingewiesen worden.[20]
Es kommt der Eingriffstatbestand des § 1667 BGB hinzu. Bei Gefährdung des
Kindesvermögens durch (drohende) Pflichtverletzungen innerhalb der Vermögenssorge oder Vermögensverfall der Eltern hat das VG die zur Gefahrüberwachung
erforderlichen Maßnahmen zu treffen, § 1667 I BGB. Innerhalb des generalklauselar-
tigen Tatbestandsmerkmal Pflichtverletzung kommt es zu einer ähnlichen Kasuistik
wie bei § 1666 BGB.[21] Die Pflichtverletzung kann z. B. in einer nachlässigen Prozeßführung liegen oder in der risikobehafteten Verwendung von Kindesvermögen. Des
weiteren ist alternative Voraussetzung für ein Einschreiten des VG ein möglicherweise auch unverschuldeter Vermögensverfall der Eltern. Der Vermögensverfall kann
sich z. B. abzeichnen in ständiger Minderung des Vermögens und in Wechselprote-
sten.
Die Pflichtverletzung oder der Vermögensverfall müssen zu einer Gefährdung des
Kindesvermögens führen. Gefährdung bedeutet, daß der Eintritt eines Schadens für
das Kind naheliegt.[22] Mit dieser Voraussetzung wird die Ursächlichkeit zwischen dem
mangelhaften Verhalten und der Vermögensgefährdung des Kindes verlangt. Dadurch werden Pflichtverletzungen und Vermögensverfall als unerheblich ausgeschie-
den, die zu keiner Beeinträchtigung des Kindesinteresses führen.
Das VG kann dann die e r f o r d e r l i c h e n Maßnahmen treffen, § 1667 I BGB. Die
Maßnahme muß zur Abwendung der Gefahr geeignet sein. Das VG braucht nicht
stufenweise vorzugehen, so daß sogar beim ersten Eingriff totaler Entzug in Frage
kommen kann. Allerdings steht das Handeln des VG unter dem Prinzip des mildesten
Eingriffs. Bei mehreren tauglichen Maßnahmen muß die ausgewählt werden, die am
wenigsten die Rechte der Eltern tangiert. Die möglichen Maßnahmen zählt das
Gesetz in Abs. II–IV auf. Es können auch mehrere Anordnungen nebeneinander
ergriffen werden.
Das VG kann die Erstellung eines **Vermögensverzeichnisses** und bzw. oder die
Rechnungslegung anordnen.[23] Das Verzeichnis muß mit der Versicherung der Rich-
tigkeit und Vollständigkeit versehen werden. Eine Pflegerbestellung ist nicht erfor-
derlich, da die Eltern nicht bei der Ausübung ihrer Sorge verhindert sind.
Das VG kann ferner die Anlage von Kindesgeld bestimmen und anordnen, daß zur
Abhebung von Geld die Genehmigung des Gerichts erforderlich ist, § 1667 II 1 BGB.
In diesem Zusammenhang kommt bei Spargeldern des Kindes auch die Anlage auf
Konten mit Sperrvermerk in Betracht. Dazu ist ein Vertrag zwischen Eltern und

---

19 *Siehe RNr. 1*
20 *Siehe RNr. 111 u. 122 ff.*
21 *Siehe RNr. 161*
22 OLG Frankfurt Nr. FZ 63, 453
23 *Zur Erstellung eines solchen Verzeichnisses siehe RNr. 111*

Kreditinstitut notwendig, zu dem das VG die Eltern anhalten kann.[24] Geht es um Wertpapiere, Kostbarkeiten oder Buchforderungen gegen Bund und Länder, so darf das VG den Eltern die gleichen Verpflichtungen auferlegen, die nach § 1814 ff. BGB einem Vormund obliegen, § 1667 III 2 BGB.[25]

Das VG kann auch **Sicherheitsleistungen** anordnen. Die Art und den Umfang der Sicherheitsleistungen bestimmt das VG nach freiem Ermessen. Eine notwendige Mitwirkung des Kindes wird durch die Anordnung des VG ersetzt. Das VG stellt z. B. den Antrag nach § 13 GBO für das Kind bei Eintragung einer von den Eltern bewilligten Hypothek als Sicherheit. Mit dieser Regelung soll die Notwendigkeit einer zeitraubenden Pflegschaft vermieden werden.

Die Art der Sicherheitsleistung ist nicht an die in §§ 33 BGB ff. vorgegebenen Typisierung gebunden. Auch insoweit herrscht Ermessensfreiheit des VG.

Die Sicherheitsleistung darf nach § 1667 IV 4 BGB nur durch die Androhung einer Entziehung der Vermögenssorge mittelbar erzwungen werden.

Letztlich kommt als einschneidendste Maßnahme gem. § 1667 V BGB die totale **Entziehung der Vermögenssorge** in Betracht.

Wegen des Verhältnismäßigkeitsprinzips ist diese Maßnahme jedoch nur dann zulässig, wenn durch andere Mittel die Abwägung der Gefahr nicht erreicht werden kann. Aus diesen Gründen kann auch eine teilweise Entziehung ausreichen. Der Entzug nach Abs. V hat zur Folge, daß der Elternteil oder die Eltern das Kindesvermögen herausgeben müssen, § 1698 BGB.[26] Zudem muß ein Pfleger bestellt werden, § 1909 BGB.

Eine nachträgliche Aufhebung der Entziehung kommt bei Änderung der Verhältnisse in Betracht, § 1696 BGB. Die Maßnahmen sind insgesamt von Amts wegen in engen Zeitabständen zu überprüfen und ggf. aufzuheben.[27]

Das Verfahren für das Einschreiten des Staates in Gestalt des VGs ist entsprechend seiner Funktion ausgestaltet. Zu bedenken ist hier, daß es nicht vorwiegend um die privatautonomen Belange der Eltern geht, sondern um die sachgerechte Handhabung des staatlichen Wächteramts. So ergibt sich zwanglos, daß insgesamt ein Antrag nicht erforderlich ist. Allerdings muß das VG irgendwie Kenntnis von den Eingriffsfällen erhalten. Häufig wird das Jugendamt das VG aufmerksam machen.[28] Aber auch Mitteilungen von Verwandten, Nachbarn oder des Kindes können ein Verfahren in Gang setzen.[29]

Das Verfahren unterliegt den Regeln des FGG. Bemerkenswert sind die weit[30] ausgebauten Anhörungspflichten, §§ 48a JWG, 50a–c FGG.

Das rechtliche Gehör ist hier derart stark ausgeprägt, weil es um staatliche Eingriffe in das private Elternrecht geht. Verfahrensvorschriften helfen insoweit die Verfassungsmäßigkeit des materiellen Rechts herzustellen. Die Ermittlungen werden gem.

---

24 BayOblG FZ 77, 146
25 Z. B. Hinterlegung, Sperrung, Umschreibung; zu den Einzelheiten vgl. die einschlägige Literatur zum Vormundschaftsrecht, z. B. Gernhuber, S. 1052 ff.
26 *Vgl. dazu RNr. 110*
27 *Zur Änderung der Sorgerechtsentscheidung siehe RNr. 154*
28 Anzeigepflicht des JA, § 47a II JWG
29 Vom Konkursverfahren erfährt das VG vom zuständigen Gericht, § 1668 BGB; *zum Spezialeingriff bei Konkurs siehe RNr. 94*
30 Nur bei Personensorgesachen

§ 12 FGG geführt. Einstweilige Anordnungen sind zulässig. Die örtliche Zuständigkeit ergibt sich aus §§ 36, 43 FGG. Es entscheidet bei § 1667 BGB funktionell der Rechtspfleger, § 3 Ziff. 2a RpflG.

4.7.3. Folge bei Totalentzug

Ist das elterliche Sorgerecht aufgrund eines der Eingriffstatbestände insgesamt entzogen worden[31], so regelt § 1680 BGB die eintretende Rechtsfolge ganz allgemein. Der andere Elternteil übt das Sorgerecht allein aus.[32] Der automatische Übergang findet nicht statt, wenn das Kindeswohl entgegensteht, § 1680 I 2 BGB. Das VG kann sämtliche staatlichen Eingriffsmaßnahmen, die zur Personensorge oder Vermögenssorge erörtert werden, bis hin zu totalem Entzug bei gleichzeitiger Vormunds- bzw. Pflegerbestellung auch für den a n d e r e n Elternteil ergreifen. Zweck dieser neuerlichen Kontrolle ist es, zu prüfen, ob der Elternteil, bei dem die Voraussetzungen an sich nicht vorliegen, irgendwie beeinflußt worden ist.[33] Dieses staatliche Eingreifen beim an sich »intakten« Elternteil ist verfassungsrechtlich bedenklich, letzten Endes im Interesse der Kinder jedoch zulässig. Es entscheidet auch hier, wie bei der ausdrücklichen Übertragung im Konkursfalle[34], § 1680 I 3 BGB oder bei Alleinsorge, § 1680 II BGB[35] der Richter nach der Regel des FGG, § 14 Ziff. 15 RpflG.[36]   **163**

4.7.4. Fürsorgerische Erziehung

Staatliche Eingriffe in die Erziehung kommen aber auch aus anderer Zielrichtung in Betracht. Zu denken ist hier an das Einwirken auf Eltern und Kind im Interesse einer öffentlich-rechtlich motivierten Sorge um das Wohl des Kindes allgemein.[37]   **164**
Der Staat bietet bei Versagen der Eltern fürsorgerische Erziehungshilfe im öffentlichen Jugendwohlfahrtsrecht an.
Die Auswirkungen der öffentlichen Jugendhilfe sind mit den Auswirkungen der Maßnahmen nach § 1666 ff. BGB nicht vergleichbar. Das öffentliche Jugendhilferecht unterstützt lediglich die Eltern bei der Ausübung ihrer Sorge. In keinem Fall wird das elterliche Sorgerecht entzogen.[38]
Öffentlich-rechtliche Erziehungshilfe gibt es in 3 Formen: Erziehungsbeistandschaft, freiwillige Fürsorgehilfe und Fürsorgeerziehung.

---

31 §§ 1666/1666a BGB (Personensorge); §§ 1640 IV, 1683 IV, 1666 III, 1667 IV, BGB (Vermögenssorge)
32 Diese Automatik greift bei Konkurs nicht ein. Es ist ein ausdrücklicher Beschluß mit Kindeswohlprüfung notwendig, § 1680 I 3 BGB, *siehe RNr. 94*. Zur Folge bei Entzug, wenn das Sorgerecht nur ein Elternteil hatte, *siehe RNr. 153*
33 Vgl. dazu KG NJW 65, 871
34 *Siehe RNr. 94*
35 *Siehe RNr. 153*
36 *Siehe dazu a. a. O. und RNr. 155*
37 *Siehe zu diesem unterschiedlichen Ansatz RNr. 1*
38 Bei der FE wird es praktisch ausgeschaltet, lebt aber bei deren Beendigung von selbst wieder auf

Erziehungsbeistandschaft bzw. freiwillige Erziehungshilfe sind angezeigt, wenn die leibliche, geistige, seelische Entwicklung eines Minderjährigen gefährdet oder geschädigt ist, §§ 55, 62 JWG. Die Fürsorgeerziehung bezweckt den Schutz vor Verwahrlosung bzw. deren Beseitigung, § 64 JWG.

Zur Abgrenzung, zu den Voraussetzungen und zu den Folgen vergleiche die folgende Übersichtstafel.[39, 40]

---

39 Bemerkenswert sind auch hier die einleitend angesprochenen Überschneidungen zwischen öffentlich-rechtl. Jugendhilfe und privater Elternerziehung, bzw. die wechselseitige Beziehung zwischen öffentl. Jugendhilferecht und elterl. Sorgerecht.

40 Auf die Darstellung von Einzelfragen wird hier verzichtet, da der Rahmen der Abhandlung dadurch gesprengt würde. Zur Vertiefung siehe Beitzke S. 259

	Erziehungsbeistandschaft	Freiwillige Erziehungshilfe	Fürsorgeerziehung
sachliche Voraussetzungen	§ 55 JWG: a) minderjährig b) Entwicklungsgefährdung oder Entwicklungsschädigung c) Erziehungsbeistandschaft muß zur Abwendung von b) geboten und ausreichend sein	§ 62 JWG a) minderjährig, noch nicht 17 J. b) Entwicklungsgefährdung oder Entwicklungsschädigung c) Bereitschaft der Erziehungsberechtigten, die Durchführung der freiwilligen Erziehungshilfe zu fördern	§ 64 JWG: a) minderjährig, noch nicht 17 J. b) Verwahrlosung muß drohen oder bereits eingetreten sein c) die Fürsorgeerziehung muß zur Abwendung der drohenden oder eingetretenen Verwahrlosung erforderlich sein d) andere Erziehungsmaßnahmen dürfen nicht ausreichend sein
wird angeordnet durch	a) Jugendamt aufgrund eines Antrages aller Personensorgeberechtigten, § 56 JWG (freiwillige Erziehungsbeistandschaft) b) Vormundschaftsgericht aufgrund eines Antrages des Jugendamtes oder eines Erziehungsberechtigten oder von Amts wegen, wenn Erziehungsbeistand nicht nach a) bestellt wurde § 57 JWG (angeordnete Erziehungsbeistandschaft	Landesjugendamt, § 63 JWG aufgrund eines schriftlichen Antrages aller Personensorgeberechtigten Antrag ist an das zust. Jugendamt zu richten, das zu diesem Antrag Stellung nehmen muß	Vormundschaftsgericht, § 65 JWG von Amts wegen oder auf Antrag des Jugendamtes/Landesjugendamtes oder jedes Personensorgeberechtigten
Rechtsnatur der anordnenden Entscheidung	a) Bei Entscheidung durch Jugendamt: Verwaltungsakt b) Bei Entscheidung durch Vormundschaftsgericht: Die Anordnung: FGG-Beschluß. Die Bestellung des Erz.B (durch das Jugendamt): Verwaltungsakt	mitwirkungsbedürftiger belastender Verwaltungsakt	FGG-Beschluß mit Begründung, § 65 III 1, JWG
Bekanntmachung der anordnenden Entscheidung	a) Bei Entscheidung des Jugendamtes erfolgt die Bekanntmachung nach den allgemeinen Regeln des Verwaltungsrechts (der Verwaltungsakt muß all denen kundgetan werden, die durch ihn in ihrer Rechtssphäre unmittelbar betroffen werden) b) Bei Entscheidung durch das Vormundschaftsgericht ist diese nach § 16 Abs. II oder Abs. III FGG bekannt zu machen, und zwar dem zust. Jugendamt, jedem Personensorgeberechtigten (auch dem, der keinen Antrag gestellt hat) u. dem Minderjährigen, falls dieser das 14. Lebensjahr vollendet hat, vgl. § 57 Abs. IV JWG.	erfolgt nach allgemeinen Regeln des Verwaltungsrechts (s. Erziehungsbeistandschaft)	Gemäß § 65 Abs. III Satz 2 JWG zuzustellen dem Minderjährigen, falls er das 14. Lebensjahr vollendet hat und allen Antragsberechtigten, auch denen, die nur nach Landesrecht antragsberechtigt sind und denen, die im konkreten Fall keinen Antrag gestellt haben. Zustellung ist im technischen Sinn zu verstehen. Bekanntmachung zu Protokoll § 16 III FGG ist nicht ausreichend (Str.)
Wirksamwerden der anordnenden Entscheidung	Der Verwaltungsakt wird nach den allgemeinen Regeln des Verwaltungsrechts wirksam, wenn er bekannt gemacht worden ist. Dies gilt auch für die FGG-Entscheidung, allerdings aufgrund des § 16 Abs. I FGG.	Der Verwaltungsakt wird mit Bekanntmachung wirksam	Einerseits wird der Beschluß erst mit Rechtskraft ausführbar, § 69 Abs. II JWG, andererseits hat die sofortige Beschwerde aufschiebende Wirkung, § 65 Abs. IV JWG.
Rechtsmittel gegen die anordnende Entscheidung	a) Bei Verwaltungsakt: Widerspruch und Klage nach VwGO b) Bei FGG-Entscheidung: Einfache unbefristete Beschwerde gemäß §§ 19, 20, 58, 59 FGG.	Widerspruch und Klage nach der VwGO	Sofortige Beschwerde, § 65 Abs. IV JWG
Auswirkung und Durchführung der anordnenden Entscheidung	Die elterliche Sorge der Eltern bleibt unberührt. Die Rechtsstellung des Minderjährigen wird nicht beeinträchtigt. Der Erziehungsbeistand hat für die Eltern und den Minderj. nur beratende und unterstützende Funktion, § 58 Abs. 1 Satz 1 u. 2 JWG. Er hat Auskunftsrechte, § 59 JWG, und Zutritt zum Minderjährigen, soweit solcher für die Ausübung seines Amtes erforderlich ist.	Die Durchführung der freiwilligen Erziehungshilfe und der Fürsorgeerziehung obliegt dem Landesjugendamt unter Beteiligung des zuständigen Jugendamts, § 69 Abs. I JWG. Zu diesem Zweck wird der Minderjährige in einer geeigneten Familie oder in einem Heim untergebracht. § 69 Abs. III Satz 1 JWG. Das Landesjugendamt hat insoweit das Aufenthaltsbestimmungsrecht, § 71 Abs. 1 Satz 1 JWG. Die elterliche Sorge bleibt grds. unberührt. Lediglich die tatsächliche Personensorge ist eingeschränkt, soweit das JWG Eingriffe vorsieht.	

Stichwortverzeichnis

Aufstellung nach Randnummern

Abänderungsklage 49, 64, 67, 82
Abänderungsverfahren 77
Abfindungsvertrag 82
Absolute Rechte 86, 103
Abstammung 10 ff., 39, 42
Abstammungsklage 21
Änderungsentscheidung 154
Amtsgericht 4, 6, 41, 65, 75
Amtspflegschaft 75, 159
Amtsvormund 158
Anerkenntnis 24, 28
Anerkennungsverfahren 24, 75
Anfechtung
– der Ehelichkeit 13 ff., 69
– des Vaterschaftsanerkenntnis 30 ff.
Anpassung von Unterhaltstiteln 64
Arbeitsverhältnis des Kindes 44, 133
Aufenthalt des Kindes 101
Auflage
– bei Genehmigung 126
– bei Schenkung 129
Aufsicht 89, 100
Aufwendungen 90
Ausbildung 44, 50, 61, 81, 85
Auseinandersetzung der Erbschaft 119
Auseinandersetzungszeugnis 111
Ausfall eines Elternteils 153
Auskunftsanspruch
– über das Kind 103
– für Unterhaltspflicht 48 f.
Ausschlagung einer Erbschaft 137
Aussonderungsrecht 113
Ausstattung 46, 118

Beaufsichtigungsrecht 103
Beamtenortszuschlag 71
Bedürftigkeit 48 ff., 71
Beiwohnungsvermutung 18
Berufswahl 99
Beschränkte Geschäftsfähigkeit
– des Erzeugers bei Anerkennung 24
– des Kindes bei Anfechtung 15
– des Kindes bei der Legitimation 37 f.
– des Vaters bei Anfechtung der Ehelichkeit
  14

– bei Unterhaltsanerkennung 75
Beschwerde 37 f., 41 f., 65, 77, 80
Beteiligung an einer Gesellschaft 126
Blutgruppengutachten 18
Bruchteilseigentum 111

Dienstleistungen von Kindern 44

Ehe 11, 35 f.
Ehegatte 51, 55
Ehelichkeitserklärung 36
Ehelichkeit des Kindes 10 ff.
Ehename 39 f.
Ehescheidung siehe Scheidung
Einbenennung 40
Einstweilige Anordnung 102, 103 f., 156
Einstweilige Verfügung 103, 156
Einwilligung des gesetzlichen Vertreters
– zur Klageerhebung 15
– zur Legitimation 36
– zur Operation 85, 97
Elterneinigung 87, 98
Elternschenkung 117
Elternstreit 5, 58, 87, 98 Fn. 12
Elternvorschlag 147
Empfängniszeit 11
Entziehung der elterlichen Sorge 163
Erbrecht 119, 137
Erbfolge 51 Fn. 16
Erfüllungsgehilfe 88
Erkrankung 97
Erlaß des Unterhalts 80, 82
Ermessen 4, 94, 103
Erwerbsgeschäft des Kindes 131, 136
Erzeuger 12 f., 17, 34
Erziehung 98
Erziehungsrecht 103
Erziehungsbeistandschaft 2 Fn 13, 164

Familie 1
Familienfrieden 12, 14
Familiengericht 5 f., 48, 58, 102, 103, 144
Familiengesellschaft 118
Familienname 39 f.

Festsetzungsverfahren 77
Feststellungsklage 21, 34
Feststellung
– der Ehelichkeit 21
– der Vaterschaft 21, 23, 34
Form
– der Anerkennung 27
– der Ausstattung 46
– des Unterhaltsvertrags 82
Freiwillige Erziehungshilfe 164
Freiwillige Gerichtsbarkeit 4, 5, 19, 58, 123
Frist
– für Anfechtung des Anerkenntnisses 32
– für Ehelichkeitsanfechtung 14
Fürsorge 97
Fürsorgeerziehung 164

Genehmigung des Vormundschaftsgerichts
14, 15, 24, 37, 40, 42, 75, 82, 97, 107, 114,
121 ff.
Geschäftsunfähigkeit 15, 22, 37, 38
Gesellschaftsvertrag 118, 132
Getrenntleben 62, 156
Gewalt 84, 93, 102
Gleichberechtigung 84 f., 157
Grundrechte 85
Grundstücksrechte 129

Haftung
– für Unterhalt 51
– im Eltern-/Kindverhältnis 89
– des Vormundschaftsrechtspflegers 120
Halbfamilie 53, 62
Handelsgesellschaft 118, 126
Hausgemeinschaft 44
Heirat 93
Herausgabe
– des Kindes 102, 144
– des Kindesvermögens 110
Hypothek 116, 129, 135

Impotenz 18
Insichgeschäft 117
Interessenkollision 25, 40, 82, 89, 115 f.
Inventarisierung 111

Jugendamt 8, 75, 82, 92
Jugendhilfe 8
Jugendwohlfahrtsgesetz 2, 164
Jugendwohlfahrtsausschuß 8

Kanonisches Recht 11 Rn. 5
Kapitalanlage 109

Kindergeld 51, 71
Kindeswohl 12, 37, 40, 42, 86, 101, 107, 125,
146
Kindeswunsch 148
Kindschaftsrecht 1
Kirche 98
Klage
– auf Feststellung der Nichtehelichkeit 19
– auf Feststellung der Vaterschaft 34
– auf Herausgabe des Kindes 101 f.
– auf Leistung 90
Konkurs 94, 113
Kontinuitätsinteresse 40
Kreditaufnahme 135

Legitimation 35 ff.
Leistungsfähigkeit 47 f., 70
Luxusanschaffung 48

Materielles Recht 64, 75, 85
Menschenwürde 2, 85
Minderjährige 15, 24, 40, 50, 55, 60, 64, 93
Mißbrauch des Sorgerechts 85, 101, 161
Miterben 119

Name 39 ff.
Namensänderung 40
Nebenintervenientin 17
Negativattest 127
Neigungen 85
Notarielle Beurkundung 37, 46, 75, 80
Nutzungen von Kindesvermögen 110

Öffentliches Interesse 2
Öffentliches Recht 2, 8, 40
Offizialmaxime 19
Operation des Kindes 97
Ordnungsstrafen 103

Personensorge 41, 52, 96 ff.
Persönliche Sachen des Kindes 102
Pfändung des Unterhalts 56
Pflegeeltern 102
Pflegekinder 102
Pfleger 10, 15, 25 f., 86, 89, 106, 111, 117,
150, 159
Pflichtteil 111
Pränatale Anerkennung 26
Prüfungspflicht 126

Rangordnung bei Unterhalt 51 ff.
Rechenschaftspflicht 110

Stichwortverzeichnis

Rechtlicher Vorteil 117
Rechtliches Gehör 4
Rechnungslegung 107
Rechtsirrtum 14
Rechtssicherheit 14
Regelunterhalt 62, 70, 75 ff.
Regreß 12, 19
Religiöse Erziehung 98
Restkaufgeldhypothek 129
Rückwirkung
– der Anfechtung eines Anerkenntnisses 19
– bei Genehmigung des Vormundschaftsge-
  richts 121 ff.
– bei Legitimation 35 ff.
Ruhen der elterlichen Sorge 140 ff.

Schadensersatz 12, 45
Scheidung 143 ff.
Schenkung an Kinder 117
Schule 98 f.
Sorgerecht 41, 52, 96 ff.
Sozialakt 118
Sozialleistungen 48, 54, 71, 76
Staatsanwalt 13, 17
Staatsangehörigkeit 42
Standesbeamter 40 f., 75
Stellvertretung des Kindes
– bei Anerkennung 23
– bei Anfechtung 15
– bei Legitimation 35
– siehe auch Vertretung
Strafhaft 48, 73, 140
Stufenklage 49
Stundung 64, 80
Surrogation 113

Testamentsvollstrecker 106
Teilschuld 52
Tod
– des Kindes 15, 93
– der Sorgeberechtigten 142
Todeserklärung 15, 93, 142
Tragezeitgutachten 18

Übergangsverbot 103
Umgangsbestimmungsrecht 103
Unmöglichkeit der Vaterschaft 18
Unterbringung 97
Unterhaltspflegschaft 151
Unterhaltspflicht 47 ff.
Unterhaltstabellen 60
Unterhaltsübergang 69

Unterhaltsvertrag 82
Unterlassungsklage 103
Untersagung des Umgangs 103

Vaterschaftsanerkennung 24, 68, 75
Vaterschaftsfeststellung 21, 23, 34
Vaterschaftsvermutung 12, 15, 30, 34
Verbindung
– von Ansprüchen 49
– von Klagen 68, 75 ff.
Verfahrensverbund 144
Verfassungsrecht 2, 10, 69, 91, 157
Vergleich 75, 82
Verhinderung bei elterlicher Sorge 138 ff.
Verjährung 56
Vermögenssorge 105 ff., 162
Verrichtungsgehilfe 89
Vertrag zwischen Eltern und Kind 82, 117 f.
Vertretung 114 ff.
Verwahrlosung 2, 164
Verwaltung 81, 106
Verwandtschaftsverhältnis 47 f.
Verwendungsanordnung 107
Vollstreckung 102
Vormund 15, 43, 75, 150, 158
Vormundschaftsgericht 4, 35, 42, 58, 75, 82,
  92, 101 ff., 111, 150, 165
Vorname 41

Wohnsitz 43, 77

Zeugnisverweigerungsrecht 120
Zeugungsunfähigkeit 18
Züchtigung 91
Zuständigkeit
– des Amtsgerichts 4, 6, 41, 65, 75
– des Familiengerichts 5
– des Jugendamtes 8
– im Kindschaftsrecht 9
– des Rechtspflegers 7, 9
– des Richters 7, 9
– des Staates 1
– des Vormundschaftsgerichts 4
Zustimmung
– zur Eheschließung 97
– zur Einbenennung 40
– zum Vaterschaftsanerkenntnis 24 ff.
– zur Vaterschaftsanfechtung 33
– zum Religionswechsel 98
– zur Unterhaltsunterwerfung 75
Zwangsgeld 102
Zwangsmaßnahmen 91
Zwangsvollstreckung 65, 71, 75, 91, 102, 117

Kohlhammer

Handelsrecht I

Einzelkaufmännisches Unternehmen
und Handelsregister
von Alfred Ahlbrecht/Jochen Bengsohn
1982. 169 Seiten. Kart. DM 32.–
ISBN 3-17-007540-3

Bei der Rechtspflegerausbildung liegt einer der Schwerpunkte
im Bereich des Handelsrechts. Betrachtet man hier z. B. das
Registerrecht, so konzentriert sich die Ausbildung auf Funktion,
Aufgabe und Führung des Handelsregisters. Dem Studierenden
wird in diesem Studienbuch das Handelsregister vorgestellt, das
bislang allenfalls von Formularbüchern und Fallsammlungen, die
bereits eine grundlegende Vorkenntnis voraussetzten, dargestellt
wurde. Gerade in diesem Hauptgebiet der Rechtspflege geht es
häufig um formale Details und spezielle Einzelfragen, an die der
Leser anhand ausführlicher Darstellungen, welche die betreffen-
den Rechtsfragen und Meinungen berücksichtigen, herangeführt
wird. Die Praxisbezogenheit des Studienbuchs wird auch durch
die eingearbeiteten Fälle und die dazugehörigen Eintragungs-
beispiele im Handelsregister gewährleistet.

Ein Auszug der behandelten Themen:

- [ ] Das Unternehmen im weitesten Sinne
- [ ] Das kaufmännische Unternehmen
- [ ] Die Gründung des kaufmännischen Unternehmens
- [ ] Die Eintragung in das Handelsregister
- [ ] Die Rechtsgeschäfte des Kaufmanns
- [ ] Der Unternehmer und seine Hilfspersonen
- [ ] Die Prokura
- [ ] Die Zweigniederlassung
- [ ] Der Inhaberwechsel

Verlag W. Kohlhammer
Stuttgart · Berlin · Köln · Mainz

Kohlhammer

Kohlhammer Kunst- und Reiseführer

Vera Hell
Türkei 1
Istanbul und die vordere Türkei
3., völlig überarbeitete und erweiterte Auflage 1978. 347 Seiten mit
36 Karten und Plänen und 3 farbigen Übersichtskarten
Balacron DM 39,80
ISBN 3-17-002790-5

Vera und Hellmut Hell
Türkei 2
Nordtürkei, Osttürkei,
Südosttürkei
1981. 280 Seiten mit 16 Fotos,
73 Karten, Plänen und Skizzen und
3 farbigen Übersichtskarten
Balacron DM 48,–
ISBN 3-17-004885-6

Vera Hell
Istanbul und Umgebung
3., völlig überarbeitete Auflage
1978. 128 Seiten mit farbigem Stadt-
plan, Grundrissen und 6 Plänen
Kart. DM 12,80
ISBN 3-17-004727-2

Richard Speich
Korfu
und die Ionischen Inseln
1982. 352 Seiten mit 20 Fotos,
davon 8 in Farbe, 36 Plänen und
Grundrissen und 2 farbigen Vorsatzkarten
Balacron DM 58,–
ISBN 3-17-007519-5

Emma Brunner-Traut
Ägypten
Mit Beiträgen von Renate Jacobi
und Viktoria Meinecke-Berg
4., erweiterte und verbesserte Auflage 1982. XXVIII / 832 Seiten mit
24 Fotos, davon 8 in Farbe, 95 Ab-
bildungen, 145 Karten und Plänen
und 3 Sonderkarten
Balacron DM 79,–
ISBN 3-17-007350-8

Richard Speich
Südgriechenland 1
Athen, Attika, Phokis,
Böotien und Euböa
1978. 331 Seiten mit 12 Fotos,
70 Plänen und Zeichnungen,
1 Ausschlagkarte und 2 farbigen
Vorsatzkarten
Balacron DM 38,–
ISBN 3-17-004690-X

Richard Speich
Südgriechenland 2
Peloponnes
1980. 395 Seiten mit 78 Plänen
und Zeichnungen und 2 farbigen
Vorsatzkarten
Balacron DM 49,80
ISBN 3-17-005395-7

Verlag W. Kohlhammer
Stuttgart · Berlin · Köln · Mainz

27. APR. 1989

12. JUN. 1985   02. OKT. 1990
10. JUL. 1985   02. JAN. 1991

30. Jan. 1991

28. AUG. 1985

16. OKT. 1985   06. März 1991
18. DEZ. 1985   15. MAI 1991
                 19. JUN. 1991
19. FEB. 1986

19. MRZ 1986   06. AUG. 1991

04. JUN. 1986   24. OKT. 1991

                 05. MRZ 1992

09. JUL. 1986   09. JUL. 1992
01. APR. 1987   14. JUL. 1992

13. MAI 1987

24. JUN. 1987

29. JUL. 1987

14. OKT. 1987

10. FEB. 1988

-4. MAI 1988

29. JUN. 1988

27. JULI 1988

21. SEP. 1988

30. NOV. 1988

11. JAN. 1989

30. MRZ 1989